汉译世界学术名著丛书

哲学语法

〔奥〕维特根斯坦 著

韩林合 译

商务印书馆
The Commercial Press

Wittgenstein
PHILOSOPHISCHE GRAMMATIK

汉译世界学术名著丛书
出 版 说 明

我馆历来重视移译世界各国学术名著。从20世纪50年代起，更致力于翻译出版马克思主义诞生以前的古典学术著作，同时适当介绍当代具有定评的各派代表作品。我们确信只有用人类创造的全部知识财富来丰富自己的头脑，才能够建成现代化的社会主义社会。这些书籍所蕴藏的思想财富和学术价值，为学人所熟悉，毋需赘述。这些译本过去以单行本印行，难见系统，汇编为丛书，才能相得益彰，蔚为大观，既便于研读查考，又利于文化积累。为此，我们从1981年着手分辑刊行，至2016年年底已先后分十五辑印行名著650种。现继续编印第十六辑、十七辑，到2018年年底出版至750种。今后在积累单本著作的基础上仍将陆续以名著版印行。希望海内外读书界、著译界给我们批评、建议，帮助我们把这套丛书出得更好。

商务印书馆编辑部
2018年4月

编译前言

《逻辑哲学论》和《哲学研究》是维特根斯坦的两部主要著作。在《哲学研究》"定稿"之前，维特根斯坦曾经有过若干著书计划，并且写出了许多未完成稿。其中最为重要者当属大打字稿 TS 213 号。此稿大约完成于 1932 年夏至 1933 年夏。从内容上说它分成两大部分：第一部分是有关语言、心灵与世界之关系的讨论；第二部分是有关数学哲学的内容。在接下来的一年多时间，维特根斯坦对这个打字稿的第一部分从第 1 页到 404 页为止的内容做了大量修改和补充——先是在打字稿上，然后是在不同的手稿中：首先是在 MS 114（第二部分）中，紧接着在 MS 115（第一部分）中，最后在 MS 140 中。瑞斯（Rush Rhees）1969 年编辑出版的《哲学语法》（*Philosophische Grammatik*）的第一部分主要是以包含于 MSS 114、115、140 中的修改稿为基础**编选**而成的。大打字稿的未经修改的第二部分则构成了这本书的第二部分内容。在这两部分中间作为附录插入了 TSS 214a、214b、214c。

考虑到 MSS 114、115、140 中的复杂的修改程序，瑞斯的这种编辑方式是非常成问题的。维特根斯坦在 MS 114 第二部分开始其对 TS 213 的进一步的大幅修改，其结果是 228 页的手稿页。在用完了这本笔记后，维特根斯坦马上就在另一本笔记上继续其修改工作（第 1 页笔记写于 1933 年 12 月 14 日）。这本笔记的内容即MS 115。这种修改工作一直持续到MS 115第117页,所修改的内容为直到TS 213第404页的内容。这时,维特根斯坦又回过头来在大散页纸上对MS 114第1至28页(中间)、第40页(最后1段)至56页(第1行)的内容做了进一步的修改,结果便是MS 140。但是,瑞斯编辑的《哲学语法》仅仅包含了MS 114之第二部分第28至228页、MS 115之第一部分第1至37页、MS 140。其中,MS 115之第一部分第1至34页(中间)的内容是按照MS 114第155页中间上的指示("XI卷【即MS 115】第1至34页的内容当移至此处")收录的,第34页中间至第37页中间的内容是按照MS114和MS 115相关处的指示收录的。这也就是说,瑞斯非常随意地将MS 115第一部分第37页中间至117页的修改结果予以放弃了。但是,这些剩余部分的内容显然与他所收录的MSS 114和140之内容同属一体。比如,按照维特根斯坦的指示,MS 114第109页中间一段和第157页中间一段要分别插入到MS 115第49页中间和第55页中间。另外,维特根斯坦没有进一步修改TS 213第二部分内容。但是,这并非就意味着他满意于这部分内容了,而或许只是意味着他不愿再将这种修改工作继续进行下去了。事实的确如此,因为他在MS 115中接下来做了另一种全新的写作尝试:即用德语改写他于1934年至1935年完成的英文讲课稿《棕皮书》。基于如上讨论,我认为,将MSS 114(第二部分)、115(第一部分)、140作为一个整体出版当是一个明智的选择。

瑞斯编辑的《哲学语法》还存在两个问题。其一,他将第一部分内容分成10章,进而141节。但是,这种划分非常随意,在相关手稿中找不到任何根据。其二,在相关手稿中,在许多地方维特根斯坦提供了两个甚至于多个可供选择的表述（所谓"异文"），而瑞斯只是直接选择了其中之一，而并没有告诉读者这些可能的表述的存在。当然，在许多地方，这些可供选择的表述只是具有修辞学上的意义，而无实质上的区别。但是，情况并非总是如此。在我所编译的这个本子中，我力图避免这两个缺点。首先，根据维特根斯坦自己的指示并且按照《哲学研究》的编排方式，我将所收录的所有评论分成若干或长或短的小节（维特根斯坦所谓"Absatz"），并依次加上数字。其次，在有必要时，我将以脚注的形式给出可供选择的表述。在没有必要这样做时，我均按照惯例作出选择——通常选择的是维特根斯坦给出的最后一个可供选择的表述形式。

在相关手稿中，维特根斯坦以斜线、交叉线或删除线的形式删掉了大量段落。不过，有些段落在相关上下文中并非是不好的或不必要的。因此，我酌情保留了少数这样的段落。

关于《哲学语法》这个书名，读者有必要了解如下事实。TS 213本来没有名称。MS 114第Ⅳ页注有如下文字："万一我在这本书完成或者出版之前死了，我的笔记应当以未完成稿的形式出版，书名为：'哲学评论'（Philosophische Bemerkungen）。"接下来一页即1r页上标有文字："第Ⅹ卷。哲学语法。"再接下来一页为第一部分内容的第1页。这部分内容持续到第31r页。接着便是第二部分的内容。在记录这部分内容的第1页上方标有文字："修改稿"（第一行）和"再次修改稿见大开本稿[即 MS 140]"（第二行）。在 MS 115 第Ⅴ页上标有："哲学评论。第Ⅺ卷。第Ⅹ卷之继续。"在接下来的手稿页上维特根斯坦便开始了其第一部分的写作。由此不难看出，用《哲学评论》来命名我所编译的这个本子当更合乎维特根斯坦的本意。不过，由于一方面，《哲学语法》这个名称长期以来已经与相关的主要内容联系在一起，另一方面，维特根斯坦曾经以"哲学评论"命名了他的另一本打字稿即 TS 209（1964年该稿以这个名称正式出版），所以最终我还是决定使用《哲学语法》这个名称。

TS 213 中包含有一个名为"哲学"的部分（第 405 至 435 页）。这一部分非常重要，《哲学研究》第 108 节至 133 节的绝大部分内容均直接取自于此。这说明维特根斯坦对这一部分内容是非常满意的。因此，我将该部分内容作为附录附于此译本主要内容之后。其中章节的划分和诸章的题目源自于维特根斯坦，而诸小节的序号则是我补加上去的。（诸章的序号原为 86—93，我将其改为Ⅰ—Ⅷ。）

最后，有必要提醒读者注意如下两点：其一，在十分必要的地方，我以脚注的形式对手稿中相关内容做出了简单的注释；其二，关于一些重要名词术语的翻译问题，请参见我行将出版的《哲学研究》新编译本中的相关解释。

本书的编译工作获得了教育部人文社会科学重点研究基地项目"维特根斯坦文集"（项目号 11JJD720006）的支持。

韩林合

北京大学哲学系暨外国哲学研究所
2010 年 12 月 27 日

目 录

第一部分 ……………………………………………………… 1

第二部分 ……………………………………………………… 275

第一部分

1. 人们如何能够谈论一个命题的"理解"和"不理解";难道情况不是这样的吗:只有在人们理解它时,它才是一个命题?

2. 如下做法有意义吗:指着一组树问:"你理解这组树所说的事情吗"? 一般说来这没有意义;但是,难道人们不能用树木的排列来表达一个意义吗? 这难道不能是一种暗语吗?

3. 于是,人们会把他们所理解的树的组合称作"命题",不过也会把他们所不理解的其他的树的组合称为"命题"——如果他们假定,那个种植者理解了它们。

4. "难道理解不是始自于命题,始自于整个命题吗? 人们能够**理解**[①]半个命题吗?"——半个命题绝不是完整的命题。——不过,人们可以这样来理解这个问题的意思:我们想到,在象棋中马步总是通过马的两次挪动(一次走直线,一次走斜线)来完成的;于是,一个人可能说:"在象棋中决没有半个马步",并且借此要表达这样的意思:半个马步与整个马步的关系不同于半个面包与整个面包之间的关系。人们要说:这绝不是一种程度上的区别。

5. 如下之点的确是奇特的:科学和数学使用命题,但是却不

---

① 注意:在手稿中,强调是通过下划线来表示的。

谈论这些命题的理解。

6. 人们在理解之中看到了真正的东西,在符号之中看到了附带的东西。——顺便说一下,这时这个符号的目的究竟是什么?——如果人们认为,其目的仅仅是为了让其他人理解自己的意思,——那么人们或许是将这个符号看成了这样一种药品,它应当在另一个人那里引起与我具有的状态相同的状态。

7. 如果对于"你用这个手部动作意指什么"这个问题,人们回答说:"我意指的是你应当出去",那么下面的说法并没有将这个回答表述得更为恰当:"我意指的是我用'你应当出去'这个命题所意指的东西。"

8. 当弗雷格反对关于算术的形式的理解时[①],他好像是说:这些关于符号的狭隘的解释是多余的——如果我们**理解**了这些符号。而这种理解就好像是看到这样一幅图像,所有规则——经由其它们成为可以理解的——都得自于它。但是,弗雷格似乎没有看到,这幅图像自身又仅仅是一个符号,或者说是这样一个演算,它向我们解释了那个写下来的演算。

9. 我们称为"一个语言的理解"的东西常常属于这样种类的理解,即当我们了解了一个演算的产生历史或者其实践的应用时

---

① 参见:G. Frege, *Grundgesetze der Arithmetik*, Band II, Jena: H. Pohle, 1903, S. 96—139。

所获得的对于这个演算的理解。即使在这里我们也仅仅是又了解了一个可以轻易地综览的[①]符号系统，而非我们所陌生的符号系统。请设想，一个人起初是将象棋作为书写游戏来学习的，后来人们给他看了将象棋当作棋类游戏的"释义"。

"理解"在此意味着某种与"综览"类似的东西。

10. 如果我给某个人下达一个命令，那么我给予他符号便足够了。而且，当我接到一个命令时，我不会说："这可仅仅是语词，我必须识破语词。"同样，如果我向某个人问了某种事情并且他给我一个回答，那么我便满足了——这就是我所期待的东西——而不会反对说："这可是一个单纯的回答。"

11. 另一方面，如果人们说："我如何可以知道他所意指的是什么，我可是仅仅看到了他的符号？"——那么我说："**他**如何可以知道他所意指的是什么；他可是也仅仅拥有他的符号。"

12. 人们只能经由语言来解释所说出的话，正因如此，在这种意义上人们不能解释语言自身。

13. 语言必须是不言自明的。

---

① "可以综览的"德文为"übersehbar"。异文："übersichtlich"、"überblickbar"（这两个词我也译作"可以综览的"）。下一段话中出现的"综览"德文为"Übersehen"。

14. 人们可以说：意指从语言那里脱落下来了；因为一个命题意指了什么，这点又是通过一个命题来说出的。

15. "你用这些词意指什么？""你**意指了**这些词了吗？"第一个问题绝不是第二个问题的进一步的规定。第一个问题经由这样一个命题回答了，它取代了那个未得到理解的命题。与第二个问题类似的是如下问题："你是认真地还是玩笑地意指这个的？"

另外，请将这种情形与如下情形加以比较："你用这个手部动作意指了什么吗，——而且意指了什么？"

16. "理解"、"意指"这些词在其一部分应用中意谓听到、读到、说出（等等）命题时的一种心理反应。这时，理解就是当我听到一种我所熟悉的语言的命题时所出现的一种现象，而当我听到一种我陌生的语言的命题时，它则不会出现。

语言的学习**导致了**其理解。但是，这属于这种反应的历史。——命题的理解发生于我这里，正如命题的听到一样，并且伴随着听到。

17. 我可以谈论对于一个命题的某种"体验"。"我不仅仅说出了这个，而且也用它来意指某种东西"：当人们思考我们**意指**（而非单纯地说出）诸语词时发生于我们之内的事情时，我们似乎觉得这时某种东西与这些语词耦合在一起，而在其他情形下它们则是在那里空转着。似乎它们**嵌**入我们之中了。

第一部分

18. 一个命题的理解与一件音乐作品的理解比人们或许相信的更加具有亲缘关系。为什么这些小节必须恰恰这样来演奏？为什么我要将强度和速度的增加和减少表达成这幅图像？——我想说："因为我知道所有这一切意味着什么。"但是，它究竟意味着什么？我不知道如何说出它。作为解释，我只能将这幅音乐图像翻译成有关另一种过程的图像；而让后一幅图像来说明前一幅图像。

19. 人们也可以将一个命题的理解与我们称为一幅图像的理解的东西加以比较。我们考虑一幅静物画的图像，假定我们不能将其看作立体表现，而只是看到图像表面上的斑点和线条。这时我们可能说"我们不理解这幅图像"。但是，在如下情形下我们也这样说（在另一种意义上）：这时尽管我们以立体的方式看这幅图像，但是在立体的构成物中我们却认不出我们所熟悉的事物（书本、动物、瓶子）。

假定这幅图像是一幅世态画，其上的人物大约一寸高。如果我曾经看到过长得这般高的真人，那么我便能够在这幅图像中认出他们，并且将这幅图像看成他们的真人大小的表现。在这种情形下我关于这幅图像的视觉体验会**不同于通常情况下当我将这幅图像看成缩小的表现时我所拥有的相应的视觉体验**，尽管在两种情形下有关立体的看的错觉是相同的。——但是，一寸高的真人的看到在此只是作为那种视觉体验的可能的原因而提到的；除此而外，后者是独立于前者的。正如或许只有已经观察过许多实际的立方体的人才会立体地看一个立方体的图样一样；但是，对于立体视觉图像的描述并不包含将一个实际的立方体与一个画出的立方体区分开的任何东西。

应当将我一会儿这样,一会儿那样看一幅图像时所获得的不同的体验与我理解地和不理解地读一个命题时所获得的体验加以比较。

（请你回忆一下发生如下事情时情况是什么样的：人们以一种错误的强调方式读出一个命题,因而没有理解它,——而现在弄清楚了它应该如何读。）

20. （将表看成表,也即看成带有指针的表盘,这就像是：将猎户座看成缓缓而行的人。）

21. 如下之点是独特的：我们想要将一个手势的理解解释成到语词的一种翻译,而且将语词的理解解释成到手势的一种翻译。

我们真的将通过一个手势来解释语词并且通过语词来解释一种手势。

另一方面,人们说"我理解这个手势",在类似于如下意义上："我理解这个主题","它向我说出了某种东西"并且在此这意味着：我带着特定的体验追逐着它。

22. 请思考如下场合下涉及的理解的区别：一个命题中的一个词一会儿被感觉成与这个词,一会儿被感觉成与那个词同属一体。我本来也可以说：这个词一会儿被看成,被理解成,被看作属于这个词的,一会儿被看成,被理解成,被看作属于那个词的,一会儿被与这个词一起说出,一会儿被与那个词一起说出。

23. 于是,我们可能将一会儿被这样看待,一会儿被以不同的方式看待的东西称为"命题";但是,我们也将这种或那种看法(本身)称为"命题"。在此便存在着混淆的源泉。

24. 我在一篇短篇小说的中间读到这样的命题:"在他说完这点以后,他便像前一天一样离开了他们。"我理解这个命题吗?——回答这个问题并不是一件十分容易的事情。它是一个德语命题,在这样的范围内我理解它。我知道人们能够如何使用这个命题,我可以为其发明一种关联。可是,在如下意义上我并不理解它:当我读了这部小说时我便理解了它。(比较:诸不同的语言游戏。一个事态的描述,一部短篇小说的发明,等等。什么是其中的一种情形中的一个有意义的命题,什么是其中的另一种情形中的一个有意义的命题?)

25. 我们**理解**摩根斯特恩①的诗或者卡罗尔②的诗"Jabberwocky"吗?在此事实表明,理解概念是流动的。

---

① Christian Morgenstern(1871—1914),德国诗人,著名作品为《绞刑架之歌》(*Galgenlieder*)。

② Lewis Carroll(1832—1898),原名 Charles Dodgson,英国诗人,著名作品有《爱丽丝梦游仙境》(*Alice's Adventures in Wonderland*)、《爱丽丝镜中奇遇》(*Through the Looking-Glass*)和诗作 *Jabberwocky*。

26. 假定人们给我一个用一种我不熟悉的密码写成的命题并且同时将其密码本给了我。这时，某种意义上说人们便给了我为了理解这个命题所必需的一切。可是，对于我是否理解这个命题这个问题，我会回答说："我必须首先破译它"，而当我面对着被破译成德语命题的它时，我会说"现在我理解它了"。

如果这时人们提出这样的问题："理解始自于翻译成德语过程中的什么时刻"——那么人们便获得了一种有关我们称为"理解"的东西的本质的认识。

27. 我说出一个命题："ich sehe dort einen schwarzen Fleck"（我看到那里有一个黑色的斑点）；但是，这些词可是任意的——因此，我按照顺序用字母表中的前6个字母取代它们。现在，它具有这样的形式："a b c d e f."不过，现在事实表明，我不能——像人们想说的那样——没有困难地思维用这种新的表达方式表达出来的上面这个命题的意义。我也可以这样来说这个事情：我不习惯于说"a"而不说"ich"，说"b"而不说"sehe"，说"c"而不说"dort"，等等。但是，借此我要说的并非是，我不习惯于立即将"a"与"ich"这个词联想起来；而是，我不习惯于在"ich"的位置使用"a"。

28. "理解一个命题"可以意味着"知道这个命题所说的东西"，也即：能够回答"这个命题说出了什么"这个问题。

29. 如下看法是常见的：人们只能不完善地**显示**其理解。人们似乎总是只能从远处指向它，甚至于接近于它，但是绝不能用手触摸它。最后的东西必定总是没有被说出来。——人们说:"理解当然是某种**不同于理解的表达的东西**。人们不能显示**理解**;它是某种内在的东西,心灵性的东西。"——或者又说:"无论作为理解的标志我做了什么,无论我是否重复了一个词的解释,或者执行了一个命令,以表明我已经理解了它,这些行动可不是**必须**被释作理解的证明。"这就像人们也这样说一样:"我不能向另一个人显示我的牙疼;而且,我不能向他**证明**我具有牙疼。"但是,此处所谈到的不可能性当然应当是一种逻辑的不可能性。"情况难道不是这样的吗:理解的表达恰恰是一种不完善的表达?"这当然意味着:它是一种缺少某种东西——本质上**不可表达的**东西——的表达;因为,否则,我可是恰恰能够找到一种更好的表达。而且,"本质上不可表达的"就意味着:谈论一种完善的表达是没有任何意义的。

30. 经验地伴随着一个命题的诸心理过程引不起我们的兴趣。不过,记录在一种意义解释中的那种理解的确令我们感兴趣。

31. 为了理解"意指"这个词的语法,人们必须问一下自己什么是如下事项的标准:一个表达式被**以这样的方式**意指了。应当将什么视作意指的标准?——

32. 对于"这是被如何意指的"这个问题的回答建立起了两个语言表达式之间的结合。因此,这个问题也是在追问这种结合。

33. 我们称为一个命题、一个描述的理解的那种过程常常是从一个符号系统到另一个符号系统的一种翻译；对于一幅图像的一种描摹，一种复制，或者到另一种表现方式的转换。

于是，理解这个描述就意味着制作出一幅所描述的东西的图像。这个过程或多或少地类似于这样的过程：按照一个描述制作一幅图样。

34. 我们也说："我准确地理解了这幅图像，我能够用陶土捏出它。"

35. 我们将一个命题的理解说成如下事项的条件：我们能够应用它。我们说："如果我不理解一个命令，那么我便不能服从它"，或者也说："在我理解它之前，我不能服从它。"

我真的必须理解一个命题，以便能够照其行动吗？——"当然如此，否则你肯定不知道你要做什么。"——但是，这种知道于我何用？从这种知道到行动可又是一次跳跃。

"但是，我当然必须理解一个命令，以便能够照其行动"——在此这个"必须"是可疑的。如果它是一种逻辑的必须，那么这个命题便是一个语法说明。

36. 在此，人们可以问：在服从之前多长时间你**必须**理解这个命令？——不过，"在我能够照其行动之前，我必须理解这个命令"这个命题自然具有一个完好的意义。只不过绝不是一种逻辑之外的意义。——"理解"、"意指"绝不是逻辑之外的概念。①

37. 如果"理解一个命题"意味着：以某种方式照其行动,那么这种理解不可能是如下事项的条件：我们照其行动。不过,特殊的理解行动从经验上说的确可以是命令的服从的前提条件。

38. "我不能执行这个命令,因为我不理解你所意指的东西。——好了,现在我理解你了。"——当我一下子理解了另一个人时,那时发生了什么事情？在此存在着**多种**可能性。例如：这个命令可能是用一种我熟悉的语言给出的,但是却使用了一种错误的强调方式,而我突然想到了那个正确的强调方式。于是,我或许会向第三个人说："现在我理解他了；他意指的是……",而且现在我会以正确的强调方式重复这个命令。伴随着熟悉的命题的把握,我理解了这个命令。我的意思是：我现在不必首先把握一个抽象的意义。——或者：我已经在**这种**意义上理解了这个命令,因此

---

① "逻辑之外的"德文为"metalogisch"。其原形为"Metalogik"。卡尔纳普将"Metalogik"定义为：关于语言形式的严格的形式理论。（参见 Rudolf Carnap, "Die physikalische Sprache als Universalsprache der Wissenschaft", in *Erkenntnis* 2, S. 435n）这个词一般译作"元逻辑"。在此维特根斯坦显然不是在这种意义上使用这个术语的。在这里,"Metalogik"大概意为：处理有关逻辑之外的东西（在此特指心灵内容）的学科。这里的"逻辑"当不是指通常意义上的逻辑学,而是指语言表达式的实际用法或语法的研究。因此,当维特根斯坦说,"意指"、"理解"（还包括所有其他涉及心灵内容的心理学概念："思维"、"期待"、"想象"、"意图"等等）不是逻辑之外的概念时,他的意思是：并非像他以前和其他人所理解的那样,它们是指称什么的,而且它们指称的是本质上独立于身体行为和外部环境的心灵过程、状态或事件；相反,它们根本不是指称什么的,它们像我们的日常语言的其他平凡的概念一样,在我们的日常生活中有其特定而复杂的用法。作为哲学家,我们只需弄清楚这些用法就行了。

它是一个正确的德语命题;但是,在我看来它是荒谬的。在这种情形下我会说:"我不理解你;因为你肯定不能意指**这个**。"但是,接着我想到了一种更加可以理解的释义。在理解之前可能有许多释义,也即许多解释,浮现在我的眼前,接着我决定选择其中之一。

(如下情形涉及的理解:一个心不在焉的人在听到命令"向右转!"之后向左转去,现在,他抓弄着额头说"啊,原来是这样,'向右转'"并且向右转去。)

39. 假定我们用一个表格的形式以如下方式写下构建一列数的平方这个命令:

x	1	2	3
x^2			

——我们觉得,好像我们经由理解为这个命令附加上了某种东西——某种填充了命令和执行之间的空隙的东西。因此,我们可以向说"但是,你肯定是理解它的,因此它并非是不完全的"这样的话的人回答说:"是的,我理解它,但是这仅仅是因为我还附加上了某种东西;也即那个释义"。——但是,是什么使得你恰恰提出了**这种**释义?如果它是这个命令——,那么这时它可是已经是单义的,因为它命令了这种释义。或者,你随意地附加上了这种释义,——这时你当然也没有理解这个命令,而只是理解了那种你从其制作出的东西。

40.(在哲学思维中我们在不存在任何问题的地方看到了问

题。哲学应当指明,在那里根本没有任何问题。)

41. 一种释义当然是某种在符号中给出的东西。它是**这种**释义——与另一种释义相对。(后者具有不同的形式。)因此,如果人们说:"每一个命题都还需要一种释义",那么这或许意味着:如果没有一种附加物,那么任何命题均不能得到理解。

42. 自然有这样的事情:我**释义**符号,给予符号一个释义;但是,并非每当我理解一个符号时总是发生这样的事情!(当人们问我"几点了"时,在我之内并没有发生任何释义的工作;相反,我直接地对我所看到和听到的东西做出反应。假定一个人向我拔出刀,——这时我不说:"我将这释作一种威胁。")

43. "理解一个词"可以意味着:**知道**它是如何被使用的;**能够**应用它。

44. "你能够举起这个球吗?"——"是的。"接着,我试着举起它,但是没有成功。这时我或许说:"**我错了**,我不能举起它。"不过,我或许说:"**现在**我不能做到这点,因为我太累了;但是,当我那时说我能够做到这点时,那时我能够做到这点。"类似地:"我那时认为我能够玩象棋,但是我已经忘掉它了",但是另一方面:"当我那时说'我能够玩象棋'时,那时我也能够做到这点,但是现在所有这一切都被我遗忘了。"——但是,什么是人们那时能够做到这点的标准?——我如何知道我那时能够做到这点?对此,人们会回答说:"我总是能够举起这样一个重量","我刚刚举起过它","我不久前玩过象棋,而且我的记忆很好","我恰好扼要地重述了这些规则",等等。我视作对那个问题的一种回答的东西将向我表明我按照哪种方式来使用"能够"这个词。

45. 人们要将知道、能够、能力称作一种**状态**。我们来比较一下这些命题,它们中的每一个都在一种不同的意义上描述了一种状态:
"自从昨天起我便具有牙疼。"
"自从昨天起我就怀念他。"
"自从昨天起我就期待着他。"
"自从昨天起我就知道他要来。"
"自从昨天起我就能够玩象棋了。"
人们可以这样说吗:"自从昨天起我就不间断地知道他要来"?人们能有意义地将"不间断地"这个语词插入这些命题中的哪些命题?

46. 如果人们将知道称为一种"状态",那么这是在人们谈论一个物体、一个物理学模型的状态的意义上说的。因此,也是在生理学意义上说的,或者还是在这样一种心理学的意义上说的:它谈论一个心灵模型的无意识状态。自然,每一个人也都会承认这点;但是,现在人们还必须弄清楚如下之点:人们已经从"意识状态"的语法领域走出来,进入了另一个语法领域。如果"我具有无意识的牙疼"这个命题大概意味着:"我有一颗不疼的坏牙",那么我肯定会谈论无意识的牙疼。但是,现在"意识状态"(以前意义上的)这个表达式与"无意识状态"这个表达式并没有处于如下两个表达式所处的那种语法关系之中:"我所看到的一把椅子"与"我看不到的一把椅子(因为它在我后面)"。

47. 不说"知道某种东西",我们可以说:"随身带有一个写有它的纸条。"

48. 如果"理解一个词的意义"就意味着知道其诸合乎语法的应用可能性,那么我可以问:"这时,我如何能够立刻知道我用我说出的一个词所意指的东西?在这种情况下,我可是不能在头脑中一下子拥有这个词的全部应用方式。"

49. 在棋手在头脑中拥有象棋的全部规则这样的意义上我能够在头脑中拥有一个词的应用的诸多可能性;但是,同时我在头脑中也可以在这种意义上拥有字母表和乘法表。这种知道是这样一座假设的水库,所看到的水从其中流出。

50. 因此,人们不应当认为,在一个词的理解、意指的情况下所处理的是瞬时的、可以说非推理的[①]对于语法的把握行为。好像人们能可以说一下子把它吞下去一样。

---

① "非推理的"德文为"nicht-diskursiv",意即"直观的"(intuitiv)。

51. 这正如当我在语言的工具箱中配备好供将来使用的工具一样。

52. "我能应用'黄色'这个词",与之相似的说法是:"我能在象棋中用王走棋。"

53. 在此在象棋中我们可以再一次地发现"理解"这个词的双重意义。当一个知道象棋的人观看一局棋的时候,一般说来他在看到象棋的一步棋时具有的体验不同于不理解象棋的人在看棋时所具有的体验。(而且又不同于根本不知道这是一种游戏的人看棋时所具有的体验。)人们也可以说,是关于象棋规则的知识将第一个看棋者与第二个看棋者区别开来,因此也可以说,是关于这些规则的知识使得第一个看棋者以其独特的方式体验了这步棋。但是,这种体验并不是关于规则的知识。不过,我们倾向于将这两者都称为"理解"。

54. 对于语言——可以说对于游戏——的理解似乎是这样一个背景,在其上单个的命题才获得意义。——不过,这种理解,对于语言的这种知识,并不是一种伴随着语言的命题的一种意识状态。即使有这样一种状态作为结果。毋宁说,它与一个演算的理解、掌握,进而与**会**做乘法,是同属一类的。

55. 假定人们提出如下问题,情况如何:你什么时候能玩象棋?总是?或者在你说"你能玩它时",或者在你走一步棋时？——多么奇特，能玩象棋需要那么短的时间，而一局棋则需要长得多的时间！

（奥古斯丁："我什么时候测量一个时间段？"①）

56. 对于我们来说，事情可能显得是这样的：语法规则某种意义上似乎是我们在使用语词时所一下子体验到的东西的分散的摆放。

57. 为了让我们自己更为清楚"理解"这个词的语法，让我们来问：我们**什么时候**理解这个命题？——当我们完全地说出它时吗？抑或在我们说出它的过程之中？——理解是一种像命题的说出那样的分节的过程吗？其分节相应于这个命题的分节吗？或者，它不是分节的，而是像一个持续低音伴随着一个主题那样伴随着这个命题吗？②

58. 理解一个命题需要多长时间？
如果我们在一个钟头内理解这个命题，那么在此我们总是一再地重新开始吗？

---

① 参见 Augustine, *Confessions*, tr. H. Chadwick, Oxford: Oxford University Press, 1992, XI/xvi(21), p. 233; XI/xxi(27), p. 236; XI/xxvii(36), p. 242。

② "分节的"、"不是分节的"、"分节"德文分别为："artikuliert"、"unartikuliert"、"Artikulation"。下文出现的"非分节的"德文为："inartikuliert"。在《维特根斯坦〈哲学研究〉解读》（商务印书馆 2010 年版，第 660、781—783、969—970、1435 页）中，我分别将上述语词译作："关节连接而成的"、"不是由关节连接而成的"、"关节的连接"、"非关节连接而成的"。现在，我决定采取上述更为简洁的译法。

59. 象棋是经由其规则(规则清单)来刻画的。如果我经由其规则来定义这种游戏(将其与跳棋游戏区别开来),那么这些规则便属于"象棋"这个词的语法。现在,在有意义地使用"象棋"这个词的人的心中必定浮现着这个词的一种定义吗?当然不是。——只有在被问到他是如何理解"象棋"这个问题时,他才会给出一个定义。

假定现在我问道:"当你说出这个词时,你用它意指什么?"——如果他回答我说:"我意指的是我们常常玩的那种游戏等等,等等",那么我便知道,在这个词的使用过程中这种解释决没有浮现在他的心中;而且,他的回答并没有在**这样的**意义上回答了我的问题,即它向我说出了当他说出这个词时"发生在他之内的"事情。

60. 在某某意义上释义、理解一个符号的人所做的事情是一个演算(可以说是一个计算)中的一个步骤。他大致**做出**了当他表达他的释义时他所做的①事情。

61. 人们将"思想"理解为一种独特的心理过程,它或许伴随着一个命题的说出;但是,也将其理解为:语言系统中的这个命题本身。

62. "他说出了这些语词,但是此时没有思维任何东西。"——

---

① 异文:"所说的"。

"我此时当然思维了某种东西。"——"那么,究竟是**什么**?"——"好的,就是我所说的东西。"

63. 针对"这个命题具有意义"这个断言,本质上说人们不能问:"哪一个意义"？正如针对"这个语词组合是一个命题"这个命题人们也不能提出如下问题一样:"哪一个命题？"

64. 我也可以以不同的方式——即经由对理解时所发生的过程的描述——来描述诸语法规则就一个语词所说出的东西吗？

因此,如果语法是比如否定的几何学,那么我可以用对于在应用时可以说站在"并非"这个词之后的东西的描述来取代它吗？

我们说:"理解否定的人知道双重否定产生肯定。"

65. 这听起来有如:"碳和氧产生二氧化碳。"但是,实际上,双重否定不**产生**任何东西;相反,它**就是**某种东西。

在此某种东西向我们伪装成了一个物理事实。我们好像看到了一个逻辑过程的产物。然而,唯一的产物是物理过程的产物。

66. 人们想说:"否定具有这样的性质,即双重使用之后将产生一个肯定。"然而,这条规则并没有进一步地描述否定,而是构成了否定。

否定具有这样的性质,即按照实情否弃了某某命题。

因此,一个圆形——比如画在一个平面上的圆形——具有这样的性质,即位于这里或那里,具有这种颜色,被一条直线(有色界线)切成两半,等等;但是,它并不具有几何学似乎归属给它的那些性质。(也即,不具有这样的性质:**能**具有那些性质。)

一不具有与自身相加产生二这样的性质。

67. 几何学不谈论立方体,正如逻辑不谈论否定一样。

它定义立方体形状,但是并没有描述它。如果一个立方体的描述说的是:它是红色的并且是硬的,那么"立方体形状的描述"便是一个具有这样形式的命题:"这个箱子是立方体形状的"。

但是,当我描述人们是如何制作一个立方体形状的箱子时,在此难道不是也包含着一种对于立方体形状的描述吗?只有在针对着这个东西人们说它是立方体形状的这样的范围内,在此才包含着一种描述,此外,在此还包含着对于立方体概念的一种分析。

68. "这块纸**不**是黑色的,而且两个这样的否定给出一个肯定。"

这个附加语让人想起:"而且两匹这样的马能够拉走这辆车。"但是,在其中并没有说出关于否定的任何事情;相反,它是一条关于由一个符号代替另一个符号这样的事情的规则。

69. "两个否定产生一个肯定,这点必定已经存在于我现在所使用的这个否定之中了。"在此我盘算着发明一个有关符号系统的神话。

表面上看,人们似乎可以从否定的意义**推导出**如下之点:"∼∼p"意谓 p。好像关于否定符号的规则会**得自**于否定的本性。

结果,某种意义上说,否定已经先行存在了,然后才有这些语法规则。

因此,好像否定的本质在语言之中拥有双重的表达:其一为这样的表达,当我理解了一个命题中的否定的表达式时我便把握了其意义,其二为这个意义在语法中的诸后果。

70. 如下说法意味着什么:在命题"玫瑰是红色的"中"是"具有一种不同于其在"二乘二是四"中的意义?如果人们回答说,这意味着不同的规则适合于这两个词,那么我们要说,在此我们仅仅有**一个**词。——如果我只关注语法规则,那么这些规则恰恰允许在这两种关联中运用"是"这个词。——但是,表明"是"这个词在这两个命题中具有不同的意义的那条规则就是允许在第二个命题中用"同于"来代替"是"这个词而且禁止在第一个命题中做这种替换的那条规则。

71. "那么,这条规则仅仅是**第一条**规则——即'是'这个词在这两个命题之中具有不同的意义——的结论吗?或者,情况是这样的:这条规则恰恰是如下之点的表达,即这个词在这两种关联之中意谓不同的东西?"

72. 看起来好像在一个命题——比如包含着"球体"这个词的命题——之中已经包含着这个词的诸其他的运用的影子。也即,恰恰构造那些其他命题的**可能性**。在谁看来事情是这样的?而且在什么样的情况之下?

73. 人们容易想到如下比喻：在不同的情形中"是"这个词有不同的**意义体**作后盾①；它或许两次都是一个正方形的平面，但是一次是一个棱柱的底面，另一次是一个棱锥的底面。

现在，让我们来考虑如下情形：假定我们有一些玻璃立方体，它们是完全透明的，但是它们的一个侧面被染成了红色。当我们在空间中将这些立方体编排在一起时，受到这些玻璃物体的形状的限制，只有特定的红色正方形的排列才有可能出现。现在，在没有提到这些立方体的情况下我也可以表达出这条规则：正是根据它，这些红色的正方形能够被排列起来，但是尽管如此，立方体形状的本质还是包含在这条规则之中了。所包含的当然不是如下事实：玻璃立方体站在红色正方形的后面，而是：立方体的几何学。

但是，当我们现在**看到**这样一个立方体时，由此可能的编排的规律，进而立方体的几何学也已经给出了吗？我能够从一个立方体读出立方体的几何学吗？

74. 这时，这个立方体便是这条规则的一种记号。如果我们发现了这样一条规则，那么实际上我们不能以比借助于一个立方体的图样的方式更好的方式将其记录下来。（在此，一个图样而非这个立方体也行这点是意义重大的。）

----

① "意义体"德文为"Bedeutungskörper"。维特根斯坦是在两种意义上理解意义体的。首先，如果将一个词的意义看成独立于并且决定了其用法，进而其语法规则的东西，那么其意义体便是这样的独立的意义。其次，如果认为一个词的意义在于其用法，是由制约着其使用的语法规则规定的，并且认为这样的语法规则，甚至于由其所决定的这个词的具体的使用已经悉数包含在这个词之中了，那么其意义体便是指这样的语法规则的全体或其具体的使用的全部可能性。

但是,这个立方体(或那个图样)如何能够用作一条几何学规则的记号?这只有在如下范围内才是可能的:它作为命题或一个命题的部分而属于一个命题系统。

"否定符号的诸合乎语法的可能性自然只是在这个符号的使用过程中逐渐地显露自身的,但是我是一下子**思维**否定的。'并非'这个符号肯定只是对'并非'这个思想的一个暗示;它只是促使我去思维适当的事项(仅仅是一个信号)。"

75. (在被问到我用命题"请给我面包和黄油"中的"和"这个词意指什么时,我会用一个抓在一起的手势来回答;而这个手势将**说明**我所意指的东西。正如一小块绿色的牌子说明了"绿色"的意义,W—F—记号系统说明了"并非"、"并且"等等的意义一样。)

76. 比如"$\begin{array}{c|c} P \\ \hline W & F \\ F & W \end{array}$"这个否定的符号与每个其他的否定的符号具有相同的价值;它同样是一个诸线条的复合物,正如"并非 p"这个表达式一样,而且只是经由其"起作用"的方式——我的意思是:它在游戏中被使用的方式——它才成为否定的符号的。

(类似的话也适用于同语反复式和矛盾式的 W—F—图式。)①

我想说:只有作为动态的东西而非静态的东西,某种东西才是

---

① 关于 W—F—图式(或 W—F—记号系统),请参见拙作《〈逻辑哲学论〉研究》,商务印书馆,2007 年,三·五·一和三·五·二。(请注意:我现在决定将"Schema"统一译作"图式",而不是像在这本著作中那样将其译作"表格"。)

一个符号①。

77. 在此人们很容易得到这样的印象:符号似乎总结了整个语法;后者被包含在前者之中,正如一串珠子被包含在一个箱子之中一样,而我们只需将它们从其中抽出即可。(但是,恰恰是这样一幅图像误导了我们。)好像一个立方体已经包含着立方体的几何学,我只要将其铺展开来即可。但是,是哪一种立方体?视觉立方体,或者一个铁制的立方体?抑或存在着一种理想的几何立方体?——显然,浮现在我们眼前的是当我们从一个图样,一个心象(或者一个模型)得出几何学命题时所发生的过程。但是,在此这种模型扮演着什么样的角色?当然是符号——在一个特定的游戏中被运用的符号——的角色。——如下事情是令人感兴趣的、值得注意的:这个符号是如何被运用的,我们如何在总是不同的结合中一再地利用比如立方体的图样。被我们当作那种立方体——诸几何学定律已经包含于其中——的东西恰恰是这个符号(**带有一个符号的同一性**)。(诸几何学定律并没有包含于这样的立方体之中,正如以某种方式被使用的倾向没有包含于象棋的王之中一样。)

78. 在哲学中人们总是企图建立关于符号系统或者关于心理学的神话②;而不是简单地说出人们知道的东西。

---

① 异文:"符号是动态地而非静态地起作用的"。
② 异文:"在哲学中人们总是处于这样的危险之中,即建立关于符号系统或者关于心理学的神话"。

79. 像我在我的哲学讨论中所采用的那种意义概念(der Begriff der Bedeutung)来源于一种关于语言的原始的哲学。

80. "Bedeutung"来源于"deuten"(指向)。①

81. 当奥古斯丁谈论语言的学习时,他只是谈到了这样的事情:我们如何授予事物以名称,或者我们如何理解事物的名称。在此**命名**似乎是语言的基础和本质。

奥古斯丁没有谈论词类之间的某种区别,他用"名称"所意指的显然是诸如"树"、"桌子"、"面包"这样的语词,肯定还有人的专名;接着可能还有"吃饭"、"走路"、"这里"、"那里",简言之,所有语词。但是,他首先想到的肯定是**名词**,而将其他的词类看作是某种最终会得到适当处理的东西。(柏拉图说,命题是由名词和动词构成的。②)

他们恰恰将这个游戏描述得比其实际的情况更为简单。

不过,奥古斯丁所描述的那个游戏的确是语言的一个部分。让我们设想如下情形:我要用另一个人应当递给我的石料建造一个建筑物;因此,我们首先可能通过如下方式达成协议:我指着一块石料说"这是柱石",指着另一块石料说:"这叫做'方石'",——"这叫做'板石'",等等。现在,我依照我需要的石料的顺序喊出语

---

① 异文:"我们称为'Bedeutung'的东西似乎与原始的手势语言(指示语言)联系在一起。"(删除线源于手稿。下同。)

② 参见柏拉图,《智者篇》(*Sophistes*),261E,262A。

词"柱石"、"板石"等等。

82. 奥古斯丁描述了我们的语言的一个演算,只不过,并非我们称为语言的所有东西都是这个演算。(在人们提出如下问题的诸多场合,人们都必须这样说:"这个表现是可用的还是不可用的。"这时,回答是:"是的,可用,但是这只是**针对这里来说的**;而并非是针对你声称在表现的那整个领域来说的。")因此,人们可以说,奥古斯丁将事情表现得太过简单了;但是也可以说:他表现了一种更为简单的事情。

83. 奥古斯丁描述语言学习的方式可以向我们表明,关于语词的意义的那种概念是从哪一种语言观中得来的。

人们可以将我们的语言的情形与这样一种文字的情形加以比较,在其中字母是用来表示声音的,不过,也用来表示强调并用作比如标点符号。这时,如果人们将这种文字看成一种用以描述声音图像的语言,那么人们便可以设想,一个人这样误解它,好像只是一个声音对应于每一个字母,好像这些字母此外没有完全不同的功用了。

84. 正如一辆机车的驾驶台内的手柄具有非常不同的操纵方式一样,语言的语词——它们某种意义上说类似于[①]手柄——也是如此。一个是曲柄的手柄,它可以连续地移动位置(因为它是用

[①] 异文:"相应于"。

来操纵一个阀门的);另一个是用来操纵一个开关的,它有两个位置;第三个是一个泵的手柄,只有在人们上下地移动它时,它才起作用;等等。但是,所有手柄看起来彼此都是类似的,因为它们都是用手来拉动的。

85. 如下段落也属于这里:人们可以——易于理解地——谈论**颜色与形状的组合**(比如红色和蓝色这两种颜色与正方形和圆形这两种形状的组合),正如人们谈论不同的形状或者物体的组合一样。如下糟糕的说法的根源便在于此:事实是诸对象的一种复合物。在此,一个人生病了这点被与这样两个物件的编排加以比较了,其中之一为人,另一个为疾病。

86. 阅读属于一个他所熟悉的语言的一个命题的人以完全不同的方式感受属于不同的词类的诸语词。(意义体的比喻。)我们完全忘记了如下事实:"并非"、"桌子"和"绿色"这些声音图像和书写图像都是同类的事物,只是在一种我们陌生的语言中才清楚地看到这些语词的单调性。(比较詹姆斯有关相应于"并非"、"但是"等等语词的感受的评论。)

87. ("不"做出了一个拒绝的手势。

不,它**就是**一个拒绝的手势。否定的把握就是对于一个拒绝的、否定性的手势的理解。)

88. 请比较一张地图上具有不同的功能的线条(边界线,道路,子午线,等高线)与一个命题中不同的词类。未受过教育的人看到的是一堆线条,而不了解其意义上的不同之处。

请设想在这张地图上还有这样一条线,它划掉了一个符号,以表明它是无效的。

89. 诸词类之间的区别可以比之于象棋中诸棋子之间的区别,但是也可比之于存在于一个棋子和棋盘之间的那种更大的区别。

90. 人们说:一个语词中的本质之处是其**意义**。人们可以经由另一个具有相同的意义的语词来替换这个语词。借此便为这个语词固定下了一个位置,人们可以用一个语词来替换另一个语词——如果人们将其放在了相同的位置之上。

91. 当我下决心(即使在我的思想中)不说"rot"(红色),而是使用一个新的语词时,如下之点将如何表明自身:这个语词占有了"rot"这个词的位置?

如果人们约定,在德语中不说"nicht"(不),而是说"non",为此不说"rot"而是说"nicht";因此,"nicht"这个词仍然留在语言之中,而且人们肯定可以说,"non"现在是像以前"nicht"**那样**被使用的,而且现在"nicht"被以**不同**的方式使用了。

92. 这不是类似于如下情形吗:我决心改变棋子的形状,或者,将一个小马的形状用作王?现在,如下之点将如何表明自身:

这个小马就是王？在此难道我不是能够很好地谈论意义的一种转换吗？

93. 我要解释说：一个语词在语法中的位置便是其意义。

94. 但是，我也可以说：一个语词的意义是意义的解释所解释的东西。

95. （"人们将1立方厘米水的重量称作'1克'。"——"好的，它究竟多重？"）

96. 意义的解释解释了一个词的用法。
一个词在语言中的用法便是其意义。

97. 语法描述语词在语言中的用法。
因此，它与语言的关系类似于一个游戏的描述、游戏规则与游戏的关系。

98. 我们所说的意义记录在意义的解释之中。与此相反，如果我们用意义这个词来意指一种与一个词的使用联系在一起的独特的感觉，那么这个词的解释与其意义便处于比如原因和结果这样的关系之中。

99. 意义的解释能够消除与一个意义联系在一起的所有**意见**

分歧。它可以澄清误解。

此处所谈论的理解是解释的一种关联物。

人们首先用"一个符号的意义的解释"来意指**定义**,还用其意指所有其他的使用规则。语词定义和实指定义的区分对这些解释方式做出了一种暂时的分类。

为了理解一个定义在演算之中所扮演的角色,人们必须研究特殊的情形。

100. 现在,我们会觉得,从一个词的实指解释必定得出关于它的其他的语法规则;因为实指解释,比如"这叫做'红色'",当然决定了"红色"这个词的意义。

但是,这种解释当然不过是这些词加上对于一个红色的对象——比如一块红色的纸——的指示。现在,这种解释果真是单义的吗?难道我不是本来可以使用恰恰这种解释来将"纸张"、"四角形"、"刺眼的"、"轻的"、"薄的"等等词的意义给予"红色"这个词吗?

101. 如果我给出的解释不是"这叫做'红色'",而是"这种颜色叫做'红色'",那么这或许是单义的,但是仅仅在经由"颜色"这个表达式"红色"这个词的语法已经被确定下来时——除了一个最后的规定之外,情况才是如此。(但是,在此会出现比如这样的问题:"你在命名恰恰**这种**色调为红色,还是也在命名其他类似的色调为红色?")

人们可以这样来做出解释:这个斑点的颜色叫做"红色",这种形状叫做"椭圆"。

102. 我可以说：为了理解这种解释，人们必须已经理解了关于一个语言的非常多的事情。
理解这种解释的人必定已经知道了这些词（"红色"、"椭圆"）被放置到哪里，它们出现在语言的哪个位置。

103. 出现于这些解释中的"形式"、"颜色"这些语词决定了这个语词的**应用方式**，进而决定了人们可以称为**词类**的东西。人们可以在通常的语法中很好地区分开这样的词类："形状词"、"颜色语词"、"声音语词"、"材料语词"等等。（但是，不能同样正当地做出这样的区分："金属语词"、"毒药语词"、"食肉动物语词"。"铁是一种金属"、"磷是一种毒药"等等说法有意义；但是如下说法没有意义："红色是一种颜色"，"圆形是一种形状"等等。）

104. 我现在可以实指地解释一个颜色语词，一个形状语词，一个数词，等等，等等（人们实指地向小孩解释数词，而且这种解释是好的）；甚至于也可以实指地解释否定，析取等等。**相同的**指示可以解释一个数词，一个形状语词，一个颜色语词，等等。只不过，在每一个词类的语法中实指解释均起着一种不同的作用；而且在每一种情形中它都仅仅是**一条**规则。

105. （也请思考一下下面这种解释的语法："这天叫做星期一"，"我将称今年的这天为'和解日'。"）

106. 但是,当我们学习一个词的意义时,人们可是常常给予我们**仅仅**那一条规则,即实指解释。在这种情况下,事情如何是这样的:我们根据这个解释理解了这个词?我们猜出其余的规则吗?

现在请马上考虑一下这个小孩的情形:他通过这样的方式学习语词,即人们指给他看诸对象,与此同时说出诸语词。因此,他的确得到了实指解释;而且,现在他理解了这些语词。——但是,在此什么是理解的标准?肯定是他正确地应用了它们。他猜出诸规则吗?——我们肯定会问我们自己:我们应当就将这种指示和诸语词的说出称为"解释"吗?但是,这个语言游戏恰恰还是非常简单的,实指解释在它之中所扮演的角色不同于其在更为发达的语言游戏中的角色。(这个小孩比如还不能问"这叫什么?")不过,在原始的形式和更为复杂的形式之间不存在任何清晰的界线。我不知道,我还能将什么称为"解释"并且我不能再将什么称为"解释"。我只能描写诸语言游戏或者诸演算;至于人们是否还将它们称为演算,这肯定是无关紧要的——只要集合名词的使用没有妨碍我们对于我们要判断的每一个个别的情形的研究。

107. 我也可以针对一个小孩说:"他能够应用这个词了,他知道它是如何被应用的。"但是,只有当我提出如下问题时,我才看出这意味着什么:什么是这种知道的标准。在此它不是给出诸规则的能力。

108. 什么是一个人理解了一个游戏这件事的标志?他必须能够背诵出诸规则吗?难道如下事项不也是一个标准吗:他能够

玩这个游戏,也即刚好在玩它? 在被问及这些规则时,难道他不是会陷入尴尬的境地吗? 他无条件地以这样的方式学习这个游戏吗,即经由人们向他说出诸规则的方式,而不是也仅仅通过在人们玩它时进行观察的方式? 自然,在此他常常对自己说:"啊,原来是这样,因此,这就是那条规则",而且,这样的情形是可能的:在其中他像他所注意到的那样写出诸规则;不过,在没有明确的规则的情况下,肯定也存在着一种对于这种游戏的学习。

109. 是的,正如一种语言的语法只有在这种语言已经由人们说了**好长时间**之后才被写下,才出现一样,也如人们玩了原始的游戏,而并没有编制出其规则清单一样,甚至于人们没有为其构述任何一条规则。

110. 但是,我们在一种按照规则进行的游戏的视角下看待游戏和语言。也即,我们总是将语言与这样一种过程加以**比较**。

111. 我给予一个物体的名称,——一个形状,——一种颜色,——一个长度,每一次都具有一种不同的语法。(当 A 是一个物体时,"A 是黄色的"中的"A"所具有的语法不同于当它是一个物体的表面时它所具有的语法;比如,说这个物体完完全全是黄色的是有意义的,但是说这个表面是这样的则没有意义。)而且,人们在一种不同的意义上指向一个物体和指向其长度或者其颜色;比如这样的定义是可能的:"指向一种颜色"意味着指向具有它的那个物体。正如一个人并非是在相同的意义上与金钱结婚和与拥有金钱的女士结婚一样。

112. 金钱和人们用其所购买的东西。在某些情形下所购买的是一个对象；——但是，也是坐在剧院中一个位置上的许可，或者一个称号，或者快速离开，或者生命，等等。

113. 一个名称在其所属的演算中具有 Bedeutung（意义），一个命题在其所属的演算中具有 Sinn（意义）。这个演算可以说是自律的。——语言必须是不言自明的。

我可以说：我只是感兴趣于一个命题的**内容**；而一个命题的内容就存在于它之中。这个命题作为一个演算的一个环节而具有其内容。

114. 意义就是一个语词在这个演算中所扮演的角色。

115. 一个名称的意义不是这样的东西，即在这个名称的实指解释中我们所指向的那个东西；也即，它不是这个名称的承受者。——"名称'N'的承受者"这个表达式与名称"N"具有相同的意义。这个表达式可以在这个名称的位置上被使用。"名称'N'的承受者病了"意味着：N 病了。人们不说："N"的意义病了。

当其承受者终止存在时（当他比如说死了时），这个名称并没有丧失其意义。

但是，如下说法不是意味着相同的东西吗："两个名称具有一个承受者"和"两个名称具有相同的意义"？肯定的，不写"A＝B"，人们可以写:"名称'A'的承受者＝名称'B'的承受者"。

116. 这意味着什么:"理解一个语词"?

人们对一个小孩说:"不,不要再吃糖块了!"并且从他手上将其拿走。这样,他便学会了"不"这个词的意义。假定人们在说出同样的语词时将一块糖递给他,那么他便学会以不同的方式理解这个词。(他由此而学会了使用这个词,但也学会了将一种特定的感受与其联系在一起,以一种特定的方式体验它。)

117. 像"或许"这样一个词的**意义**在于什么?——一个小孩如何学习"或许"这个词的用法?或许他跟着说出他从一个大人那里听到的一句话:"她**或许**会来";以与那个大人的语调相同的语调说出它。(这好比说是一个游戏。)接着,人们有时问道:他已经理解"或许"这个词了吗,或者他只是跟着说出它?——但是,什么是他真的理解了这个词这点的迹象?——好的,是这点:他在特定的情形中以特定的方式——在某些命题结合中并且以特定的语调——使用它。

理解"或许"这个词,这意味着什么?——**我**理解"或许"这个词吗?——而且我如何判断我是否做到了这点?当然大致是通过这样的方式:我知道它是如何被使用的;我能够经由这样的方式向某个人解释其应用,即我描述它在比如虚构的情形中的应用。我将描述其应用的场合,其在诸命题中的位置,人们说出它的语调。——这自然只是说:"我理解'或许'这个词"与如下说法意味着同样多的东西:"我知道它是如何被使用的;等等",而并非是说:

为了回答我是否理解这个词这个问题,我努力回忆起其全部的应用。相反,对于这个问题,我将或者立即以"是"这个回答来做出反应——或许是在我向我自己再一次地轻轻地念出这个词并且可以说深信我非常熟悉它之后;或者将思考**一种**应用,以正确的语调、带着不确信的手势给我自己念出这个词;以及诸如此类的事情。

这是一种类似于如下情形的情形:这时某个人向我解释一种"我不准确地理解的"计算,而当他达到他的解释的一个特定之点时,我说:"好吧,现在我理解了;现在我已经知道如何继续下去了。"我如何知道如下之点:我知道如何继续下去了? 在这一刻我已经飞越了其余的计算吗? 肯定没有。或许它的一部分浮现在我的心中了;或许一种特定的应用、一个图形浮现在我的心中。如果人们问我:你如何知道你能够应用"或许"这个词,那么我或许会只是回答说:"我已经无数次地应用了它。"

118. 但是,人们可能会问:通过对这个词的应用的描述我竟然就**理解**了它了吗? 我竟然理解了它的**目的**了吗? 难道我不是在某种重要的事情上自己欺骗了自己吗?

119. 我现在或许只是知道了人们是如何使用这个词的。但是,这也可能是一个游戏,或者是礼仪形式。我不知道,他们为什么这样行动,**语言**是如何嵌入他们的生活的。

难道意义真的仅仅是这个词的用法吗? 难道它不是这种用法嵌入生活中的那种方式吗?

但是,难道它的用法不是我们的生活的一个部分吗?!

120. 当我知道人们如何并且在什么样的场合下使用"壮丽"这个词时,我便理解了它了吗?这时我自己便已经能够使用它了吗?我的意思是,好比说,深信不疑地使用它。

难道我不是可能知道了这种用法,但却不加理解地遵循着它?(正如在某种意义上不加理解地跟随着鸟的鸣唱一样。)因此,理解难道不是在于某种其他的东西吗:"自己胸中的"感受,对这些表达式的体验?——它们必定嵌入**我的**生活。

121. 好的,语言的确也嵌入我的生活之中。被称为"语言"的东西是一个由诸异质的部分构成的存在物,而且它嵌入的那种方式是无穷多样的。

122. 我们会说,"壮丽"这个词,"啊呀"这个词,甚至于"或许"这个词,是一种感觉、一种感受的**表达**。不过,我不将这种感受称作这个词的意义。无论这个词与这种感觉的关系是什么样的——这个词是由它引起的,它规则性地伴随着这个词,这个词引出了它,我们都不会对之发生兴趣,正如我们对每一个语言方面的经验事实本身均不感兴趣一样。我们的任务仍然是对一个过程进行描述,而且这种描述中引起我们的兴趣的东西并不是真性,而是其形式。作为游戏的过程。

123. 我只是在**描述**语言而不是在**解释**任何东西。

124. 就我的目的来说,我可以不谈论这样的感觉——针对它们，人们说这个词表达了它们，而谈论人们借以使用这个词的那些语调和手势。

125. 因此，我可以说：在许多情况下，在某些场合下能够以特定的语调说出一个词构成了理解一个词的部分意义。

126. 人们可以说，某些词只是一种语调的作用点。

127. 不过，对于我的目的来说，我也可以不谈论语调和伴随的手势，而是将这个词本身看成手势。（难道我不是可以说"哈哈"这个声音是笑声，"啊哟"这个声音是呻吟吗？）

128. 难道我不是能够设想这样一种语言吗：人们总是以相同的格律说出它，而且为了保持这样的格律，不时地在诸命题的语词之间插入语助词。请设想，我们谈论这些语助词的意义。（为了以相同的节奏打铁，一个铁匠在有效的捶打之间给出微弱的捶打。）

129. 语言恰恰是非常不同的工具的一个聚集物。在这个工具箱中有一个锤子、一把锯、一把尺子、一把角尺、一个铅锤、一只胶锅和一块胶。许多工具彼此在形状和用法上有亲缘关系，人们也可以顺便按照它们的亲缘关系将它们分组，但是这些组的界线在或大或小的程度上常常是任意的；存在着各种各样的交叉的亲缘关系。

130. 我曾经说，一个语词的意义就是它在语言的演算中所扮演的角色。(我曾经将它比作象棋中的一个棋子。)现在，请思考一下我们是如何使用一个词——好比说"红色"这个词——来进行演算的。人们将说明，这种颜色出现在什么地方，拥有这种颜色的斑点或者物体具有什么样的形状，什么样的尺寸，它是纯粹的还是与其他颜色混合在一起的，是深暗的还是明亮的，是保持不变的还是变化不定的，等等，等等。人们从这些命题抽引出结论，将它们翻译成图像、行动，人们进行描画、测量和计算。但是，请考虑"啊哟"这个词的意义。如果人们就此向我们提问，我们或许会说："'啊哟'是一声叹息；人们说，比如'啊哟，又下雨了！'"以及诸如此类的话。借此人们便描述了这个词的用法。但是，现在什么对应于我们借助于其他的词所玩的演算、复杂的游戏？在"啊哟"或者"好啊"或者"嗯"这些词的用法之中没有任何可以与之相比的东西。

此外，在此人们不能将符号与迹象混淆起来。人们可以将"嗯"这个声音称作思考的一种表达，而且对于另一个人来说，还可以将其称作思考的**迹象**，正如云是下雨的迹象一样。不过，"嗯"不是思考的**名称**。

131. 让我们设想，我们要描写**球类游戏**。在此存在着这样的游戏，比如：足球、板球、网球，它们带有一个成型的、复杂的规则系统；但是，接着还有这样一种游戏，它仅仅在于：每一个人都将一个球扔得尽可能地高；最后，还有这样一个游戏：像小孩玩球那样，他们将一个球扔向任意的方向，接着又将其捡起来。或者，一个人出于高兴将一个球扔得很高并且又接住它，而与此同时并没有与另一个人进行竞争。或许,人们不再将其中的一些称为球类游戏了;但是,如下之点是清楚的吗:在此要将界线划在哪里?

132. 我们感兴趣于作为一种按照明确的规则而进行的过程的语言。因为哲学问题是这样的误解,它们得经由对我们要据以使用语词的诸规则的澄清来清除。

我们从一个片面的立场来考察语言。

133. 我们曾经说过:经由使用我们还没有理解"或许"这个词的**目的**。不过,在此我们用目的所意指的是它在人类生活中所扮演的角色。(人们可以将这个角色称为这个词的"意义"——在人们谈论"一个不寻常的事件对于我们的生活的意义"这样的意义上。)

但是,我们说过:我们将"意义"理解为意义的解释所解释的东西。而意义的解释不是任何经验命题,不是任何因果解释,而是一条规则,一个协议。

134. 人们可以解释说:我们的语言中的"哈!"这个词具有这样的目的:在所谈到的人那里引起恐慌。它具有这个目的这点在于什么?什么是这点的标准?目的这个词,正如我们的语言的所有语词一样,是以不同的,或多或少具有亲缘关系的方式被应用的。我们指出两个刻画性的游戏:我们可以说,一个行动的目的是行动者针对追问这个目的的问题所说明的东西。如果另一方面,我们说,母鸡咯咯叫的目的是将其小鸡召唤到一起,那么我们是从咯咯叫的**结果**推导出这个目的的。如果咯咯叫并非总是，或者并非在大多数情况下，或者并非在某种特定的可以详细说明的情况下，具有这个效果，那么我们绝不会将小鸡的聚集称为咯咯叫的目的。——现在，人们或许说，"哈！"这个词的这种目的，这种结果是这个词中的重要的地方；但是，目的或结果的解释并不是我们称为意义的解释的东西。

135. 按照其结果，一个词不能经由任何其他的词取代；正如人们不能经由另一个手势来取代一个手势一样。（一个词具有一个**灵魂**，而并非仅仅具有一个意义。）也没有人会相信，当人们按照相应的约定将一首诗的语词替换为其他的语词时，它**本质**上还保持**不变**。

136. 我们可以**这样**来阐明我们的命题"意义是意义的解释所解释的东西"：让我们仅仅关心什么叫做意义的**解释**，而根本不用关心其他意义上的意义。

137. 但是，人们难道不能这样说吗：我们所说出的诸命题具有一个特定的目的，它们应当引起某些结果。它们是一个机制——比如一个心理学机制——的一部分，而且它们的语词也是这样的部分（杠杆、齿轮等等）。似乎表现了我们在此所想到的东西的例子是一台自动音乐播放器，一台演奏机。它含有一个滚筒，一个辊子，等等，在其上用某一种记号系统（经由小孔的位置、销子等等）写有一首曲子。这些书写符号好像给出了命令，琴键和音锤等等则接着执行它们。因此,难道我们不应该说这样的符号的意义就是其结果吗?——但是,假定这台演奏机处于糟糕的状态,滚筒上的符号引起的不是音列,而是咝咝声和砰砰声,那么情况如何?——或许人们说:这些符号的意义是其在一个处于良好状态中的机制之上引起的结果;进而:一个命令的意义是其在一个顺从的人那里引起的结果。但是,在此什么将被看作顺从的标准?

因此,人们将说:那些符号的意义不是其结果,而是其目的。不过,我们还是来思考这样的事情:人们试图相信,这个目的现在是这台演奏机要完成的全部目的中的一个部分。——这个目的或许是给人们带来娱乐。但是,显然,**这个目的的任何部分都不是人们用"符号的意义"所意指的东西**。毋宁说,在此我们只是想到了这些符号**在**这台演奏机的机制**内部**的那个目的。——因此,人们可以说:一个命令的目的就是其意义——在这个目的是经由一条语言规则说出来的这样的范围内。"我说'走开!',因为我要让你让我独处一会儿","我说'或许',因为我不是十分有把握"。

138. 一种关于作为心理—物理机制的语言的起作用的方式的解释引不起我们的兴趣。这种解释本身是一种对语言中的(联想、记忆等等)现象的描述;它本身就是一种语言行为,而且处于演算之外;而我们需要的则是一种**作为演算**的一个**部分**的解释。

139. "他当如何知道当他听到'红色'这个词时他须选择哪一种颜色?"——"非常简单:他应当将这种颜色拿来,即在听到这个词时他便在心中想到其图像。"——但是,他应当如何知道,这意味着什么,而且哪一个颜色是这样的颜色,即"在听到这个词时他便在心中想到它"?

自然也有这样一种过程:选择在听到这个词时你心中想到的那种颜色。而且这个命题:"红色是在听到'红色'这个词时你心中想到的那种颜色"是一个定义。

140. 当我说"记号就是引起这种效果的那种东西"时——,问题恰恰是:我如何能够谈论"这种效果"。——我如何知道,当它出现时,它就是我所意指的那种效果?——因此,如下说法绝不是一种抵达这种不安①的根源之处的解释:非常简单,我们将它与我们的记忆图像相比较。因为我们应当据以进行比较的那种比较方法如何给予我们,也即:当我们被命令"进行比较"时,我们如何知道我们应当做什么?

141. 在我们的语言之中"红色"这个词的**一种**功能便是让我们回忆起这种特定的颜色;甚至于,人们可能发现,这个词比其他的词更好地适合于做这样的事情,进而,只有它才满足这个目的。不过,我们本来也可以不使用这种联想机制,而是使用一个表格,或者类似的辅助工具;现在,我们的演算恰恰必须用这种联想到的或者看到的颜色样品继续进行下去。我们所关心的并不是一个符号的心理学效果。我也会允许我编造这样一种效果。

---

① 异文:"我们的问题"。

142. 对于一个词的意义是否是其结果、其目的等等的研究是一种语法研究。

143. 为什么人们能够理解一个语词,而绝不能理解一个钢笔杆?这是形式上的差异吗?但是,你说:如果人们给予一个钢笔杆一个意义,那么我们肯定也能够理解它。不过,人们究竟如何做这样的事情:给予它一个意义?——人们究竟是如何给予"红色"这个词以一个意义的?好的,人们指向某种东西并且说"我将这个称为'红色'"。是的,这是一种仪式或者神秘的表达形式吗?这种指向和诸语词的说出究竟如何起作用?只有在一个由其他语言行动构成的系统内部它才起作用。——因此,现在人们便能够理解一个钢笔杆了;但是,这种理解因此就包含着其应用的那个整个系统吗?不可能。我们说,如果我们知道了它的应用,那么我们便理解了它的意义,但是我们的确说过,"知道"这个词决没有表示任何意识状态。这就意味着:这个词的语法并不是一种"意识状态"的语法,而是一种不同的语法。而且,了解这种语法只有一种途径:即查看这个词事实上是如何被使用的。

144. 但是,对于"你理解了这个命题(你现在所读到的这个命题)吗?"这个问题,人们肯定会有时如实地回答说"是",有时如实地回答说"不"。"因此,当我理解它时所发生的事情必定不同于当我不理解它时所发生的事情。"

好的。因此,当我理解一个命题时便发生了某种这样的事情,它与我能够将一首乐曲作为乐曲来倾听时(这与如下情形相反:它太长了或太复杂了,我不得不说"我听不懂这个部分")所发生的事情类似。同样的事情也可能发生在一幅图像(此刻我意指的是一个单纯的装饰图案)之上。起初我只是看到一团线条,最后它们对我来说组合成了熟悉的、惯常的形状;我看到了一种划分,一个我所熟悉的系统。——如果我熟知的对象的图像也出现在这个图案中,那么对于这些对象的认出将意味着一种进一步的理解。(在此请思考一幅字谜画的猜出。)这时我将说:"是的,我现在正确地看这幅画了。"——

对于"当你理解地读到这个命题时,什么在那里发生了?"这个问题,我这时必须回答说:我是将它作为一个按照其种类为我所熟悉的德语语词串来读的。或者也会回答说:此时在我的心中浮现着这样的图像……。但是,现在人们问道:"这就是全部吗?理解可是不仅仅在于此!"好的,这(或者诸如此类的东西)就是在我读出的过程中和紧接着它发生的全部事情;但是,我们称为"理解"的东西却牵涉无数在读到**这个**命题之前及其后发生的过程。

但是,当我不理解一个命题时:此时它可能是一个我所陌生的语言的一个命题,我所能看到的一切就是一串不熟悉的语词。或者,我所读到的东西看起来像是一个德语命题,但是一部分并非是我熟悉的语词结合,当我现在试图把握它时(而这可能又意味着不同的东西),我没有获得成功。(请思考这样的过程:我们试图理解一首诗的意义,它是用我们的母语写成的,但是我们不理解其语言形式。)

不过,就属于一个我所陌生的语言的一个命题来说(比如一个拉丁语命题,我只能经由构造句子的方式费力地破译它),在如下情况下我也会说我理解它:我逐步地将其译成德语,但是从来没有达到这样的程度,即把握其声调。

145. 但是,为了理解一个命题,我肯定必须理解其语词!而且,在阅读时我可是理解了一些语词,而又不理解另一些语词。

我听到一个词,人们问我:"你理解它吗?"我如实地回答说"是的"。当我理解它时,什么发生在那里:这种理解如何与当我不理解这个词时所发生的事情区别开来?——假定这个词比如是"树"。我为了能够如实地说我理解了它,一棵树的图像必须浮现在我的心中吗?不是。而且任何其他的心象也不必浮现在我的心中。我所能说的一切就是:对于"你理解'树'这个词吗"这个问题,我会毫不迟疑地、不说谎地回答说"是的"。——如果另一个人继续问我说:"因此,什么是一棵树?"那么我会给他描述、指给他看、给他画出一棵树;不过,或许我会回答说:"我知道这点,但是我不想解释它。"在说出这些词时我的心中或许浮现着一棵树的心象,或许我留意着与一棵树具有某种相似之处的东西,或者此时其他的词萦绕于我的脑海之中,等等,等等。

还是让我们来察看一下实际上我们是如何使用"理解"这个词的。

那个词也可能是这样一个词,关于它我说:"我一度知道它意谓着什么,我还会再次想到它的",而且稍后我说:"现在我想到它了!"——在此发生了什么事情?——或许我想到了这样的情形,在其中人们向我解释了这个词:我看到我与其他人在一个房间,等等,等等。(但是,当现在我在一个命题中理解地读到这个词时,这幅图像不必再次浮现在我的心中；相反，或许根本没有任何图像浮现在我心中。)

或者它是一个陌生的语言的一个词；我已经听过它几次，但是还不理解。或许，我向我说："它可能意味着什么？"并且试图给予它一个适合于这个关联的意义（这又有非常不同的可能情况）。现在，比如我想到了这种情形并且说："我不理解这个词。"但是，我也可能针对这个陌生的词立即以"我不理解它"这样的回答做出反应；正如针对树这个词我立即以相反的回答做出反应一样。

假定它是"红色"这个词，我会自动地说我理解它；现在如果他还是问："你真的理解它吗？"在此，可以说是为了进行检验，我将一幅红色的想象图像召唤到心灵前面。但是，我如何知道这就是那个显现给我的正确的颜色？现在我的确完全确信不疑地说我理解它。——但是，我也可能看着一张颜色表格，在其上在这种颜色下面写着"红色"这个词。——我可以无限地拉长对于这样的过程的描述。

146. 人们可以直截了当地将我们所关心的问题用这样的话表述出来："在充满理解地读到比如'蓝色'这个词时，人们必定在前面看到了比如蓝颜色的心象吗？"人们经常向自己提出这个问题并且接着在大多数情况下以否定的方式回答它；从这样的回答人们得出这样的结论：那种刻画了理解的过程恰恰是一种不同的、还未被我们把握到的过程。——因此，当人们用"理解"来意指那种将充满理解的阅读与缺乏理解的阅读区别开来的东西时：在理解时什么事项发生在那里？好的，我们并非是将伴随着读或听的一个过程称为"理解",而是将在或大或小程度上彼此具有亲缘关系的诸过程称为"理解":它们发生在一个背景之上,发生在一个由特定种类的事实——也即:那个习得的语言或诸语言的实际的使用的事实——构成的环境之中。——人们说,理解是一种"心理的过程",这个名称在这种情况中,正如在无数其他情况中一样,是误导人的。它将理解与一种特定的**程序**——像从一种语言到另一种语言的翻译——加以比较;而且,它导致人们就思维、知道、相信、愿望、意图等等提出了同样的观点。因为在所有这些情形中我们都看到:我们可以说天真地作为一种这样的过程的标志而给出的东西并非在所有情形中都适合于它,或者甚至于并非在多数情形中适合于它。由此,接下来的结论便是:这种过程的本质之处是某种迄今未被发现的东西,难以把握到的东西。因为人们说:如果我在所有这些情形中都使用"理解"这个词,那么因此某种相同的东西必定发生在所有这些情形中,而这种东西恰恰构成了理解(期待、愿望等等)的本质之处。因为否则,我为什么可以用同一个语词来命名它们?

这个论证源自于这种观点:必定是诸过程或诸对象等等的共同之处为人们通过一个共同的概念词来刻画它们这种做法提供了根据。

这种观点某种意义上说**过于原始**。一个概念词所表明的东西的确是诸对象的一种亲缘关系,但是这种亲缘关系不必是一个性质或者一个成分的共同性。它可以像链条一样将诸成员联结在一起,以至于一个成员与另一个成员**经由中间成员**而具有亲缘关系;而且,两个彼此接近的成员可以具有共同的特征,彼此**相似**,而相距较远的成员则彼此不再具有任何共同之处,然而还是属于相同的家族。甚至于当一个特征为所有家族成员所共同具有时,它也不必就是定义该概念的那个特征。

一个概念的诸成员间的亲缘关系可以经由它们之上的诸特征的共同性建立起来,而这些特征在这个概念的家族之中的出现则以极为复杂的方式交叉在一起。

147. 因此,或许不存在这样一种刻画性特征,它为我们称为游戏的所有东西所共同具有。但是,人们也不能说,"游戏"恰恰具有许多独立的意义(可以说像"Bank"这个词一样①)。更准确地说,人们将以不同的方式彼此具有亲缘关系的诸过程称为"游戏",在这些过程之间存在着多种多样的过渡。

148. 人们可以说:在这种情形下概念词或者集合名词的使用是经由如下事实得到辩护的:存在着从诸成员中的一个到另一个的过渡。——但是,现在人们可能反对说:我们可是可以在所有东西之间都做成过渡,因此,经由这点我们并没有划出这个概念的界线。对此我必须说:事实上,在大多数情况下它并非是有界线的,其规定或许是这样的:"用'知识'我们所意指的是这些和这些过程,**还有类似的过程**。"而且,我本来可以不说"还有类似的过程",而说:"还有以许多方式与其具有亲缘关系的过程"。

但是,如果我们为了澄清一个哲学悖论,在一个词的用法中划

---

① 德语词"Bank"具有多种意义:长凳、海滩、礁石、云层、银行、赌本、库等等。

出一条界线，那么我们便将那幅实际的用法图像——在其中可以说不同的颜色没有任何清楚的界线地彼此融合在一起——与这样一幅用法图像加以比较：它以某种方式类似于前者，但是是由彼此清楚地划界了的颜色构成的。

149. 如果我们考察一个词的实际的用法，那么我们看到某种波动的东西。

在我们的考察中我们用某种较为固定的东西来对抗这种波动的东西。正如当人们为一处风景的不断地变动的图像绘制了一幅静止的画像一样。

150. 我们**在按照固定的规则进行的游戏的视角下**考察语言。我们将它与这样一种游戏加以比较，用其来衡量它。

151. 如果我们为了我们的目的让一个词的使用受制于特定的规则，那么我们便将其波动的用法与另一种用法加以比较，途径是：我们将前者的一个刻画性的方面表达在诸规则之中。

152. 因此，人们可以说，"好"（伦理学意义上的）这个词的用法是由巨大数目的彼此具有亲缘关系的游戏复合而成的。可以说是这个用法的诸面。但是，恰恰是这些面的关联，其亲缘关系，在此制造出了**一个**概念。

153. 但是，在此所发生的事情并不是物理学中所谓对于一种自然现象的简化的描述的东西——它忽略了次要的影响。人们不能说,逻辑表现了一种理想化的实际,严格说来它只适用于一种理想的语言,还有诸如此类的东西。因为我们是从哪里拿来有关这种理想的概念的?!人们至多能够说:"我们**构造**一种理想语言",比如与口语相对;但是,不能说,我们**说出了**某种只适用于一种理想语言的东西。

154. 关于一幅图像的理解,我还想说出如下之点:当我们认出比如一幅世态画中所表现的过程、行动时,人们会谈论其理解。这时,这种认出的标准或许是这样的:当有人提出要求时,人们便用语词对这个行动进行解释,将它通过手势和动作表现出来,以及其他等等。事情也可能是这样的:我们不太容易获得这种认出,或者是因为我们不能立即将这幅图像上的诸图形看作这样的图形(字谜画),或者是因为我们不能猜出它们彼此结合成了哪个行动;以及诸如此类的东西。于是,在这些情形中存在着一种我们所熟悉的认出过程——或许发生在一段怀疑的时间之后。如果情况与此相反,这幅图像是这样一幅图像,关于它我们会说:"我们一看到它便把握了它",那么我们便发现了这样一种困难:说出这种理解在此真正说来在于什么。首先,所发生的事情并不是这样的:我们将画出的对象当作实际的对象。"我理解了它"在此也并非意味着:我最终理解了这点(在做了一次努力之后):它是**这幅**图像。没有发生任何认出过程,像在大街上认出一个老熟人这样的过程。人们没有说:"啊,这就是……!"假定人们要说发生了一种再次认出过程;那么这种再次认出在于什么?我或许将这幅图像的某个部分认作一个人的脸：为此，我必须望着一张真正的脸吗？或者，我必须将对于一张看到的脸的回忆召唤到眼前吗？情况是这样的吗：我在我的记忆之柜中翻找，直到找到某种类似于这幅图像的东西，而这个再次认出恰恰就是这个找到？在我们的情形中并没有发生这样一种特定的过程，人们能够将其称作再次认出；尽管那个看到这幅图像的人对于"你认出了这是什么了吗？"这个问题会如实地用"是"来回答，或者也许用如下的话来回答："这是一张脸。"不过，人们尽可以说：当他将这个线条复合物看作脸时他所看到的东西不同于当他没有这样做时他所看到的东西。于是，我想说：我在我面前看到了某种**熟悉**的东西。但是，构成这种熟悉性的东西并不是任何历史方面的事情，即我已经如此经常地看到过这样的对象，等等，因为这种体验的前史可是并没有包含在这种体验之中。毋宁说，这种熟悉性包含在比如如下事实之中：我立即把握住这幅图像的某一个特定的节奏，并且停留在其上，可以说休止于其上。此外，这种熟悉性在每种特殊的情形中恰恰在于一种特殊的体验，一张桌子的图像有一种体验，一张床的图像有一种不同的体验。

当我说"我理解这幅图像"时，恰恰产生了如下问题：我要说"我**这样**来理解它"吗？这个"**这样**"代表一种从被理解的东西到另一种表达式的翻译。或者，它是一种可以说不及物的理解？在理解一个时我好像想到了另一个；也即，这种理解在于这点：我想到某种不同的东西？如果我的意思不是这样的，那么被理解的东西可以说是自律的，这种理解可以与一首乐曲的理解加以比较。

155.（注意到如下事实是饶有兴趣的：在读一个孤立的词时浮现在我们心中的那些图像——在我们比如想要如此正确地理解它时——在我们读到命题时大部分都完全不见了，在充满理解地阅读它时浮现在我们心中的那幅图像常常像是那个完整的命题的一个结果。）

156. 事情可能是这样的：一个人忘记了一个词（比如"蓝色"这个词）的意义。在此他忘记了什么？——这点如何表露自身？

他指向比如各种颜色的小牌子并且说："我不再知道人们将这些牌子中的哪些称作'蓝色的'。"或者也可能他完全不再知道这个词意谓什么了（这个词是用来做什么的），而仅仅知道它是一个德语词。

现在人们可以说：那个忘记了"蓝色"这个词的意义的人，如果有人要求他从其他对象中挑出一个蓝色的对象，在看到这些对象时感到"蓝色"这个词和那些颜色之间的那种结合不再存在了（它被中断了）。当我们向他重复这种解释时，这种结合便又被建立起来了。不过，我们可以通过多样的方式重新建立起这种结合：我们可以指向一个蓝色的对象并且说"这是蓝色的"，或者说"请你回忆一下你的蓝色的斑点"，或者我们或许说出那个英语词"blue"，等等，等等。当我现在说我们可以通过这些不同的方式来建立起这种结合时，人们容易产生如下想法：我已经通过所有这些不同的方式引起了**一种**特定的现象，我称其为语词和颜色的结合，或者这个语词的理解，正如我可以使用不同形状的并且由不同的材料制成的对象作为导体将两根金属线的线头结合起来一样。但是，我们根本不必谈论这样一种结合的现象,不必谈论如下之点:比如在听到这个词时一幅有关这种颜色的图像出现在内在之眼前面。因为如果重新建立起来的东西是他对这个词的理解,那么这点可以在非常不同种类的过程中表露自身,现在在这些表露之后并非还潜伏着这样一个过程,即真正的理解,它伴随着这些表露并引起了它们,像是牙疼引起了呻吟,以手托腮,面部扭曲等等。如果人们接着问我,我是否因此认为根本不存在理解,而只存在理解的表露,那么我一定回答说:这个问题是没有意义的,正如是否有三这个问题一样。我只能(断续地)描述"理解"这个词的语法,并且指出:这个语法并非像人们未加仔细地察看之前所欲表现的那样。我们此处所处的情况正如小画家克莱克泽尔(Klecksel)的情况:他给一个人的肖像画上两个眼睛,因为他知道人有两只眼。

157. 一个语词的意义的解释具有这样一种效果,它类似于"知道继续下去了":当人们向某个人说出一首诗的开始时,直到某一点他说:现在我知道如何继续下去了。(请向你自己说一下有关这种知道继续下去的不同的心理可能性。)

158. 我们学习语言的方式并没有**包含**在其使用之中。(正如原因恰恰没有包含在其结果之中一样。)

159. 实指定义具有哪种结果?在使用语词的过程中它总是一再地被援引吗?抑或是它像一次暂时地改变了我们的疫苗接种那样起作用?

160. 作为演算的一个部分的解释不能远距离地起作用。它只是在它得到应用的范围内起作用。

161. 再问一次：究竟在哪些情形下我们会说，"他理解'蓝色'这个词"？好的，当他立即从其他对象中挑选出蓝色的对象时；或者还有，当他以值得信任的方式这样说时：他现在能够挑选出那个蓝色的对象，但是不愿意这样做（或许我们注意到，他与此同时不由自主地看了一眼那个蓝色的对象；或许我们还仅仅基于他从前的行为而相信他）。他究竟如何知道他理解这个词？这也就是说，在哪些情形下他将能够这样说。有时是在某一次测验以后，有时即使在没有这样的测验时。但是，或许稍后他难道不是必须这样说吗："我弄错了，我可是不理解它"，── 如果结果表明他不能应用它？在这种情形下他能够为自己辩护并且这样说吗：当他这样断言时他的确已经理解了这个词，但是接着却忘掉了这个意义？那么，他究竟能够拿什么当作他那时理解了这个词的标准（证明）？──他或许说："我那时在我面前看到了这个颜色，但是现在我不能回忆起它了。"现在，如果这蕴涵着他已经理解了这个词，那么他在那时便理解了它。──或者他说："我只能说我已经上百次地应用了这个词"，或者"我恰好刚刚应用了它；而当我说我理解它时我想到的便是这个事件"。人们看作一个断言的根据的东西构成了这个断言的意义。

162. 现在，如果我们这样说，情况如何："他理解'蓝色'这个词，他立即就将蓝色的球从其他球中取出来了"；但是，他却对我们说:"我只是碰运气地拿出它的,我并不理解这个词。"他有什么样的标准来判定他不理解这个词这件事?现在我们应当相信他吗?——当人们提出如下问题时,这产生了一种奇特的思想感觉:"我从哪里知道我不理解这个词?"这时,人们便想说"我没有将其与任何东西联系起来","它没有向我说出任何东西","它是一个单纯的声音",而且为了理解这些说法,人们必须回忆一下在如下情形中事情是什么样的:"人们将某种东西与这个语词结合在一起",这个语词声音经由一种解释变成充满意义的语词,人们能够用这个词**做某种事情**。

人们将说:"肯定的,当他说他不理解这个词时,他不可能弄错的。"这是一个有关"我不理解这个词"这个断言的语法的评论。如下说法同样是一个语法评论:"他是否理解了,我们不能**知道**,而只能猜测,但是他知道这点。"

我们应当说,"我不理解这个词"这个断言并没有描述听到这个词时的一种状态;相反,情况是这样的:刻画不理解的那些过程可能以多种方式在听到这个词之后发生着。

163. 我们谈论一种理解(一种理解的过程,或者还有一种理解的状态),而且也谈论作为这种理解的标准的某些过程。

人们想将理解称为一种精神过程或者一种心灵状态,由此将其刻画为**假设的**过程等等,或者更为正确地说,刻画为假设意义上的过程(或者状态)。这也就是说,人们将"理解"这个词放逐到语法的一个特定的区域之上。

164. 而且，心灵状态或过程的语法在有些方面**类似**于比如脑过程的语法。主要的区别或许在于如下之点：在脑过程的情况下一种直接的检查是被允许的；比如当人们打开脑颅骨时便看到了相关的过程。而在心灵过程的语法中并没有谈到这样一种"直接的知觉"。（在这个游戏中没有这种走法。）

165. 哪一点是如下事项的标准：我们理解"红色"这个词？是这点：我们从其他对象中将一个红色的对象挑选出来——当人们要求我们这样做时，还是这点：我们能够给出"红色"这个词的实指定义？

我们将两者均看作理解的标志。如果我们听到某个人使用了"红色"这个词并且怀疑他是否理解它，那么为了检验一下我们可以问他说："你将哪一种颜色称为'红色'。"另一方面，如果我们已经向某个人提供了这个词的实指解释，现在想看一下他是否正确地理解了它，那么我们不会要求他再一次地给出它，而是会给他下达比如这样的任务：从一系列东西中找出红色的东西。

166. 在此人们可能问："在此谈论的是**我的**理解还是其他人的理解？"

"只有我能够知道我是否理解了，另一个人只能猜测这点。""我理解了绝不是假设，而另一个人理解了则是一个假设。"

如果我们这样说，那么我们将"理解"当作一种类似于比如一种疼的体验那样的体验。

人们说："你不能知道我是否理解了（我是否感到高兴等等）；

你不能看到我的内部。""你不能知道我在思维什么。"可能吧,但是这只有在你没有大声地思维的情况下才是成立的;而大声地(或者书写地)思维和在想象中思维之间的区别在此引不起我的兴趣。

167. 对此人们可能反对说:即使思维仅仅是书写时的**视觉体验**,它也是私人性的,另一个人尽管能够看到我的物理的手所写下的东西,但是不能拥有我的视觉体验。我们得在另一个地方处理这些问题。

168. 但是,为了我们当下的目的,难道我们不能这样做吗:不说"他理解了"和"我理解了",而说"他写下了"和"我写下了"?

于是,我们**完全**不让体验问题掺和进来。因此,或许也不让私人理解问题掺和进来。于是,对于我们来说,在此它似乎是不重要的。

169. 我们不将向我们表明了那种理解的行动(无论哪种行动),而是将这样一种状态称为"理解",这个行动构成了其迹象。这是一个有关这样一种状态的名称的语法的评论。

170. 我们可以仅仅将规则的说出称为"理解的标准",或者也可以仅仅将使用的练习称为"理解的标准"。

于是,在一种情形下"他理解"将意味着:"如果你就规则向他询问,他将说出它";在另一种情形下,它将意味着:"如果你要求他应用一下这条规则,那么他将执行你的命令。"

或者另一方面,我们将一条规则的说出看作如下事情的征候:他能够做某种不同于这条规则的说出的其他事情。因此,正如我们将表贴在我们的耳朵上,听它滴答作响,并且说它在走一样。这时,我们不仅仅是期待着它将继续滴答作响,而且也期待着它将给出时间。

171. 人们可以说:"一条规则的背诵是理解的标准——如果他理解地说出这条规则,而不是单纯机械地这样做。"但是,在此说出时所做的有意义的强调也可以看作理解;这时,为什么说出本身不能直接看作理解?

172. 理解=把握(be-greifen)=从对象那里得到一个确定的印象,让其影响自己。让一个命题影响自己;考虑这个命题的后承,想象它们;等等。

173. 我们将这样一种心理现象称为"理解",它特别地与我们的——人类的——语词语言的学习和使用现象联系在一起。

174. 回忆起一个词的意义的情况如何?我看到我面前有一个具有一种特定的颜色的对象并且说:"这本书是棕色的,我一直将这种颜色称作'棕色'"。我为了能够这样说,必须有一种什么样的回忆行为在那里发生着?但是,人们可以以更为一般的形式提出这个问题。如果人们比如问我:"你此前曾经看到过你现在坐在其旁边的那张桌子吗?"那么我会回答说"是的,我已经看过它无数次了"。如果人们继续问下去,我会说:我数月来每天都坐在它旁边。——哪种行为,或者哪些回忆行为在此发生着?我可是并非在我的精神中看到"数月来每天坐在这张桌子旁边"。但是,我却说,我回忆起我做过这件事,并且事后还能够以不同的方式证实这点。我比如在上个夏天也住过这个房间。但是,我如何知道这点,我在我面前看到了它吗?不是。那么,这种情形中的回忆在于什么?如果我可以说追查这种回忆的根据,那么有关我早前的停留的个别的图像也浮现在我心中,不过,当然不会带着比如其日期。而且,即使在它们浮现以前,在我引用我心中的不同的证据以前,我便如实地说,我回忆起我数月来就住在这里,而且一直看到这张桌子。因此,回忆肯定不是精神的过程,尽管人们一开始会将其想象成这样的过程。当我正当地说"我回忆起它"时,可能有**极不同的事情**在此发生着,甚至于仅仅发生了这样的事情:我说出它。如果我在此说"正当地",那么我自然并非规定了什么是这个表达式的正当的和非正当的用法,而是相反,我刻画了那种通行的用法。

175. 有关理解的心理过程的情况与算术对象三的情况是一样的。此处的"过程"这个词和那里的"对象"这个词给我们提供了一种对于语词的错误的语法**态度**。

176. 难道事情不是这样的吗:一个解释,一个表格,首先被这样地加以使用,即人们"查找"它,然后,人们可以说是在脑袋中查找它,将它唤到内在之眼的前面(或者诸如此类的东西),最后,人们不借助于这个表格工作，——因此，以这样的方式工作，好像它根本就没有存在过。——在这最后一种情形中人们现在玩的是另一种游戏。因为事情并非是这样的：那个表格还是站在背景之中（而且人们总是能够在不得已时动用它）；它被从我们的游戏中分离出去了，而当我"不得已动用"它时，我便做了这样一个失明的人所做的事情，他不得已动用了触觉。一个解释提供了一个表格，当我们不再利用这个表格时，它便成为历史了。

177. 我必须区分开如下情形：当我有一次按照一个表格行事时，和另一次，当我符合于这个表格行动却没有利用它时。——这样一条规则，其学习使得我们现在以如此这般的方式行动，作为我们行动方式的原因，作为其前史，对于我们来说没有任何兴趣。——不过，在它是对于我们的行动方式的一个一般性的描述这样的范围内，它是一个假设。它是这样的假设：坐在棋盘边的这两个人将以如此这般的方式行动（走棋）。（此时，对游戏规则的一次违犯也属于这个假设，因为这时它说出了有关游戏者的行为的一些事情——当他们注意到这次犯规时。）但是，这些游戏者也可以这样来利用这些规则：他们在每一种特殊的情形下都查找一下他们该做什么；在此这条规则便出现在这个游戏行动本身之中，而且与其关系不同于一个假设与其确证之间的关系。——但是，在此有一个困难：因为这样的游戏者，他在玩这个游戏时没有利用一个规则清单，甚至于他根本就没有看到过一个规则清单，却能够给出他的游戏的规则——如果人们要求他这样做的话；而且他不是经由这样的方式做到这点的：经由重复的观察，他确定了他在这样和那样的游戏形势中是如何行动的,而是经由这样的方式:在一次走棋之前,他站在那里说:"在这种情形下**人们这样走**"。——但是,如果情况是这样的,那么这可只是表明了:他在某些情形中将说出一条规则,而没有表明:他在玩的过程中对它做了明确的使用。

当人们提出要求时,他将编制一个规则清单,这是一个假设;如果人们为此假定在他之内有一种倾向,一种能力,那么这是一个类似于一个生理倾向的心理倾向。如果人们说,这个倾向刻画了这个游戏的过程,那么它将它刻画成一个心理学的或者生理学的过程——它事实上就是这样的过程。(在我们对于符号系统的研究中决没有前景和背景,本质上没有一个可以捉摸的符号和一个伴随着它的、不可捉摸的能力或者理解。)

178. 一个符号中令**我们**感兴趣的东西,对于我们来说决定性的意义,是记录在这个符号的语法中的东西。

179. 我们问:你是如何使用这个词的,你用它做什么?——这将告诉我们你是如何理解它的。

180. 语法是语言的账簿,所有与伴随的感觉无关而与语言的实际交易情况有关的东西都必须从其中看出。

181. 某种意义上人们可以说,事情并不取决于细微的区别。

182.（我可以设想有这样一个哲学家，他相信，必须让人将一个有关比如认识的本质的命题印刷成红颜色的，因为否则，它真的不会表达出它应当表达出的东西。）

183. 经由实指解释而对书写符号和声音符号所做的释义并不是语言的**应用**，而是语言理论的一个部分。这种释义还是一般性地作为每一种应用的准备而实施的。

184. 人们可以将实指解释理解为一条有关从一种手势语言到语词语言的翻译的规则。如果我说"这个对象的颜色叫做'紫色'"，那么借助于"这个对象的颜色"这个指示①我必定已经表示了这种颜色，已经给它做洗礼了，以便命名活动可以进行。因为我也可以说："这种颜色的名称要由你来定"；给出这个名称的人现在必定已经知道他应当将它给予谁（他在将它放置在语言中的什么位置之上）。②

185. 这个经验命题是真的，那个是假的，这点并不属于语法。属于它的是命题与实际的所有比较条件（方法）。这意味着，所有理解的（意义的）条件。

186. 在语词的意义表明于实现了的期待之中，表明于愿望的

---

① 异文："这些词"。
② 阴影部分文字为手稿中用斜线或对角线划掉的段落。下同。

满足之中,表明于命令的服从之中等等的范围内,它已经显示于这种期待等等的一种语言表现之中。因此,它完全是在语言理论之中得到规定的。是在可以预见的东西之中得到规定的,即是在这样的东西中得到规定的,关于它,人们在这个事实出现之前便可以加以谈论。

187. 那么,我们的语言是由原初符号(实指的手势)和派生符号(语词)构成的吗?人们想问:在我们的语言中是否**必须**有原初符号,而即使没有派生的符号它也能将就下去。

这个问题中的不对劲之处在于:它期待着一种对于实际通行的语言的解释,而非单纯的描述。

188. 当我这样说时,这听起来像是一个可笑的自明之理:相信手势是原初的符号、它们构成了所有其他的符号的基础的人却不能用手势取代最为平常的命题。

189. 人们想区分开如下两种语法规则:那些建立起"语言和实际的结合"的语法规则和那些没有做到这点的语法规则。一条第一种类型的规则是:"这种颜色叫做'红色'",——一条第二种类型的规则是:"$\sim\sim p = p$"。关于这种区别存在着一种错误;语言并不是这样的某种东西,一种结构被给予了它,而它于是便适合于实际了。

190. 人们可能想问:为了对符号做出解释,因此为了完善符

第 一 部 分

号系统,我必须从书写符号和声音符号中走出来,这点竟然是一种偶然情况吗?借此我不是恰恰走进了这样的领域吗:这时要描述的事项在其中进行着?——但是,这时我竟然能够用书写符号做些什么,这难道不是令人奇怪的吗?——人们或许说:书写符号仅仅是实指解释所指向的那些东西的代表者。——但是,这种代表究竟是如何可能的?我当然不能让随便一个东西代表另一个东西。——于是,如下事实恰恰是富有意义的:这种代表是可能的;因为那个起代表作用的东西至少在某些情况下必须恰恰和被代表的东西同样好地有用。

191. 人们说:一小块红色的牌子,或者类似的东西,是红颜色的原初的符号,而这个语词则是一个派生的符号:因为当我指向一小块红色的牌子等等时,这解释了"红色"这个词的意义,但是当我说出"红色"与"rouge"意谓相同的东西时,这并没有解释其意义。但是,难道我不是恰恰以这样的方式向一个法国人解释"红色"这个词的意义吗?"是的,但是这仅仅是因为他已经通过**实指**定义学习了'rouge'的意义。"但是,当他理解我的解释"红色＝rouge"时,他必须能够回忆起这个定义或者一幅红色的想象图像吗(否则它就仅仅是一个故事)?当他理解地使用"rouge"时——像我们会说的那样,就必须出现这样一幅图像吗?(请想一下这个命令:"请想象一个红色的圆形斑点!")

192. 人们想称为"原始的"那些符号是不可误释的吗?
人们能够比如这样说吗:真正说来它们不再必须被**理解**

了?——如果这当是意味着它们不必再进一步地被加以**释义**了,那么这也适合于语词;但是,如果这意味着它们不**能**再进一步地被释义了,那么这是错误的。(请想一下有时经由语词对手势所做的解释。)

193. 针对实指定义这样说是正确的吗:它像语词定义一样用一个符号替换了另一个符号;它用语词替换了指示?而且在什么意义上这样说是正确的?

194. 假定我确定了一种表示方式;假定我比如为了我自己使用要将名称给予色调:——我将比如通过一张表格来做到这点;现在,我当然不愿把这个名称写在错误的颜色边上(写在这样的颜色边上,我不愿将该名称给予它)。但是,为什么不?为什么"红色"不应该位于绿色的小牌子对面,而"绿色"位于红色的小牌子对面,等等?如果实指定义仅仅是用一个符号替换另一个符号,那么这当然不会造成任何区别。——在此无论如何存在着两种不同的情形;那些在其上绿色位于"红色"对面等等的表格可能是这样来被使用的,即"查找"它的人从"红色"这个词斜对着过渡到红色的小牌子上并且从"绿色"这个词斜对着过渡到绿色的小牌子上,等等。这时,我们便会说,这张表格只是以不同的方式布置的而已(是按照一种不同的空间图式布置的),但是它是按照通常的表格结合符号的。——但是,情况也可能是这样的:利用这张表格的人水平地从一边瞅向另一边,而且现在在某些命题中用一个绿色的小牌子替换"红色"这个词;但是,在听到比如"请把那本红色的书给我"这个命令后他却并非是拿来一本绿色的书,而是拿来一本红色的书(也即那本我们也称为"红色"的书)。这个人现在是以与第一个人不同的方式利用这张表格的,但是他的确是以如下方式利用它的,即"红色"这个词对于他所意谓的颜色同于它对于我们所意谓的颜色。

现在,令我们感兴趣的是第二种情形,而问题是:一个绿色的小牌子能够用作红色的**样品**吗?——

我可以设想有这样一个协定,按照它,如果我给一个人看一个绿色的牌子并且说请给我画出这种颜色,那么他应当画出一种红色;如果我给他看蓝色并且说出这些词,那么他要画出黄色(比如总是要画出互补色)。因此,情况也可能是:一个人即使在没有这样一种协定的情况下也这样来释义我的命令。这个协定也可能是这样表述的:"当我说请画出这种颜色时,总是画出某种更深的颜色";我们可以再次地设想,即使没有这个约定这个命令仍然被这样地加以释义。——但是,人们可以这样说吗:一个人以这样的方式**复制**那个小牌子的红色,即他画出一种特定的绿色调?而且,或许正如他可以按照不同的投影方法以不同的方式且精确地复制一个几何图形一样?——我能够将颜色与形状加以比较吗?并且一个绿色的小牌子能够一方面被用作一种特定的红色调的名称,另一方面被用作其样品吗?像一个圆形既可以用作一种特定的椭圆形状的名称,又可以用作其样品一样?

195. 显然;样品不是像语词(名称)那样被运用的。实指解释,表格,在其将我们从语词带到样品的范围内,是以不同于这样的表格被运用的方式加以运用的,它用一个名称取代了另一个名称。

196. 但是,"复制"这个词在不同的情形中具有不同的意义,相应地,我称为"样品"的东西也是变幻不定的。什么叫做"精确地复制一个图形"?按照目测精确地复制它?还是通过测量仪器?而且用什么测量仪器?我们要将什么称为与样品的颜色相同的颜色?请思考一下不同的比较方法。在什么范围内将颜色复制得更深一些这条规则可以与以放大的或缩小的比例复制一个图形这条规则加以比较?

让我们设想有这样一个人,他声称他能够用绿色复制红色调,现在他眼睛看着这个红色的样品,带着精确的复制的所有外在的标志,混合出了一个绿色调。对于我们来说,这个人与这样一个人处于相同的水平,后者(带着认真地倾听的样子)按照小提琴的声音混合出了诸颜色。在这种情形下我们会说:"我不知道他是**如何**做到这点的";但是,事情并非是这样:好像我们不理解发生在他的大脑或他的肌肉之内的隐藏着的过程,而是这样的:我们不理解"这种色调是这个小提琴声音的复制品"这种说法意味着什么。除非借此人们意指的是如下之点:一个人根据经验将一个特定的色调与一个特定的声音联想在一起(清楚地看到这个声音,画出它,等等)。"联想"和"复制"的意义之间的区别显示在如下事实之中:谈论联想的投影方法(转换规则)没有任何意义。我们说:"你没有正确地进行复制",——但是不说:"你没有正确地联想"。

197. 另一方面,如下情形肯定是可以设想的:人们在将颜色与小提琴的声音联想在一起这件事上精确地彼此一致,以至于一个人可以对另一个人说:"不,你没有正确地表现这个小提琴的声音,它的颜色要比你画的更黄一些";另一个人或许会回答说:"你是对的,它在我自己看来也是如此。"——

198. 如果一张表格将一个语词与一个样品关联在一起,那么现在如下事情便不是无所谓的了:在查找时这个语词被与哪个小牌子联系在一起。——"但是这时因此便有任意的符号和非任意的符号!"——我们还是来想一想经由地图、图样而进行的交流,——另一方面经由命题所进行的交流。命题不是任意的,正如图样不是任意的一样;只有语词是任意的。另一方面,地图的投影方法是任意的;而且,人们应当如何来确定什么是任意的。

199. 我的确可以将有关语词意义的规定与有关一个投影方法的规定(像有关描画立体构成物的规定)加以比较("一个命题是一幅图像");这是一个好的比喻;但是,它并没有免除我们的如下任务:研究经由语词而进行的表示的运作过程,后者具有它自己的规则。我们自然可以这样说——也即,这是符合于语言惯用法的——我们经由符号来让别人理解自己的意思,无论我们现在运用的是语词还是样品;但是,按照语词行事这个游戏不同于这样的游戏:按照样品行事。(语词对于我们称为"语言"的东西并非是本质性的,而且样品也不是本质性的。)

语词语言仅仅是诸多可能种类的语言中的一种,而且存在着从一种到另一种的过渡。(请想一下写下"我看到一个红色的圆圈"这个命题的两种方式:这可以通过如下方式进行,即我写出一个圆圈并且给予它相应的颜色[红色];但是也可以这样进行:我写出一个圆圈并且在其边上写出一个红色的斑点。请从如下方面来观察一幅地图:它之中相应于一个语词语言的表达形式的东西。)

200."我将不要求,在那个起解释作用的表格中那个红色的样品应当水平地正对着'红色'这个语词,但是,肯定必须存在着某种有关如何读这个表格的规律,因为要不然它就失去它的意义了。"但是,人们的如下做法就是没有规律的了吗:像如下图式的箭头所提示的那样来理解这个表格?

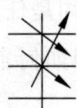

——"可是,这时这个箭头图式不是**必定**先行给出了吗?"——那么,在通常的使用方式之前,人们必定已经给出了如下图式吗?

但是,在这种情况下在表格的使用中我们难道不是至少要求一种一时的规则性吗?假定我们一会儿按照这个图式,一会儿按照那个图式来使用一个表格,这可行吗?**而且,人们究竟可以如何知道应当如何使用这个表格?**——是的,人们**在通常情况下**知道这点吗?符号解释肯定在什么地方有一个终点。

如果在没有一个特别的协定的情况下，我通过如下方式向某个人指示一条路：我用手指指向的不是他应当走的那个方向，而是相反的方向，那么我自然会引起误解。**以如此这般的方式**理解用手做出的指向动作，这点包含在人的本性之中。（正如玩棋类游戏和利用由一个平面上的诸书写符号构成的符号语言包含在其中一样。）

201. 这个表格并没有保证人们在其上做出的过渡的齐一性。它肯定没有强制我总是以相同的方式使用它。它就在那里，像一块有道路贯穿于其间的田野一样；但是，我肯定也能够穿越田野而行。——在每一次应用时我都重新在这个表格中做出过渡。这种过渡并非是可以说一劳永逸地在这个表格中做出了（它只是诱导我做出这种过渡）。

（这些命题是属于哪一类的？——或许是与如下评论同属一类的：符号解释肯定终有一天有一个终点。这就像是人们说："一个造物主的假设于你何用？它当然只是将世界的开始的问题向后推一步。"这个评论强调了我的解释的一个方面，我或许没有注意到这个方面。人们也能够说："要**这样**看待你的解释！——现在你还总是满意于它吗？"）

202. 人们能够按照"红色"这个词来寻找某种红色的东西吗？为此人们需要一幅记忆图像吗？

203. 人们可以这样说吗：为了成为一个可用的符号，"红色"

这个词需要记忆中的一个补充物?

当我用"一本红色的书放在我面前"这句话来描述一种经验时,作为这些词的选择①的辩护的东西,除了所描述的这种经验之外,还有这样的经验吗:我回忆起我总是运用"红色"这个词来表示这种颜色? 这**必定**是那种辩护吗?

204. 为了能够遵守一个说出的命令,我们需要比如一幅关于当我们上一次遵守它时所做的事情的记忆图像吗?

因此,真正说来它命令我们做的是:"现在请做你的记忆告诉你那时你所做的事情"? 人们也可以给出这样的命令。但是,为了能够遵守它,我因此也需要一幅关于在记忆中进行的寻找的记忆图像吗?

命令"现在请做你的记忆告诉你那时你所做的事情"告诉我:我应该在一个特定的地点寻找这样一幅图像,它将告诉我须做什么。因此,这个命令完全类似于如下命令:"请做这个抽屉里的那张纸条上所写的事情。"如果那张纸条上没有写着任何东西,那么这个命令就是没有意义的。

205. 如果在使用"红色"这个词的过程中重要的事情是在我听到这个词的声音时我的记忆自动地再生产出的那幅图像,那么我同样要听任这种再生产的摆布,恰如当我决定经由查找一个表格的方式来确定意义时一样——这时我可以说将无条件地听命于

---

① 异文:"使用"。

第 一 部 分

我在这张表格中所找到的东西。

206. 如果我觉得我要按照其行事的那个颜色样品变得比我记忆中的昨天的样品暗了，那么我不必接受记忆的正确性，而且我也并非总是这样做。我完全可以谈论我的记忆之变暗。

207. 如果我向某个人说"请根据记忆画出你的房间门的颜色"，那么这并没有比如下命令更没有歧义地决定了他要做的事情："请画出你在这块牌子上看到的那种绿色"。人们也可以设想，以通常理解比如"请画出这样一种色调，它比你回忆起你在那里看到的那种色调要亮一些"这个命题的那种方式来理解这些命题中的第一个；另一方面，接到根据一个样品来画出一个色调这样的命令的那个人通常对于投影方法并不产生怀疑。

208. 假定我接到了这样的命令："请在这块草地上给我寻找一朵红色的花并且拿给我"，而且我现在找到了一朵这样的花，——在此我将它与我的关于红颜色的记忆图像做了比较吗？——我也必须向另外一幅图像请教吗，以便看一下第一幅图像是否还是正确的？——那么，我为什么应当无条件地需要第一幅图像？——我看到了这朵花的颜色并且认出了**它**。（当然**可以设想**，一个人产生了一个颜色样品的幻觉，并且将它像一个实际的样品那样与所寻找的对象加以比较。）

即使当我说"不，这种颜色还不是正确的颜色，它比我在那里看到的那种颜色亮"时，这也并非是说：我在我面前看到后者并且这个过程是将同时给出的两种色调进行比较的过程。而且,事情也并非是这样:好像当正确的色调被找到时,在我的精神内部的某处铃声响了,并且我总是随身到处带着一幅关于这种响铃的图像,以便能够判定何时铃声响了。

209. 在寻找时带着一个样品,将其放在对象上,以这样的方式检验颜色是否相同,这是一个不同的游戏;另一方面:在没有这样一个样品的情况下按照一个语词语言的语词行事。请想一下大声地读一段文字(或者听写)的情况。我们自然可以设想有一种表格,它在此指引着我们。但是,没有表格指引我们;没有任何记忆行为,没有任何东西,在写下的符号和声音之间做牵线搭桥的工作。

210. 如果现在人们问我:"你为什么听到这个命令后选择**这种颜色**;你如何为这种选择提供辩护?"——那么,在一种情形中我可以回答说:"因为**这种**颜色在我的表格中正对着'红色'这个词。"在另一种情形中对于这个问题没有任何答案,这个问题没有任何意义。不过,在第一种游戏中**这样**的问题没有任何意义:"你为什么称那个表格中正对着'**红色**'这个词的那种颜色为'红色'。"一个**根据**只有**在**一个游戏**内部**才可给出。根据的链条走到了尽头,而且是走到了这个游戏的边界。(根据和原因。)

211. 如果人们回忆起:"这个表格并没有强制我们"按照一个特定的方式利用它,——也非总是按照相同的方式利用它,——那么每一个人都会非常清楚地看到:我们对于语词"规则"和"游戏"的用法是一个摇摆不定的用法(边缘模糊的用法)。

212. "语言和实际"之间的结合是经由语词解释做成的,——后者属于语言理论;因此,语言仍然是自成一体的,自律的。

213. 人们可以说:我只是感兴趣于一个命题的内容——而一个命题的内容就存在于它之中。——这个命题作为一个演算的一个环节而具有其内容。

语言必须是不言自明的。

214. 请思考这样一种手势语言,借助于它我们让与我们没有任何共同的语词语言的人理解我们的想法。在此我们也感觉到了这样的需求吗:为了解释那个语言的符号[①],我们要从它那里走出来?

215. 如果我熟悉一个汉语命题的声音图像并且知道出现于比如一个画册中的这个命题作为标题处在一幅特定的图像下面,那么借此我还没有构造出一个汉语命题。我可以说:这还没有使我能够用汉语来给一个事态画像。

216. 如果人们问某个人"你如何知道**这个**语词表达式再现了

---

① 异文:"为了将其符号与实际结合起来"。

你所看到的东西",那么他或许倾向于回答说"我用这些词**意指**这个"。但是,什么是这里涉及的"这个"——如果它自身并非又是分节的,进而并非又已经是**语言**了?借此他可能相信他已经在心理学中拯救了自己。但是,"我意指这个"是有关某种赋予符号的活动的表达。因此,"我**意指**这个"根本就不是什么回答。那种回答是对于语词的意义的一种解释。

217. 当我按照所确立的规则构造一个描述,按照它们将实际转录成描述时,这时我就像是将它从一种语言译成另一种语言。如果我通过援引语法的方式来为这种描述进行辩护,那么我只是做了如下事情:确立实际与描述之间的某种关系(一种投影关系);但是,在此并没有,谈到作为一种心理过程的我的描述的意图。(这也就是说,我恰恰只能验证这幅肖像的相似性,而不能验证任何进一步的东西。)

218. "语词和物件之间的结合是经由语言的教学建立起来的。"这是一种什么样的结合,是属于哪一类的结合?一种机械的、电子的、心理的结合可能起作用或者不起作用。**机制**和**演算**。

对象和名称之间的配合恰恰就是经由一个表格、实指的手势和名称的同时的说出等等所创造的那种配合。它是符号体系的一个部分。给予一个对象一个名称本质上说来与给它挂上一个标签是同属一类的。

当人们这样说时:名称和对象之间的结合是一种心理学的结合,这是一种不正确的观点的表达。

219. 让我们设想,某个人按照 1∶10 的比例复制一个图形;那么,有关这种描画的一般的规则的理解已经包含在这个复制的过程之中了吗?——我的铅笔好像被我没有任何预设地把握着,而只是任由样品的长度引导着(受到它的影响)。——我会说:如果这个样品再长一些,那么我会用铅笔行驶得更远一些,而如果它更短些,那么我就不会用铅笔行驶得那么远了。但是,在此表露自身的那个精神可以说已经包含在这个线条的描绘之中了吗?

我可以有这样的打算:"一直走下去,直到找到那个 N"——比如我要在一条街上碰到某人——现在我沿着这条街走并且在某一地点遇见了他,停了下来。那么,按照我预先定下来的那条一般规则而行动这样的事情包含在这个行走的过程中了吗?或者它包含在另外某种同时进行的过程中了吗?抑或这个过程只是与这条规则**相符**而已,但是也因此与其他规则相符吗?

我给予某个人这样一条命令,即从 A 画一条与 a 平行的直线。

他试图(意图)这样做,但是结果却是这条直线与 b 平行。这个复制的过程与如下情况下进行的复制过程是同一个过程吗:他本来意图画一条与 b 平行的直线,并且他的意图得到了贯彻?

220. 如果我**成功地**按照预先定下来的规则再现了一个样品,那么如下事情是可能的吗:像其所发生的那样,这个仿制过程也可以经由另一条一般的规则加以描述?或者,我可以用下面的话拒绝这种描述吗:"不,我是让自己受到**这条**规则引导的——而并非是让自己受到这样的另一条规则引导的——尽管在这种情形下它产生了相同的结果"?

221. 人们想说:如果我有意地临摹一种形式,那么这个复制过程与这个样品便共同具有这种形式。它构成了这个复制过程的一个平面;这样一个平面,它靠在那个被复制的对象之上并且在那里与它完全重合在一起。

即使我的铅笔没有命中样品,该意图也总是命中了它。

222. 如果我要按照乐谱演奏钢琴,那么经验将指明,我事实上将演奏出那些音;而对被演奏出的东西的描述不必与乐谱图像的描述共同具有任何东西。与此相反,如果我要描述我的**意图**,那么这个描述必定具有这样的形式:我要用声音再现**这个**乐谱图像。——只有这点才可能是如下事实的表达:这个意图抵达样品,而且包含着一条一般的规则。

这个意图的表达描述了这个描画的样品;而这幅画像的描述则没有描述它。

223. 对于我们的考察来说,如下之点绝不可能是本质性的,即一个符号现象是在心灵之中进行的,而不是在纸上以一种对于其他人来说可以看到的方式进行的。人们总是一再地试图通过一种独特的心理过程来解释一种记号过程;好像心理比符号"在这样的事情中能够做更多的事情"。

在此我们受到了关于这样一种机制的观念的误导：它使用独特的手段，因此能够解释独特的运动。正如当我们这样说时：这种运动不能经由操纵杆的一种排列来解释。

224. 对于心理事项的**描述**可是必须又可以作为记号来运用。

225. 这个评论属于这里：一个符号可以经由其解释来取代这点是一个有关符号解释的本质的重要洞见。这点将这种解释的概念与因果解释的概念对立起来。

226. 人们可能说，如下之点是不能经由外部观察来决定的：在一个文本从我的眼前掠过时，我是否**阅读了**它还是仅仅发出了声音。但是，阅读中令我们感兴趣的东西本质上说来不可能是一个**内部**的事件。从原文到转化物的得出过程也可以是一个可见的过程。人们必定可以将比如下面的过程看作这样的过程：在从 10,11,12,13 这个序列的诸项中经由计算

$$\begin{array}{cccc} 10\times 10 & 11\times 11 & 12\times 12 & 13\times 13 \\ 00 & 11 & 24 & 39 \\ \hline 100 & 121 & 144 & 169 \end{array}$$

推导出 100,121,144,169 这个序列的诸项时它在纸上进行着。
（"内部的"和"外部的"之间的区别引不起我们的兴趣。）

227. 人们在看到每一种这样的——可以说是行为主义

的——表现时都具有的如下感受是误导人的:它是粗糙的(笨拙的);我们企图寻找一种"更好的"表现;但是并不存在这样的表现。一个表现与另一个表现同样地好,在每一种情形之下都是一个符号在其中得到运用的那个**系统**在进行表现。("表现:动态的而非静态的"。)

(即使心理过程也不能在本质不同于如下意义的意义上"让"任何东西"空着":在符号系统中一个空的括弧让一个主目位置空着。)

228. 人们不能问:精神过程是什么种类的东西,以至于它们可以是真的和假的,而精神之外的过程却不能做到这点。因为,如果"精神的"过程能够做到这点,那么其他的过程必然也能够做到这点;反之亦然。——因为,如果心灵的过程能够做到这点,那么它们的描述必然也能够做到这点。因为这是如何可能的,这点必然显示在它们的描述之中。

229. 当人们说思想是一种心灵活动或者一种精神活动时,人们将精神认作这样一种昏暗的、气态的存在物,在其中一些在这样的氛围之外不能发生的东西能够发生。人们能够期待从它那里得到一些在其他地方不可能的东西。

(人的精神中的思维的过程和消化的过程。)

230. 每一种描画(**按照**某些规则行动,而非仅仅符合于它们而行动),从一个命令**推导出**一个行动,用一个命令来为一个行动进行辩护,都与如下事情是同属一类的:从一个说明书面地推导出一个结果,指向一个表格中的诸符号的相对位置。

231. "我到此写下'16'这个数,

x	1	2	3	4
x^2				16
x^3				64

是**因为**在那里有'x^2',在此写下'64',是因为在那里有'x^3'。"每一种辩护看起来都具有这样的形式。某种意义上说这并没有带领我们走得更远。不过,它肯定也不能带领我们走得**更远**,也即走到逻辑之外的东西。

(在此困难是:不企图为绝不允许辩护的东西提供辩护。)

232. 但是,假定我这样说,情况如何:"我往这儿写下'+',因为在那里有 x^2?" 人们会问:"在有一个 x^2 的所有地方,你都写下一个'+'吗?"——也即,人们会查问一条一般的规则;否则,出于我的问题中的"因为"给不出任何意义。或者,人们可能问:"你究竟是从哪里知道你是**因为这个**写下它的?"

在此,人们是将这个"因为"当作原因的说明而非根据的说明的引导语来看待的。

233. 当我遵守规则地在"4"之下写下"16"时,事情看起来好像是这样的:在此涉及这样一种因果关系,它不是假设性的,而是被直接地知觉到(体验到)的。("根据"和"原因"的混淆。)

234. 在如下命题中我所意指的是哪一种关联:"我走出去了,是**因为**他下达了这样的命令"? 而且这个命题与如下命题的关系是什么样的:"我走出去了,**尽管**他这样命令我。"(或者:"我走出去了,但是这并非是因为他下达了这样的命令","我走出去了,是因为他命令我不要这样做"。)

235. "这应当是**他**"(这幅图像表现了**他**),表现的全部问题就在于此。

如下之点的标准是什么,它如何得到证实:这幅图像是这个对象的肖像——也即,应当表现了它? 相似性并没有使得这幅图像成为这个肖像(它可能与一个人相似到令人混淆的程度,与此同时却是另一个看起来与其较少相似性的人的肖像)。

我如何能够知道如下这点:他将这幅图像意指为 N 的肖像?——好的,比如说通过如下方式:他说出这点,或者在其下写下它。

N 的肖像与他具有什么样的关联? 或许具有这样的关联:人们用来称呼他的那个名称位于其下。

236. 当我回忆起我的朋友,"在我面前看到"他时,在此记忆图像与其对象之间的关联是什么? 是相似性吗?

在此,**作为图像**的心象只能是与他相似而已。

237. 关于他的心象是一个未描画出的肖像。

为了使一幅图像成为关于他的心象,我也必须在想象中将他的名称写在它的下面。

238. 我有做出一种行动的打算,我怀有一个计划。我的心灵中的这个计划当在于:我看到我做某某事情。但是,我如何知道**我**就是我所看到的那个东西? 好了,我可不是它,它是一幅图像。但是,我为什么称它为**我的**图像?

"我如何知道**我**就是它": 如果这个问题意味着比如"我如何知道我就是我在那里的那面镜子中所看到的那个东西",那么它是有意义的。答案给出了可以用来认出我的诸特征。

但是,我的想象图像代表我这点是我自己的决定。我也可以同样好地问道:"我从哪里知道'我'这个词代表我?"因为这幅图像中的我的形态仅仅是另一个词"我"而已。

239. "我能够想象如下之点:你要出门了。"我们受着这样一种奇特的错觉的支配:在一个命题,一个思想中,诸对象做着这个命题所表述给它们的事情。事情似乎是这样的:执行的一个影子就存在于一个命令之中。但是,恰恰是**这个**执行的一个影子。**你**在命令之中便向某某地方走去。否则,它可恰恰就是**另一个**命令。

这种同一性肯定就是那个与两个不同的命令之间的差异性相对立的同一性。

240. "我那时想,拿破仑是在 1805 年加冕的。"——你的思想与拿破仑有什么关系? 在你的思想与拿破仑之间存在着什么样的结合? 这种结合可以是这样的,比如:"拿破仑"这个词出现在我的思想的表达之中,再加上这个词与其承受者之间的关联;因此,比如如下之点:他以如此的方式签名,人们以如此的方式与他打招呼,等等,等等。

"但是,当你说出'拿破仑'这个词时,你可是恰恰用它来表示这个人的。"——"按照你的意见,这种表示行为究竟是如何进行的?瞬间进行的?或者它需要时间?"——"是的,不过,当人们问你说:'你现在恰恰已经意指了那个赢得了奥斯特里茨战役的人吗?'你当然会回答说:'是的。'因此,**当你说出这个命题的时候**,你就已经意指了这个人!"可能吧,不过,只是在比如如下意义上:我那时也知道如下之点:$6 \times 6 = 36$。

"我已经意指了奥斯特里茨战役的获胜者"这个回答是我们的演算中的一个新的步骤。这个过去时形式是这个步骤中具有欺骗性的东西,它似乎给出了我说话时"在我之内"发生着的事项的描述。

241. ("但是,我已经意指了**他**。"多么独特的过程,这种意指!在欧洲人们也能够意指即便是待在美洲的某个人吗?而且甚至于在他根本不再存在了时,人们也能够意指他吗?)

242. 人们试图问(在受到我们的语法的误导后):"人们**如何思维**一个命题,人们**如何**期待某某将出现?(人们如何做到这点?)"

"一个思想如何工作,它如何使用它的表达式?"——这个问题似乎类似于如下问题:"一个提花织机如何工作,它如何使用梳理机。"

243. 于是,我们的感受是这样的:在"我相信 p 是实际情况"这个命题中本质性的东西,真正的相信过程,并没有得到表现,而只是被暗示了,这个暗示必定可以经由对于相信机制的描述来替换。一个这样的描述:"p"这个词列出现在其中,正如梳理机出现在提花织机的描述中一样。而且,只有这个描述才是这个思想①的完全的表达。

请将相信与命题的说出加以比较;在那里也有非常复杂的过程发生在我们的喉部,发生在话语肌肉、神经等等之中。这些东西**伴随着**说出的命题;而后者则依然是我们感兴趣的唯一的东西——不是作为一个机制的构成部分,而是作为一个演算的构成部分。

244. "一个思想如何做到这点:它表现什么?"——回答可以是:"难道你真的不知道吗? 当你思维时,你当然看到了这点。"的确没有什么被隐藏起来了。

一个命题如何做到这点? 的确没有什么被掩盖起来了。

245. 不过,针对"你当然知道一个命题是如何做到这点的,的确没有什么被隐藏起来了"这个回答,人们想说:"是的,但是一切均那么快速地从旁边流逝过去了,而我想看到它好比说更为平铺

---

① 异文:"相信"。

地分散摆在面前。"

246. 我们觉得,思想的情况似乎与这样一处风景的情况是一样的:我们看到过它,现在应该将它描述出来,但是我们不能足够精确地回忆起它,以便能够将其与其全部的关联一起描述出来。因此,我们认为,我们事后之所以不能描述出思维,是因为这时我们已经忘记了许多更为细微的过程。可以说,我们想将这些细微的勾连之处放在一架放大镜下来看。(请思考这个命题:"一切皆流。")

247. 我们问道:"什么是思想;某种东西必须是什么样的,以便能够执行思想的功能?"这个问题类似于如下问题:什么是缝纫机,或者缝纫机是如何工作的?——但是,类似于我们的回答的回答将是这样的:"请看一下它应当缝出的针脚;所有对于这种机器来说具有本质意义的东西都可以从它那里看出;其他的一切则可以是这样的,也可以是那样的。"

思想的功能、规定性究竟是什么?——如果它是它的**结果**,那么它不会引起我们的兴趣。

我们并非处在因果解释的领域,而且每一个这样的解释在我们听起来都是微不足道的。

248. 如果人们将思想认作某种为人类、为有机物所独有的东西,那么人们便想问:"竟然能够存在着一种思想的假肢、一种无机的思想替代物吗?"但是,如果思维现在在于书写和言说,那么为什么一部机器不能做这样的事情？——"是的,但是机器什么也不知道!"——当然,谈论一种看和听的假肢没有任何意义。尽管人们谈论人造脚,但是并不谈论人造的脚疼。

〔异文〕

如果人们将思想认作某种为人类、为有机物所独有的东西,那么人们便想问:"能够存在着一种思想的假肢吗,思维能够由一种无生命的装置来完成吗?"好的,在计算时计算器可以取代十个手指;但是人们当然不能谈论一个无机的**计算**替代物。

249．"但是,一部机器能够思维吗?"——它能够具有疼吗？在此事情要取决于如下之点:人们是如何理解"某物**具有疼**"一语的？我可以将另一个人,也即另一个**身体**,看成一部具有疼的机器。当然,也可以这样来看我的身体。与此相反,当我说比如"我具有疼"时我所描述的那种疼的现象并没有假定一个物理的身体。(我可以没有牙齿而具有牙疼。)在此机器便没有任何位置了。——显然,机器只能取代一个物理的身体。而且,在人们能够针对一个这样的身体说它具有疼的意义上,人们也能够针对一部机器这样说。或者再重复一下:我们可以将这样的**身体**——针对它们我们说它们具有疼——与机器加以比较,而且也可以将它们称为机器。

250．对于我们的考察来说最为危险的观念之一是:我们**用脑袋**或在脑袋中思维。

关于脑袋之中、这个完全封闭的空间之中的一个过程的观念给予思维以某种玄妙的色彩。

真正说来,"思维在脑袋中进行着"仅仅是意味着:脑袋与思维有关。——人们自然也说:"我用笔思维",而这个位置描述至少同样地好。

说:思维是我们的精神的一种活动,正如书写是手部的活动一样,是对真理的一种曲解。

(心头上的爱。脑袋和心脏作为心灵的位置。)

251. 我们可以说:思维就是用记号进行运算。但是"思维"是一个流动的概念,"用记号进行运算"是一个什么样的概念,这点必须在每一种情况下单独地来加以考察。

我也可以说:思维是用语言进行运算;但是,"语言"是一个流动的概念。

252. 当人们说"思维是一种精神过程"时,这种说法只有在如下范围内才可以是正确的,即人们也将一个写下的命题的看到或者一个说出的命题的听到称作一种精神过程。因此,在人们将疼称作一种精神状态的意义上。这时,人们要用"精神过程"这个词来区分开"体验"与"物理过程"。——另一方面,"精神过程"这个词显然暗示了如下之点:在此处理的是一个我们无法接近的氛围中的未得到理解的过程。

再者,心理学也谈论"无意识的思想",并且在此用"思想"意指发生于一个心灵模型中的一个过程。(在人们谈论一个电过程的力学模型的意义上的"模型"。)

相反,当弗雷格谈论一个命题所表达的思想时,在此"思想"这个词大概与"命题的意义"这个词是同义的。

253. 人们可能说:在所有情形下人们用都用"思想"来意指一个命题中的**有生命的**部分。没有这样的部分它就是死的,是一个单纯的声音序列或写出的图形的序列。

但是,当我以同样的方式谈论某种这样的东西时:正是它给予棋子的布局以意义,也即,将它与木块的一种随意的组合区分开来,在此我难道不是可以意指任何东西吗!使棋局成为一个游戏的一个局面的规则,我们联系到这样的游戏形式之上的独特体验,这种游戏的用途。

或者,当我们谈论这样的东西时:它将纸币与单纯的印刷出来的纸条区别开来并且给予其以其意义、其生命!

254. 当我们谈论思想及其表达时,思想并非是一种由命题引起的心境——正如由一种饮料会引起的状况那样。经由语言而达成的交流并不是这样一种过程:借助于一种毒药我使得另一个人具有与我相同的疼痛。

(人们可以将什么样的过程称作"思想的传递"和"思想的阅读"?)

255. 一个法国政客曾经说,法语的出色之处在于,在其命题中诸语词所处的次序同于人们思维的次序。

认为一种语言——与其他语言不同——能够具有一种对应于

思维的次序的词序,这种观念来源于如下观点:思维是与思想的表达分开来进行的;而且是一种本质上讲不同的过程。

256.(没有人会提出这样的问题:十进位系统中的两个数的书面上的乘法是否是与乘法的思想并列进行的。)

257."当我说……时,我借此意指的是某种确定的东西。"——"在说出每一个语词时你都意指了某种不同的东西呢,抑或在说出整个命题的过程中你都意指着相同的东西?"

此外,令人奇怪的是:当在每一个德语词的情况下人们都意指了某种东西的时候,接着这样的词的组合却可能是胡说!——

"当你说出这个命题时,你可想到了……吗?"——"我只是想到了我所说出的东西。"

258. 思维是推理性的。——"直观的思维",这就像是"这样一局棋,它被赋予了一种持续的、不变的状态的形式"。

(现在,如下事情让我们不安:一个命题的思想在任何时刻都不能完整地存在。在此我们看到,我们是在将思想与这样一种事物加以比较,我们创造了它,但是我们从来没有完整地拥有过它;相反,一个部分刚刚出现,另一个部分便消失不见了。这某种程度上说具有某种令人不满意之处,因为,在一种易于想到的比喻的诱导之下,我们期待着某种不同的东西。)

259. 小孩只是学习说话，抑或还学习思维？他们是**在做乘法之前**还是其之后学习做乘法的意义的？

260. 如下做法可以说是对意义的一种污染吗：我们用一种带有诸多偶然之处的特定的语言来表达它，而不是以一种无形的且纯净的方式来表达它？

因为棋子可以是其他样子的，我玩的真正说来就不是象棋本身了吗？！

（普通无理数理论中的一个数学证明因为如下原因便变得较少一般性或严格性了吗：我们是联系着这些数的十进位表示法而给出这个证明的？如下之点也损害了 $25 \times 25 = 625$ 这个命题的严格性和纯净性了吗：它是在一个特定的数系中写下的？）

261. 思想只能是某种完全平淡无奇的、**日常的**东西。（人们习惯于将它认作某种以太状的、未得到研究的东西；好像所涉及的是某种这样的东西，我们只是知道其外表，而其内部[①]则还不被人所知，好比我们的大脑一样。）人们要说："思想，一种多么奇特的存在物。"但是，当我说思想是某种完全平淡无奇的东西时，我的意思是：对我们来说，这个概念的情况与比如数——这个概念的情况是一样的。之所以看起来在它之中存在着某种神秘之处，是因为我们误解了它的语法，并且感觉到缺少一种对应于这个名词的可以捉

---

① 异文："本质"。

摸的东西。(这几乎类似于如下情形:我们听到从我们前面的空间中传出一个人声,但是却看不到前面有什么人。)

我所必须给出的关于思维和思想的解释只是"思维"和"思想"这些语词的语法的表现。

262. 人们为了什么而思维?这有什么用处——他们为什么计算蒸汽锅炉的壁的厚度而不是让偶然情况或者心情决定它?如下事实当然仅仅是一个经验事实:如此计算出来的锅炉不常发生爆炸。但是,正如他无论如何也不愿将手伸进以前烧伤过他的火中一样,他无论如何也不愿不计算锅炉。不过,由于原因引不起我们的兴趣,所以我们可以说:人们事实上思维:当他们建造一座蒸汽锅炉时,他们比如以这样的方式行事。——那么,一座以这样的方式制造出来的锅炉不可能发生爆炸吗?噢,当然会!

263. 在做出行动之前,我们考虑它们。我们为我们自己制作有关它们的图像;但是,为什么这样做?可没有什么"思想实验"!

我们期待着什么,并且按照这个期待行动;这个期待一定会实现吗?不是。但是,我们为什么按照这个期待行动?因为我们被迫这样做,正如我们被迫这样做一样:躲闪汽车,累了时便坐下,坐在刺上时便会跳起来。

264. 关于所发生的事情的齐一性的信念的本性在这样的情形中或许是最为清楚的,在其中我们感觉到对于所期待的事项的恐惧。没有任何事项能够使得我将我的手伸进火苗之中,——尽管我的确只是在过去被烧伤过。

火会烧伤我这个信念属于如下性质的恐惧:它会烧伤我。

在此我也看到了"这是确实的"意谓着什么。

265. 假定人们要把我拉进火里,我会进行抵抗,我不会顺从地走进去;同样我会叫喊道:"我会被烧伤的!"而不会说:"这或许是很舒服的事情!"

266. "但是,你可是也相信,如果人们不计算锅炉,那么将会发生更多的蒸汽锅炉爆炸事故!"——是的,我这相信这点;——不过,这要说出什么意思? 由此我们得出这样的结论吗:事实上爆炸事故将更少发生?——那么,这种相信的基础是什么?

267. 我假定,我坐在其中写字的这座房子在接下来的半小时内不会倒塌。——什么时候我做了这样的假定;整个时间吗? 这种假定是什么样一种活动?

人们借此可能意指的是一种心理学的倾向;但是也可能是某些思想的思维、表达。在第二种情形下我或许说出这样一个命题,它又是一种思考(演算)的一个成员。现在,人们说:但是,你肯定必须拥有一个做出这样的假定的根据,要不然,这个假定就是没有支撑的,没有价值的。——(请回忆一下这样的事情:我们尽管站在地球上,但是地球并非又站在某种东西之上;而小孩则相信,如果它没有得到支撑,那么它必定坠落了。)好的,关于我的假定我也是有根据的。它们大概是这样的:这间房子已经坐落在那里好多年了,但是时间并非长到这种程度,以致它可能就要倒塌了;等等,等等。——被看作一个假定的根据的**东西**可以从一开始就给出来,而且决定了一个演算;一个诸过渡的体系。但是,现在如果要追问这个演算的一个根据,那么我们看到,并不存在这样的根据。

因此,这个演算就是由我们任意地假定的吗?不是,正如对于火的恐惧或者对于一个向我们走来的暴怒的人的恐惧不是这样的一样。

"我们据以行事和进行运算的那些语法规则肯定不是任意的!"——好的,那么究竟为什么一个人像他所做的那样思维,究竟为什么他要经历这些思维活动?(在此所追问的自然是根据,而非原因。)现在,在此可以给出这个演算之内的根据,最后,人们便非常想说:"如下事情恰好是非常可能发生的:诸事物现在的情况与其从前总是处于的情况是一样的",——或者诸如此类的话。这是一个掩盖了根据的开始的固定词组。(作为在世界开始时的解释的造物主。①)

如此难于看清的东西可以这样来表达:**只要我们待在真—假—游戏的领域**,语法的一种变化就只是将我们从**一种**这样的游戏带到另一种这样的游戏,而不是将我们从真的东西带到假的东西。另一方面,如果我们从这些游戏的领域走出来,那么我们便不再称其为"语言"和"语法"了,我们再一次地并非处于与实际的矛盾之中。

---

① 参见前文§201。

268. 什么是一个命题？——我究竟将一个命题与什么东西区别开来？或者，我究竟要将它与什么东西区别开来？与它所属的语法系统中的诸命题部分吗（像一个方程区别于其部分一样），还是与我们不称作"命题"的所有东西，因此这把椅子，我的表，等等，等等？

269. 如果我问："如何划出关于命题的一般概念的界线"，——那么人们必定会反问道："好，我们竟然拥有**一个**关于命题的一般概念吗？"

"但是，关于我称为'命题'的东西我可是拥有一个确定的概念。"——那么，我究竟将如何向另一个人或者向我自己解释它？因为我的概念是什么这点的确将显示在这种解释之中（一种伴随着"命题"这个词的感受肯定与我无关）。我将经由例子来解释这个概念。——因此，这些例子走多远，我的概念便走多远。——但是，它们毕竟仅仅是例子，它们的领地恰恰应当是可以扩展的。——好的，这时你必须告诉我，在此"能够扩展"意味着什么。这个词的语法必定具有确定的界线。

270. "但是，当我看到一个命题时，我可是认识它，因此我也必定能够清楚地划出这个概念的界线。"但是，真的就不可能有任何怀疑了吗？——让我们设想这样一种语言，在其中所有命题都是这样的命令：按照特定的方向走。（它比如只是被一种类型的原始人在战争中加以使用的。请想一下书写语言的使用曾经是如何地有局限性的。）现在，我们还会将命令"来这里！""去那里！"称为命题；但是，现在假定这个语言仅仅是由用手指做出的向任意一个方向的指示构成的，情况如何？这个符号还是一个命题吗？——这样一种语言的情况如何：其符号表达的仅仅是对于特定的对象的要求（像小孩们的最初的语言一样），它仅仅是由这些对象的符号（可以说名词）构成的？或者，让我们设想这样一个系统，它是由两个符号构成的，其一表达的是对所提供的对象的接受，另一个表达的是对其的拒绝。这是一个语言吗？它是由命题构成的吗？

另一方面：所有具有德语的命题声响的东西都属于我们的命题概念吗？"Ich bin müde"（我累了），"2×2 ist 4"（2×2是4），"die Zeit vergeht"（时间在流逝），"es gibt nur ein 0"（只有一个0）？

271. "命题"这个词直到现在表示的还是不具有任何清楚的界线的概念。如果我们想将我们关于这个词的用法与一个有着清楚的界线的概念等同起来，那么我们便可以随意地对其加以定义，正如我们可以随意地将原始的长度单位"一步"的意义精确地确定为[①]75厘米长一样。

272. "当一个**新**命题被纳入到语言之中时，发生了什么事情：什么是这个新东西是一个**命题**这点的标准？"让我们设想这样一种情形。我们了解了比如一种新的经验，电击的刺痛感，并且说它是不舒服的。我们有什么根据将这个新构造的陈述称为一个"命

[①] 异文："限定为"。

题"？现在，我究竟有什么根据谈论一种新的"经验"，或者谈论一种新的"肌肉感觉"？当然是根据与我以前对这些词的使用的类比。但是，另一方面，在这种新的情形下我**必须**使用语词"经验"和"命题"吗？借助于如下方式我竟然已经就这种电击的感觉断言了什么吗：我将其称为一种经验？如果我将陈述"这种刺痛感是不舒服的"排除于命题概念之外——因为我先前已经最终地划出了其界线，这有什么关系？

273. 请将"数"概念与命题概念加以比较，另一方面将基数概念与其加以比较。我们将基数、有理数、无理数、复数算作数；我们是否还将其他的构造物，按照其与这些数的类似性，也称为数，或者想将这条界线最终划在这里或其他地方，这要由我们来随意地决定。在这点上数概念类似于命题概念。与此相反，人们可以将 $[1, \xi, \xi+1]$ 这样的基数概念称为一种严格地限定好了的概念，也即它是另一种意义上的"概念"。

274. 我究竟是如何获得"命题"概念或者"语言"概念的？当然只是通过我所习得的诸语言。——但是，后者某种意义上说似乎已经将我领出了它们自身之外，因为现在我能够设计一种新的语言，比如发明语词。——因此，这个构造还属于语言概念。但是，只是在我愿意这样来确定它时，情况才是这样的。我的"等等"的意义总是语法地得到界定的。

275. 在逻辑中人们不能漫无目的地一般化。如果我确立了我的一般性的语法,那么便不再存在任何逻辑上令人惊奇的事情了。而如果我没有将其确立下来,那么我便不再处于一种精确的语法领域。

也即:这种一般性的不确定性绝不是逻辑的不确定性。这种一般性是一种活动的自由性,而绝不是几何学的不确定性。

276. 这也就是我说下面的话时所意指的东西:"尽管在实际中存在着令人惊奇的事情,但是在语法中并不存在这样的事情。"①

277. "但是,语言肯定是可以扩展的。"——肯定的;不过,如果"扩展"这个词在此具有一种意义,那么我**现在**必须已经知道我借此所意指的东西,必须能够说明我是如何想象这样一种扩展的。我现在所不能设想的东西,现在我也不能将其表达出来,也不能将其暗示出来。"现在"这个词**在此**意谓:"在这个游戏之内",或者:"当这**些**词是按照**这些**语法规则被使用的时候"。

在此也包含着这样一个刨根问底的问题:当我们始终只是看到诸心象——诸事物的画像——时,我们究竟如何能够哪怕是设想这些事物的存在?——我们问:"我们究竟是如何达到这样一个概念的?"对于这个问题,在思想中给其附加上如下附记是完全适当的:"我可是不能超越我自己的思想活动","我可是不能有意义地超越对于我来说有意义的东西"。在此存在着这样一种感受:我

---

① 参见《逻辑哲学论》6.1251 和 6.1261。

不能通过隐蔽的小路（从背后）做到这点：设想人们禁止我通过笔直的道路来设想的东西。

278. 没有任何符号将我们领出它自身之外，而且任何论证也没有这样做。

279. 设计（发明）了一个新的语言的人做了什么？他是按照哪个原则做到这点的？因为这个原则就是"语言"概念。——每一个新设计出的语言都扩展了（改变了）语言概念吗？——请考虑一下它与以前的概念处于哪一种关系之中。这取决于这个概念是如何被确定的。——请想一下复数与较早的数概念之间的关系；另一方面，想一下这样的情形：这时两个特定的（比如非常大的）基数被第一次写下来并且彼此相乘，而且想一下这种**新的**乘法与基数乘法的一般概念之间的关系。

280. 我可以说："'语言'，这是一个表示诸语言的集合名词；而诸语言以**多样的**方式彼此具有亲缘关系。"

281. 但是，如果关于语言的一般概念可以说以这样的方式溶化了，那么这时哲学不是也溶化了吗？没有，因为哲学的任务并不是创造一种新的、理想的语言，而是澄清我们的语言——这个通行的语言——的语言习惯用法。其目的是清除独特的误解；而不是比如首先创造出一种真正的理解。

282. 提请人们注意到这样的事实的人,即一个词是以多种不同的意义被使用的,或者在一个表达式的使用中这幅误导人的图像浮现在眼前,确定了(列表给出了)这样的规则的人,即某些词就是按照它们被使用的,根本没有承受这样的义务:给出"规则",或者"命题",或者"语词"等等的解释(定义)。

我可以运用"规则"这个词,而没有事先列表给出有关这个词的使用的诸规则。这些规则并不是超级规则。

283. 在其与思想、命题和语言有关这样的意义上,哲学与演算有关。但是,如果它本质上与演算概念有关,因此与所有演算的演算概念有关,那么便有一种元哲学。(但是,不存在元哲学。人们可以这样来表现我们不得不说的所有东西,以至于这点看起来是一个主导的思想。)

284. 当我们比如谈论游戏时,我们究竟是如何使用"规则"这个词的?与什么相对地使用它?——我们说,比如"这得自于这条规则",但是接着,我们可以援引相关的规则,而避免使用"规则"这个词。或者,我们谈论"这种游戏的所有规则",并且接着或者列举出它们(于是又出现了第一种情形),或者我们将诸规则说成一组这样的表达式,它们按照确定的方式从给定的基本规则中被生产出来,这时"规则"这个词便是代表**这些**基本规则和运算的表达式。或者我们说:"**这**是一条规则,**这**不是",——当第二个仅仅是比如一个单个的词或者是一个不完全的命题(在德语语法的意义上)时,或者是棋子的一个位置的示图时。(或者:"不,按照新的约定,这也是一条规则。")——当我们必须写出比如这种游戏的规则清单时,人们就可以说出这样的某种东西,这时它便意味着:**这**属于这里,**这**不属于这里。但是,这并不是出于一种特定的性质的缘故,即是一条规则这种性质;正如当人们只是想将苹果包装进一个箱子并且这样说时一样:"不,这不属于这里,这是一个梨。"

是的,但是我们可是将一些东西称为"游戏",却不这样称呼另一些东西,而且将一些东西称为"规则",却不这样称呼另外一些东西!——但是,事情并不取决于我们称为游戏的所有东西与所有其他的东西的划界。——对于我们来说,游戏就是我们听说过的**那些游戏**,我们能够列举出的那些游戏,而且或许还有一些按照类比新构造出的游戏;当某个人比如写一本有关游戏的书时,真正说来在这本书的书名中他也不需要运用"游戏"这个词,相反,对个别的游戏的名称的一种列举却可以作为书名出现。

如果人们问:可是,究竟什么是所有这些东西的这样的**共同之处**,正是因为它你将它们都联合起来?——那么他可以说:我不知道如何立即给出它,——但是你可是看到了许多类似之处。此外,这个问题在我看来是无益的,因为我也可以按照类比再次不断地经由注意不到的阶段到达这样的构造物,日常生活中任何人都不会再将它们称为"游戏"了。因此,我将出现在这个清单上的东西称为"游戏",也这样称呼直到某种程度上(至于这种程度是多少,我并没有进一步地加以确定)类似于这些游戏的东西。此外,我保留在每一种新的情形下就如下事情做出决定的权利:我是否愿意将某种东西算作游戏。

285. "规则"、"命题"、"语言"等概念的情况就是这样的。仅仅在特殊的情况下(也即,并非是在我们使用"规则"这个词的所有情况下)才涉及如下事情:划出规则与不是规则的东西的界线,而且在所有这些情况下,给出那个区别性的标志特征都是容易的事情。我们需要与"语词"、"画像"和一些其他的东西相对的"规则"这个词,而且这些界线可以清晰地划出。与此相反,在我们不需要这样的界线的地方,我们多数不划出任何界线。(正如针对某些游戏,人们只是在游戏场地中间划出一条线以便分开诸方一样,而在其他地方则不划出这个场地的界线,因为这不是必要的。)

我们能够以不可能令人误解的方式使用"植物"这个词,但是人们却可以设计出无数这样的极限情形,对于它们来说,需要首先就某种东西是否还属于"植物"这个概念来做出决定。但是,因为这样,"植物"这个词的意义在所有其他情形中就带有一种不可靠性吗,以至于人们可以说,我们虽然使用了这个词,但是却没有理解它?进而,一个从许多方面划出了这个概念的界线的定义会使得这个词在所有命题中的意义对于我们来说变得更为清晰吗?因此,我们就会更好地理解包含着它的所有命题吗?

286. 我们究竟是如何学习理解"植物"这个词的?如果我们不考虑这点:我们或许在植物学中了解了一个有关这个概念的定义(然后,它也只是在植物学中扮演着一个角色),那么很清楚:我们是从例子学到这个词的意义的。而且,如果我们现在不考虑假设的倾向,那么这些例子仅仅是代表自身的。有关语言的学习和使用以及因果关联的假设的确引不起我们的兴趣。因此,我们不假定：诸例子在学习者那里唤起了某种东西，将一个本质，这个概念词的所指，"植物"这个概念，放在了他的心灵前面。假定这些例子经由这样的方式而具有一种结果，即它们比如在学习者那里生产出了一幅特定的视觉图像，那么存在于这些例子和这幅图像之间的那种因果关联与我们无关，对于我们来说它们**彼此并列**。于是，我们可以比如完全不考虑这些例子，而只查看作为这个概念的记号的这幅图像；或者也可以一起查看这幅图像和这些例子。

如果人们说"我们理解'椅子'这个词，因为我们知道为所有椅子所共同具有的东西"——，我们**知道**这点，这意味着什么？或许是意味着这点：我们准备说出它（正如在"我们知道 6×6 是 36"的情况下一样）？因此，这种共同的东西是什么？或者，在此难道不是仅仅因为我们能够应用"椅子"这个词，我们便说我们知道这种共同的东西吗？在此难道不是像比如这样一种类比误导了我们吗：假定我通过指向一面红色的墙，一本红色的书，一块红色的毛巾的方式来解释语词"红色"，某个人按照这种解释通过制作一块红色的小牌子的方式制作了一个红色的样品。在这种情形下人们可以说，他表明了他已经理解了我给它的所有这些例子的共同之处是什么。

287. 语词"游戏"、"规则"等等的语法位置经由诸例子被给出的方式或许类似于经由如下说明而给出一次聚会的场所的方式：它将**在**某某树**下**进行。

288. 人们将意义看作某种在听到一个词时**浮现在我们的心**

中的东西。

在听到一个词时浮现在我们的心中的东西无论如何刻画了意义。但是，浮现在我心中的东西是一个例子，这个词的一种应用情形。某种东西在心中的浮现真正来并非在于每当我说出或听到这个词时，一个特定的心象便出现了，而是在于当人们向我询问这个词的意义时，我便想到这个词的应用。

289. 某个人向我说："给孩子们看一个游戏！"我现在教给他们掷骰子游戏，另一个人向我说："我意指的并不是这样一种游戏。"当他给我下达这个命令时，掷骰子游戏之排除必定浮现在他的心中了吗？

290. 假定某个人说："不，我不是意指这样一种游戏；我是在较窄的意义上使用'游戏'的。"他在一种较窄的意义上使用这个词这点如何表明自身？

291. 但是，难道人们不是也能在其最宽的意义上使用"游戏"这个词吗？不过，哪个是这种意义？人们可是没有划出任何界线——除非我们自己确定这样的界线。

就一个像下面这个命题的命题来说："亚述人能玩各种游戏"，当我们比如在一本历史书中读到它时，如果没有任何一种进一步的限定，它将令我们感到非常地奇怪；因为我们并非有把握能够给出这样一个例子，它即使仅仅大致符合"游戏"这个词在这种情形之中所具有的意义。

292. 某个人或许想将一个游戏是在某某年发明的这个命题纳入到这个游戏的规则清单之中。我说:"不,这不属于这个规则清单之列,这绝不是规则。"因此,在此我将历史命题排除于规则之外了。同样,我会将一个像"这种游戏只有经过长期的训练才可学会"这样的命题作为一个经验命题而排除于规则之外。不过,说人们因此便在规则领域周围划出了界线,这会轻易地误导我们。

293. 如果我试图经由刻画性的例子让某个人明白一个词——比如"愿望"这个词——的用法,那么就容易出现如下情况:另一个人以一种对我所提供的东西的反对的形式援引这样一个例子,它暗示一个不同的使用类型。这时,我的回答是:这个新例子对于我们的考察来说可能是有用的,但是它绝不构成我的例子的反对意见。因为我的确不想说:这些例子是人们称为"愿望"的东西的本质的表现。它们至多是这样的不同的本质的表现,即由于某些亲缘关系,人们用这个词来称呼它们的全部。这个错误是:人们假定我们欲通过诸例子来说明比如愿望的本质,而现在诸反例表明这个本质还没有得到正确的把握。这也就是说,好像我们的目标是给出一个关于愿望的理论,于是它必须解释了恰恰愿望的所有情形。

但是另一方面,这些被援引的例子因此只有在如下情况下才是有用的,即它们得到了清楚的说明,而并非仅仅是被模糊地暗示出来的。

294. "命题"、"语言"等等的用法具有我们的语言的概念词的正常的用法所具有的那种模糊性。相信它们因此就是不可用的，或者肯定并非理想地符合于它们的目的，这就像是人们要说："这个炉子所提供的热量没有任何用处，因为人们不知道，它是在哪里开始的，是在哪里终止的。"

如果我为了在这样一种语言惯用法的领域澄清和避免误解而划出清楚的界线，那么这些界线与自然的语言惯用法中的彼此融合的界线的关系就犹如一幅钢笔画中的清晰的轮廓与所表现的实际中的诸颜色斑点的逐渐的过渡之间的关系。

295. 苏格拉底斥责那个针对追问知识的本质的问题列举诸知识的学生。他甚至于都不允许将这看作通向这个问题的回答的一种暂时性的步骤。[①]

然而，我们的回答恰恰在于这样一种列举和一些相似性的说明。（在哲学中某种意义上说，我们总是让事情对我们来说变得越来越容易。）

296. 逻辑的哲学绝不是在一种不同于我们在日常生活中谈论命题和语词的那种意义的意义上来谈论命题和语词。在日常生活中，我们说比如"这里写有一个汉语命题"或者"不，这只是看起来像一个书写符号，但是是一个装饰品"，等等，等等。

我们在谈论空间的和时间的语言现象，而不是在谈论一种非空间和非时间的怪物。不过，我们是以类似于我们谈论象棋的棋

---

① 参见《泰阿泰德篇》(*Theaitetos*), 146c—147c。

子的那种方式来谈论它们的,即我们给出关于它们的游戏规则,而不是描述其物理的性质。

"什么是一个语词?"这个问题类似于如下问题:"什么是一个棋子(比如象棋的王)?"

297. (关于我们的语言,人们没有根据怀有比一个下象棋的人关于象棋游戏所怀有的疑虑更多的疑虑——后者对此没有任何疑虑。)

298. 即使在哲学中我们也不能达到比我们在生活和科学中所说出的东西中所达到的普遍性更大的普遍性。即使在这里(也如在数学中一样)我们也不改动任何东西。

299. 当我谈论语言(语词、命题等等)时,我必定是在谈论日常的语言。对于我们想要说出的东西来说,这种语言或许是太粗糙、太物质化了吗?**另一种语言究竟如何构建起来?**——令人惊奇的是,这时,我们竟然能够用我们的语言做些什么!

在关于语言的诸解释中,我已经必须应用这个完全的语言(而不是比如一种预备性的,临时的语言),这点已经表明,我只能给人们提供有关这个语言的表面的东西。

"是的,但是,这时这些说明如何能够令我们满意呢?"——好的,你的问题甚至于也已经用这个语言来撰写了!——你的疑虑是误解。——你的问题牵涉到语词,因此,我必须谈论语词。

人们说:重要的事情不是语词,而是其意义;此时人们以像考虑这样一个物件的方式来考虑意义,即尽管它不同于语词,但是还是与其同属一类的。这是语词,这是意义。金钱和人们能够用它买到的牛。(但是另一方面:金钱,和其用途。)

300. 当我们追问一般的命题形式时——,我们要考虑一下:尽管日常语言具有一种特定的命题节奏,命题声响,但是我们并非将所有"听起来像一个命题"的东西都称为"命题"。——因此,人们也谈论有意义的和无意义的"命题"。

但是,另一方面,这种命题声响对于我们在逻辑中称为命题的东西来说并非是本质性的。"gut Zucker"这个表达式尽管听起来不像是一个德语命题,但是却完全可以取代"Zucker schmeckt gut"(糖好吃)这个命题。而且,并非是以比如这样的方式:我们必须在思想中给其填补上某种缺失的东西。(相反,重要的仅仅是"gut Zucker"这个表达式所属的那个表达式系统。)[①]

因此,问题是,如果不考虑这个误导人的命题声响,我们是否还拥有一个关于命题的一般概念。

301. 请设想我们将德语以如此的方式加以改变:命题中的诸语词的顺序与现在正确的顺序正好相反。因此,结果就是当我们从右向左通读一本德文书里的命题时所得到的那种词序。显然,这个语言的表达可能性的多样性必定恰恰同于德语的多样性;但

---

① 在弗雷格和罗素的逻辑语言体系中,"糖好吃"是这样来表示的:Gz。(在此,"G"表示好吃,"z"表示糖。)

是，如果一个较长的命题是以这样的方式阅读的，那么它理解起来只能是极为困难的，我们或许永远学不会"用这个语言进行思维"。（这样一种语言的例子可以澄清有关我们称为"思想"的东西的本质的一些事情。）

302. "命题是可以为真或为假的一切东西"这个解释将一个特殊的语言系统中的命题概念规定为在这个系统中可以充当一个真值函项的主目的东西。

当我们谈论使一个命题成为命题的东西①时，我们倾向于意指真值函项。

"命题是可以为真或为假的一切东西"与如下说法意味着相同的东西："命题是可以加以否定的一切东西。"

303. "p"是真的＝p

"p"是假的＝～p

他说的话是真的＝事情如他所说的那样。

人们可以说：语词"真"和"假"仅仅是一个特定的真值函项符号体系中的成员。

304. 如下写法竟然是正确的吗："'p'是真的"，"'p'是假的"；难道不是要这样写吗："p是真的"或者（假的）？墨水线条可不是**真的**；像它是黑色的或弯曲的一样。

---

① 异文："对于一个命题形式本身来说具有本质意义的东西"。

"'p'是真的"竟然说出了有关符号"p"的某些东西吗?——"是的,它说的是:'p'与实际一致。"——让我们不是考虑语词语言的一个命题,而是考虑这样一幅画出的图像,它可以按照精确的投影规则与实际加以比较。"'p'是真的"针对"p"这幅图像断言了什么这点在这里肯定最为清晰地显示出来了。因此,人们可能将"'p'是真的"这个命题与这样的命题加以比较:"这个对象具有这把米尺的长度";并且将"p"与命题"这个对象是一米长的"加以比较。但是,这种比较是错误的,因为"这把米尺"是一个描述语,而"米尺"则是一个概念规定。与此相反,在"'p'是真的"中米尺自身便出现于这个命题之中。在此,"p"直接代表长度而非米尺。因为即使这幅表现的图样也根本不是"真的",除非根据这样一种特定的投影方法,它使得米尺成为所测量的线段的一种纯粹几何学的附属物。

305. 人们也可以这样来说出这点:对于命题"'p'是真的"来说,只有在人们将"'p'"这个符号的语法理解成一个命题符号的语法时,人们才能理解它;如果"'p'"只是一个特定的墨水线条的形状的名称,那么人们是不能理解它的。最终,人们便可以说:"'p'是真的"这个命题中的引号根本就是多余的。

306. 当人们做出这样的解释时:"(x)fx 是真的",如果"f( )"在所有替换之下均给出真命题,——我们考虑到:"(x)fx"这个命题得自于命题"在所有替换之下均给出真命题",而且反过来,后者得自于前者。因此,这两个命题说出了相同的东西。

因此，上述解释并非是从这个一般化的机制的诸部分将其装配出来的。

307. 人们自然不能说，命题是在下述意义上可以将"真"和"假"表述给它的东西：好像人们可以试验性地将诸记号与"真"和"假"这些词组合在一起，以便看一下它们是否给出意义。因为只有在"真"和"假"已经具有了特定的意义的情况下，人们才能通过这种试验来决断什么东西，而只有在它们可以出现于其中的那种关联已经得到确立的情况下它们才能够具有特定的意义。（也请想一下经由"谁或者什么……？"这样的问题而进行的对诸话语部分的确定。）

308. 在"事情是如此这般的"这个图式中，"事情是"真正说来是真值函项的作用点。

"事情是"因此是一个真值函项符号系统中的一个表达式。它是这样一个表达式，即它向我们表明了在此语法的哪一部分在起作用。

309. 如果我让"事情是如此这般的"成为一般的命题形式，那么我必须将"2＋2＝4"算作命题。为了将算术命题排除在外，我们还需要进一步的规则。

310. 人们可以给出**命题的一般形式**吗？——为什么不可以？正如人们的确也可以经由比如符号"$[0, \xi, \xi+1]$"而给出数的一般形式一样。我尽可以只将**这样的东西**称为"数",同样,我也可以做出类似的关于如何构造命题或者规律的规定,而将"命题"或者"规律"就用作这种规定的等价物。——如果人们反对这样做,并且说如下之点是清楚的:由此只是将某些规律与其他的规律加以分界了,那么我会回答说:如果你从一开始就决定不接受任何界线,那么你自然不能划出一条界线!问题自然依然是:你如何使用命题这个词?与什么相对照地使用它?——

311.("一个命题可以处理所有命题或者所有命题函项吗?"——人们借此在意指什么?人们想到的是一个逻辑命题吗?——这样一个命题的证明看起来究竟是什么样的?)

312. 一个一般的命题形式将命题规定为一个演算的成员。

313. 说某某语词组合没有给出任何意义的规则可以与关于象棋的如下规定相比吗——比如这样的规定:当两个棋子位于同一个棋格时,或者当一个棋子位于两个棋格的界线上等等时,所出现的不是任何游戏形式?这些命题又像某些行动;像人们比如从一块较大的带格子的纸上剪下一个棋盘一样。它们划出了一个界限。——

如下说法究竟意味着什么:"这个语词组合没有任何意义"?针对一个名称(一个声音序列)人们可以说:"我还没有将这个名称给予任何人";而这种赋予名称的过程是一种特定的行动(挂上一个小牌子)。让我们思考一下经由划在两半球的投影之上的一条线对一个研究者的旅行路线所做的表现。现在我们可以说:这样一条线段,它在绘画平面上偏离了这些投影的边界圆圈,在这个表现之中是没有意义的。人们也可以这样说:人们还没有就此达成任何协议。

314."我究竟是如何做到这点的,即总是有意义地应用一个词;我总是查看语法吗?不是,我意指某种东西这个事实,——我所意指的东西阻止我说出胡说。"——但是,我究竟意指了什么?——我想说:我谈论一个苹果的划分,但是不谈论红色的划分,因为在听到"苹果的划分"这些词时,我能思维某种东西,能够想象某种东西,意欲某种东西,——而在听到"红色的划分"这个表达式时,我则不能这样做。(事情大概是这样的吗:就这些词来说,人们只是还没有观察到它们对其他的人产生了任何影响?)如下说法更为适当:在听到"苹果的划分"这些词时,我思维了某种东西,想象了某种东西,意欲了某种东西,而在听到"红色的划分"时,则没有。

但是,"我划分红色"这个表达式可是能够具有一个意义(比如,具有"我划分红色的东西"这个命题的意义)。——假定我这样说,情况如何:哪一个词,哪一种错误,使得这个表达式成为胡说?这时人们便看到,在听到这个表达式时,尽管它是没有意义的,人们却想到了一个完全特定的语法体系。因此,我们也说"人们不能划分红色",因此给出一个回答;而人们针对"是具有好的"这样一个语词组合则不会给出任何回答。——不过,如果现在人们想到一个特定的系统,带有其应用的语言游戏,那么"我划分红色"是没有意义的这个断言首先说出了如下事实:这个表达式不属于那个特定的游戏,尽管从其外表看来它似乎属于它。

315. 那么,当我们给予词组"我划分红色"一个意义时,我们如何做到这点?——是的,我们的确可能从它那里做出十分不同的东西:一个经验命题,一个算术命题(像 $2+2=4$ 那样的命题),一个未加证明的数学命题(比如哥德巴赫命题),一声惊呼,以及其他的东西。因此,我拥有一个随意的选择;这种选择是如何被界定的?这很难说——:经由多种多样的有用性,而且也经由诸构成物与某些原始的命题形式的形式上的相似性,而所有这些界限均是模糊的。

316. "我如何知道人们不能划分红色?"——这本身就不是任何问题。

我想说:"我必须从意义和胡说的区分**开始**。在其之前没有什么是可能的。我不能为它提供根据。"

317. 人们可以这样问吗:"关于语词的语法规则必须具有什么样的性质,以便它们为一个命题提供意义"?

我说比如:没有书放在这里,但是一本书能够放在这里;相反,说红色和绿色可以同时出现在一个位置是没有意义的。不过,如果这个命题是经由如下方式而成为有意义的,即它与诸语法规则一致,那么我们恰恰制定这样一条规则,它允许"红色和绿色同时出现在这个斑点之上"这个命题。好的;不过,借此现在这个表达式的语法还没有确立下来。首先还必须就此做出进一步的规定：这样一个命题应该如何被使用；它比如如何得到证实。

318. 即使人们将一个命题看作所描述的基本事态的图像，并且说这个命题恰恰表明了当其为真时事情是怎样的，因此它表明了所断言的基本事态的可能性；这个命题当然最多也就能做一个手绘的或塑造的图像所能做的事情，因此，它无论如何不能摆放出现在已经不是实际情形的东西。因此，什么东西被称作可能的和什么东西不被这样称呼，这点完全取决于我们的语法——也即被称作可能的东西就是恰恰它所允许的东西。但是，这可是任意的！——肯定的；不过，我们称为经验命题的那些合乎语法的构成物（比如这样的构成物，它们描述了诸物体在空间之内的一种可见的分布，并且可以经由绘画式的表现予以取代）具有一种特定的应用，一种特定的用途。但是，并非每一种这样的构造——从其外部形式来看它类似于这样一个经验命题并且在一个演算中扮演着一个某种意义上类似的角色——都具有一种类似的应用，于是我们将不会倾向于将这样的构造称为一个命题。

319. 在此"可能的"与"能够设想的"意味着相同的东西；但是，"能够设想的"可以意味着"能够画出来的"、"能够塑造出来的"、"能够想象的"，因此：在一个特定的命题系统中能够加以表现的。好的，这时事情取决于这个系统。人们问比如："如下事情能够设想吗：一列树沿着笔直的方向延伸下去，从来没有走到尽头的时候？"——为什么这不应当是"能够设想的"，无论如何它可是在一个语法系统中可以说出来的。但是,现在什么是这个命题的应用?它如何得到证实?其证实与这样一个命题的证实处于什么样的关系之中:"这个树列在第一百棵树那里结束"?这将向我们表明这种可设想性可以说有多少价值。

320. 化学上可能的 $\begin{smallmatrix}O\!-\!\!\!-\!\!\!-\!H\\ |\\ O\!-\!\!\!-\!\!\!-\!H\end{smallmatrix}$ 。

321. "我事实上从来没有看到过这样的事情:一条黑色的线逐渐地变得越来越亮,直到它成为白色的,而且接着变得越来越接近于红色,直到成为红色的;但是,我知道这是可能的,因为我能够想象它。"——"我知道这是可能的,因为……"这种表达方式是从下面这样的情形中取来的:"我知道用这把钥匙能够打开这扇门,因为我从前有一次这样做了。"因此,我在做出**这种**意义上的猜想吗:那种颜色过渡将是可能的,因为我能够想象它?——情况难道不如说是这样的吗:"这种颜色过渡是可能的"在此与"我能够想象它"意味着相同的东西?——**如下断言的情况**如何:"字母表**能够**大声地说出来了,**因为**我能够在精神中背出它来"?

而且,"我能够想象这种颜色过渡"在此绝不是有关我的独特的想象力的断言,像"我能够举起这块石头"是一个有关我的肌肉力量的断言一样。命题"我能够想象这种过渡",恰如命题"这个基本事态是可以画出来的"一样,将语言表现与一种不同的表现方式关联起来;它应当被理解为语法命题。

322. 人们似乎可以说：语词语言允许无意义的语词组合，但是心象语言不允许无意义的心象。因此，图样语言也不允许无意义的图样；——但是情况并非如此：因为正如一个命题一样，一个图样也能够以同样的方式成为没有意义的。请设想这样一个工程图，一个车工要按照它来工作；在此非常容易想象出那个与一个没有意义的似是而非的命题精确相似的东西。也请设想这样一个例子：将一条旅行路线画进地球的投影之中。

323. 当人们要说明形而上学的说话方式之无意义性的时候，人们常常说："我不能想象与其相反的情形"，或者："如果情况是其他样子的，那么它究竟是什么样子的"。（比如当某个人说了这样的话时：我的心象是私人的，只有我自己能够知道我什么时候感觉到疼，等等。）好的，如果我不能想象情况如何是其他样子的，那么我也就不能想象它是**这样的**。因为"我不能想象"在此并非指向一种缺失的想象力。我甚至于也不能**尝试**想象它：说"我想象它"根本没有给出任何意义。而这也就意味着：一种存在于这个命题和有关想象（或者绘画）的表现方式之间的关联并没有建立起来。

但是，为什么人们恰恰说"我不能想象情况如何可能是**其他样子的**"，而不说："我不能想象这点"？人们将这个无意义的命题（比如"这根棍子具有一个长度"）看作一种同语反复式，而非矛盾式。人们好像说："是的，它具有一个长度；但是，它究竟如何可能是其他样子的；因此，为何说出这点！"对于"这根棍子具有一个长度"这个命题，我们不回答说："胡说！"，而是回答说："自然了！"我们也可以这样说这点：当我们听到命题"这根棍子具有一个长度"和其否定"这根棍子决没有长度"时，我们是有偏向的，我们倾向于第一个命题；而不是将两者都解释成胡说。但是，这种片面性的基础是一种混淆：我们将第一个命题看成被"这根棍子有 4 米"证实了（而且将第二个命题看成被其证伪了）。"而 4 米当然是一个长度"，——但是，人们忘记了：这是一个语法命题。

324. 人们常常可以通过提出如下问题的方式来表明一个命题是形而上学地被意指的："你所断言的东西应当是一个经验事实吗？你能够设想（想象）它是其他样子的吗？"——你要说实体还始终没有被毁灭，还是要说**不可设想**它被毁灭了？你要说经验告诉我们，人们总是偏好较令人舒服的东西，而非较不令人舒服的东西？

325. 奇怪的是，人们竟然能够说，某某基本事态是不可设想的！即使本质上说来我们将思维看作表达式的一种伴随物，在这个断言中给出那个不可设想的基本事态的诸语词可是也必定是没有伴随物的。因此，它能够具有一种什么样的意义？除非它说这些词是没有意义的。但是在这种情况下，并非可以说其意义是没有意义的；而是它们被排除于我们的语言之外了，正如好比说一个任意的噪声一样，而其**明确的**排除的理由只能在于：**我们试图**将它们与我们的语言的一个命题混淆在一起。

326. 一个命题在演算中扮演了哪种角色，这就是其意义。

测量(比如一个长度的测量)的**方法**与一个测量数据的正确性之间的关系恰如一个命题的意义与其真或者假一样。

327. 如下说法究竟意味着什么:"发现一个陈述没有任何意义"？——而且这样的说法意味着什么:"如果我用它意指某种东西,那么这样说当然就必定是有意义的"？——"如果我用它意指某种东西"——如果我用它意指**什么**?!

人们要说:一个有意义的命题是这样的命题,人们不仅能够说出它,而且也能够思维它。这好比就像是说:一幅有意义的图像是这样的图像,我不仅能够画出它,而且也能够制作其雕塑模型。这样说会是有意义的。但是,对一个命题的思维并不是一种人们根据语词来完成的活动(像好比说按照乐谱唱歌一样)。下面的例子表明了这点。

如下说法有意义吗:"我有像 $x^3+2x-3=0$ 的一个解那么多朋友"？在此,人们可能认为,我们有了这样一个符号系统,其语法单独来看还没有决定一个命题是否是有意义的。因此,这点并非是从一开始就确定下来了。这为如下之点提供了一个极好的例子:理解一个命题意味着什么。

如果"方程……的根"是一个罗素意义上的摹状词,那么命题"我有 n 个苹果,而 2+n=6"的意义便不同于命题"我有 4 个苹果"的意义。

328. 一个命题的意义不是普纽玛式的(正如思想不是普纽玛

式的一样)①,相反,它是对于意义的解释的追问的回答。或者:一种意义之区别于另一种意义,正如一种意义的解释之区别于另一种意义的解释。因此,进而:一个命题的意义之区别于另一个命题的意义,正如一个命题之区别于另一个命题。

命题的意义绝不是灵魂。

329. 某种东西只有在一个语言之中才是一个命题。理解一个命题就意味着理解一个语言。

一个命题是一个符号系统之中的一个符号。它是众多可能的符号结合之中的**一个**符号结合,而且是与其他可能的符号结合相对照的**一个**符号结合。可以说,是与其他可能的指针位置相对照

---

① "普纽玛"为斯多葛学派重要概念"Pneuma"的音译。我们知道,在斯多葛学派那里,普纽玛是指由四元素(火、空气、水和土)中的主动元素即火和空气结合而成的气息,是所有存在着的物体的维持原因(sustaining cause)。就有生命物体而言,普纽玛则作为其生命原则而引导着有其生长和发育。在动物中普纽玛也被称作灵魂或心灵(psychê)。对斯多葛学派的这种观点,维特根斯坦显然有所了解。他曾经在如下意义上谈论关于心灵(或灵魂)的"普纽玛式的理解"(die pneumatische Auffassung):心灵就有如人的气息一般,没有了这样的气息,人的身体有如槁木,人就死亡了。在此,维特根斯坦显然是在"Pneuma"这个词的原初意义上使用它的。按照普纽玛式的心灵观,思维是在心灵这种神奇的介质之内进行的最为重要的过程。因而,我们也可以说,离开思维,人的身体有如毫无生命气息的槁木一般,人就死亡了。这样的思维观便是维特根斯坦所谓"关于思维的普纽玛式理解"(Die pneumatische Auffassung des Denkens)。我们知道,一些哲学家这样来看待命题:它们的生命和意义来自于作为心灵过程或状态的意指和理解(或者说思维);独立于这样的意指和理解,它们仅仅是没有任何生命(气息)和意义的僵死的符号。显然,如是理解的意指和理解就成了某种普纽玛式的过程(ein pneumatischer Vorgang),包含了某种普纽玛式的因素(das Pneumatische)。维特根斯坦极力反对这种命题观或意义观。他将如是理解的命题或意义称为"普纽玛式的存在物"(das pneumatische Wesen)。(参见:下文§680;《哲学研究》§109;MS 130;3。"MS 130"指维特根斯坦手稿130号,载于 *Wittgenstein's Nachlass*: *The Bergen Electronic Edition*, Oxford: Oxford University Press, 2000。下文提到的 MS 115、MS 140 等等的情况与此类同。)

的**一个**指针位置。

330. "请按照这个箭头指示的方向走。"
"请走这个箭头的 100 倍那么远。"
"请走我画出的箭头那么多步。"
"请照着画这个箭头。"
"如果这个箭头是一个表的时针,那么请在其所指向的时间过来。"

同一个箭头可以代表这些命令中的每一个。

与↗相对照使用的↑和与↑相对照使用的↑是不同的符号。

331. 一个记号(**一个思想**)就其本身来说似乎是未得到满足的。

一个愿望,一个猜测,一个信念,一个命令似乎是某种未得到满足的东西,有待填充的东西。因此,我想将我对于一个命令的把握感受表示成关于一种神经支配的感受。但是,即使这种神经支配本身也并非是未得到满足的,它没有让任何东西空着,并非是需要填充的。

而且我要说:"一个愿望是未得到满足的,因为它是**关于某种东西**的愿望;一个意见是未得到满足的,因为它是这样的意见:某事是实际情况,——某种实际的东西;某种认为过程之外的东西。"

332. 我想说:"我的期待是以这样的方式做成的,即无论出现的是什么东西,它们必定均与它一致或者不一致。"

333. 我曾经说过,一个命题像一把尺子一样被置于实际之上。① 正如关于命题的所有逻辑比喻一样,这把尺子本身构成了一种特殊情形中的一个命题符号。人们现在想说:"请将这把尺子放在一个物体上;它并没有说这个物体是如此长的。不如说,它看起来是死的,不能完成思想所完成的任何东西。"——事情好像是这样:我们本来想象一个活着的东西的本质性的事项是那个外形,现在制造出了一块具有这种形状的木头,并羞愧地②看着这块与这个生命没有任何相似之处的死木头。

334. 我要说:"如果一个人能够看到这个期待过程③,那么他必定看到了所期待的**东西**。"——但是,事情的确也是这样的:谁看到了期待的表达,谁便看到了所期待的东西。人们如何能够以其他的方式,在另一种意义上,看到它?

335. 当我们给出一个命令时,事情看起来可以是这样的:最后的东西,这个命令所愿望的东西,必定仍然处于未加表达的状态之中,因为在这个命令和其服从之间仍然还是存在着一条鸿沟。我愿望,比如一个人做一个特定的动作,比如举起胳膊。为了使得这点变得十分清楚,我向他示范了一下这个动作。这幅图像似乎是没有歧义的,直到出现下述问题之前:他如何知道,**他应当做这**

---

① 参见《逻辑哲学论》2.1512。
② 异文:"失望地"。
③ 异文:"这个期待"。

个动作？——他究竟如何知道他应当如何使用这些符号——无论我给他哪些符号？——现在，我或许会努力用进一步的符号来补充这个命令，方式是：我将手从我指向另一个人，做出鼓励的手势，等等。在此，这个命令似乎开始变得结结巴巴了。

让我们设想，我要让某个人求出数 4 的平方，并且通过如下图式做到这点：

x	4
x^2	?

现在，我便很想说，通过问号我可只是暗示了某种东西，而并没有说出它。

好像符号努力借助于不可靠的手段在我们之内引起一种理解。但是，当我们现在理解它时，我们用什么样的符号做到这点？

336. 如果我们考虑到如下之点：一个符号只是在一个语法系统之中才具有其功能，那么当它像一个哑巴一样努力通过各种各样的暗示性的手势让别人理解自己的意思时所表现出的那种笨拙的假象便消失了。

（逻辑中不必要的东西也是**没有帮助的**。）

337. 在什么范围内人们可以说愿望本身、相信、期待是"未得到满足的"？什么是我们的未得到满足的原型——我们就是从它那里获得我们的这个概念的？它是一个空的空间吗？人们会针对一个这样的空间说它是未得到满足的吗？难道这不也是一个隐喻吗？——我们称为未得到满足的东西难道不是一种感受吗；比如饥饿?

在一个特定的表达系统中我们可以借助于"得到了满足"和"未得到满足"这样的语词来描述一个对象。比如,当我们做出了如下规定时:将空心圆柱体称为"未得到满足的圆柱体",将填充它的实心圆柱体称为"它的满足"。

338. 情况似乎是这样:一个期待和满足这个期待的那个事实的确是以某种方式相匹配的。现在,人们想描述彼此相配的一个期待和一个事实,以便人们看出这种一致在于什么地方。在此人们立即想到一个实心模子与一个相应的空心模子的配合。但是,如果人们要描述这两者,那么人们便看到,在它们彼此相配的范围内,**一个**描述便适合于两者。(与此相对照,请比较如下断言的意义:"这条裤子与这件上衣不相配。")

339. 一个期待与其满足之间的关系不同于一种饥饿与其满足之间的关系。我可以描述这种饥饿和终止其的东西,并且说它终止了它。而且,情况也不是这样的:我具有吃一个苹果的愿望;因此,我将称称终止这个愿望的任何东西为一个"苹果"。

340. 奇特之处表达在如下事实之中:如果这就是我所期待的那个事件[①],那么它便与我所期待的那个东西没有区别了。因此,如果人们问道:"这个人究竟如何与你所期待的那个人区别开来;

[①] 异文:"如果我所期待的那个事件出现了"。

因为这个实际的人可是并非出现在你的期待之中,否则,你便不能期待它了",那么尽管如此,回答仍然是这样的:这个人**就是**我所期待的那个人。

我说:"我恰恰是如此地想象它的";某个人或许回答说:"这是不可能的,因为其中之一是一个心象,另一个则不是;你或许是将你的心象当作实际了吧?"

341. 我看到一个人在拿着枪瞄准,并且说道:"我期待一声枪响。"射击发生了。——正如你所期待的那样;因此,这声枪响以某种方式已经存在于你的期待之中了吗?或者,情况是这样:你的期待只是在其他方面与所出现的东西一致;这个噪声并没有包含在你的期待之中,而是仅仅作为附带物在期待实现时跟着来到的?——但是,事情不是这样的,如果这个噪声没有出现,那么我的期待便没有得到实现;这个噪声实现了它;它并非是跟着这种实现来到的,好像第二个客人跟着我所期待的那个客人来到一样。结果事件中还没有出现在期待之中的东西是一种附带物,一种命运的赠品吗?——但是,如果这样,那么还有什么**不**是赠品呢?那么,这个射击中的某种东西已经出现在我的期待之中了吗?——究竟什么会是赠品,——因为,难道我不是在期待整个射击吗?

"这声枪响要比我所期待的轻一些。"——"因此,在你的期待中出现的是一个更大的响声吗?"

342. "你所想象的红色与你面前所看到的东西当然不是同一个东西(不是相同的事物);——那么,你如何能够说这就是你所想象的东西?"——但是,在如下两个命题中情况难道不是类似的吗:"这里有一个红色的斑点"和"这里没有红色的斑点"? 在这两个命题中都出现了"红色"这个词;因此,这个词不可能表明了某种红色的东西的存在。"红色"这个词恰恰只有在一个命题关联之中才有其功能。难道这个误解不是这样的吗:人们将"红色"这个词的意义当作这样一个命题的意义,它说某种东西是红色的?

343. 这种误解的可能性也包含在下面这种表达方式所具有的双重意义之中:"作为两个事态的共同构成成分的红色。"这可以意味着在两者中某种东西**均是**红色的,均具有红色;但也可以意味着两个命题均处理红色。

后一种情形中的共同之处就是实际和思想的和谐,相应于它的实际上是我们的语言的一种形式。

344. 当我们向一个人说"请你想象红色"时,他应当比如想象一个红色的斑点,但是不应该想象一个绿色的斑点,因为后者**不是红色的**。

(为了解释"红色"这个词,人们能够指向**不是红色的**东西吗?这就像这样的情形:当人们应当向一个不会德语的人解释"bescheiden"〔谦虚〕这个词的意义时,为了给出这个解释,人们指向一个傲慢的人并且说"这个人**不**是 bescheiden"。如下之点绝不构成反对这样一种解释方式的论据:它是多义的。每一种解释都可能被误解。不过,人们可以问:我们还应当将这称作一种"解释"吗?——因为在这个演算中它所扮演的角色自然不同于我们通常称为关于"红色"这个词的实指解释的东西所扮演的角色;即使它具有相同的实践的后果,对于学习者有着相同的**作用**。)

345. 如下说法是可笑的:"一个过程发生时的样子看起来不同于其没有发生时的样子。"或者:"一个红色的斑点出现在这里时的样子看起来不同于其没有出现在这里时的样子——但是语言放弃了这种**区别**,因为它谈论一个红色的斑点,而不论其出现于这里与否。"

346. 实在绝不是这样一种性质,所期待的东西还不具有它,当期待实现了时,它便附加于其上。——实在也并非如同日光一样,只是经由它,那些似乎已经以一种没有颜色的方式存在于黑暗之中的事物才获得了颜色。

347. "你如何知道你在期待一个**红色的**斑点;也即,你如何知道一个红色的斑点是你所期待的东西的实现?"但是,我也可以同样好地问道:"你如何知道这**是**一个红色的斑点?"
你如何知道你所做的事情真的是:在心中背诵出字母表?——但是,你如何知道你大声地背诵出的东西现在真的**是**字母表?
这当然与下面的问题是同一个问题:"你从哪里知道你称为'红色'的东西真的是另一个人如此称谓的那个东西?"当用作为一个形而上学问题时,其中的一个问题与另一个具有同样少的意义。

348．因此，我想说，从这些例子你便看到了这些词实际上是如何被使用的。

349．人们可能认为：意欲必定是一种多么奇特的过程啊，以至于我现在就能够意欲五分钟之后我才会做的**那件**事情！

我如何能够期待这个事件；它可是根本还不在那里？

350．"苏格拉底：因此，想象不存在的东西的人没有想象任何东西吗？——泰阿泰德：看起来情况是这样。——苏格拉底：但是，没有想象任何东西的人肯定根本没有在想象吗？——泰阿泰德：看来这是显而易见的。"①

如果我们将这个论证中的语词"想象"替换成比如语词"杀死"，那么我们便有了一条关于后面这个词的使用的规则：如下说法没有意义："我杀死了某个不存在的东西。"我可以想象一只不在这片草地上的鹿，但是我却不能杀死一只不在那里的鹿。——"想象一只在这片草地上的鹿"意味着：想象这点，即一只鹿在那里。但是，杀死一只鹿却并非意味着：杀死这点等等。但是，如果某个人说："为了使我能够想象一只鹿，它当然必须在某种意义上存在了"，——那么回答为：非也，为此它不必在任何意义上**存在**。如果针对这个回答，人们说："但是，比如棕色当然必须存在，以便我能

---

① 这段话引自柏拉图对话录《泰阿泰德篇》。维特根斯坦所给出的德文译文取自于施莱尔马赫（F. Schleiermacher）的译本，载于 *Platons Werke*，Berlin：G. Reimer，1856，S. 191。请参见后文§451。

够想象它",——那么我们要说:"存在着棕色"根本没有任何意义;除非其意义比如为:它作为一个对象的色彩出现在这里或那里,而为了能够想象一只棕色的鹿,这点并非是必要的。

351. 我们将期待的表达式说成对所期待的事实的描述并且想到这样一个对象或者复合物:它作为期待的实现而出现。——但是,所期待的那个东西并不是这样的实现,而是这点:他来。

这个错误深深地固定在我们的语言之中:我们说"我期待他"并且"我期待他的到来"并且"我期待这点:他来"。

352. 我们很难摆脱这样的比较:一个人出现了——一个事件出现了。好像这个事件在实际的门前已经预先构成了并且现在进入其中(像进入一个房间一样)。

353. 当他不在那里时,我能寻找他,但是,当他不在那里时,我不能绞死他①。

人们可能要说:"在我寻找他时,他也必定已经在那里了。"——于是,即使我没有发现这个人,他也必定已经在那里了,甚至于即使他根本不存在,他也必定已经在那里了。

354. 寻找**它**(比如我的手杖)是一种寻找,它经由人们在寻找时所做的事情(所说的话,所想的事情)而不是经由人们所找到的

---

① 异文:"不能指向他"。

东西与如下事实区别开来:人们在寻找另外某种东西。

假定在寻找时我随身带着一幅图像或者一个心象,——那么好吧。并且如果我说,这幅图像是所寻找的东西的图像,那么这只是说出了如下之点:这幅图像在寻找的过程中占有哪个位置。假定我找到了它并且说"它在那里!我一直在寻找**它**",那么这些说法并不是比如这样一种关于所寻找的对象的名称(比如关于"我的手杖"这些词)的语词解释,即只有现在,在我的手杖被发现时,人们才能给出它。

355. "你在寻找**他**?你甚至于都不能知道他是否在那里!"(请对照比较一下人们对角的三等分的寻找)。

356. 针对一个名称的承受者,人们可以说,它不存在;这自然绝不是一种活动,尽管人们可能将其与一种活动加以比较并且说:当他不存在时,他可是必须在场。(这样的话肯定曾经被某个哲学家写下过。)

357. 认为只有找到才向我们表明了我们所寻找的东西、只有愿望的实现才向我们表明了我们所愿望的东西,这种想法意味着像评判出现在另一个人那里的期待或寻找的征候那样评判这个过程。我看到他不安地在他的房间里走来走去;这时某个人进到门里来,他变得安定下来并且给出了满足的表示;于是,我说:"他显然一直在期待这个人"。

一个期待的征候并不是这个期待的表达。

358. 人们或许有这样的感受:在"我期待他来"这个命题中,人们是以一种不同于其在"他来"这个断言中的意义来使用"他来"这些词的。但是,如果情况是这样的,那么我如何能够谈论说:我的期待实现了?在期待的表达和实现的描述中"他来"这些词意谓的是相同的东西,因为如果我要解释这两个词,比如说经由实指解释,那么这些①解释将适用于这两个命题。

但是,现在人们会问道:当他来了时,情况看起来是什么样的?——门开了,某个人走进来,等等。——当我期待他来时,情况看起来是什么样的?——我在房间里走来走去,不时看一下表,等等。——但是,其中的一个过程可是与另一个过程没有任何类似之处!那么,为什么人们能够用相同的语词来描述它们?在此空心模子和实心模子究竟在哪里?——不过,现在在来回走动过程中我或许说:"我期待他走进来。"现在便出现了一种类似性!但是,它是一种什么样的类似性?!

但是,在没有期待他来的情况下我当然也能够在我的房间里走来走去,也能够看表,等等。我不会用"我期待这点,即他来"这些词来描述这些过程。那么,比如我恰恰在期待**他**这个事实究竟在于什么?

359. 我的确可以说:在我的房间里不安地走来走去,看一下门口,仔细地听嘈杂的声音,就叫做:期待 N。——这恰恰就是"期待 N"这个表达式的一个定义。自然它绝不是"期待"这个词的定

---

① 异文:"相同的"。

义,因为借此我的确并没有解释比如"期待 M"意味着什么。好的,我们可以照顾到这点;我们好比这样说:期待 X 意味着完成上述行动并且与此同时说出"X"这个名称。按照这个定义,具有我所说出的那个名称的人便是我所期待的那个人。或者,我这样定义:期待 X 这个人意味着:做我在第二个例子中所陈述的事情并且制作一个人的素描。现在,所期待的人便是那个拥有 X 这个名称并且相应于这幅素描的人。——借此我自然还没有解释"期待 N **走**"意味着什么,为此我必须或者提供一个独立的定义,或者提供一个更加一般的解释,它包容了走和来。借助于后者我还是没有解释比如"期待一场雷雨";等等,等等。

360. 刻画所有这些情形之点是这样的:所期待的东西可以借助于定义从期待着的行动读出。并非是一种事后的经验决定了我们所期待的**东西**。

我可以说:在语言中期待和实现发生接触。

361. 因此,期待者的行动**在此**是这样一种行动,我可以按照给定的规则将其译成命题"他期待 p 发生"。因此,对于"期待"这个词的使用的最简单的典型例子是:对于 p 的实现的期待就在于期待者**说**:"我期待 p 发生。"因此,在如此多情形中如下说法澄清了语法形势:让我们用期待的表达来取代期待。用思想的表达来取代思想。

362. 人们可以将期待看作一种期待着的、准备性的行动。它像一个球员一样伸出双手,调整它们,以便接住球。而球员的期待则可能在于他以特定的姿势伸出双手,眼睛瞅着球。

363. 一些人或许将要说:"期待是一种思想。"这显然相应于"期待"这个词的一种用法。我们只是要记起思想的过程可能是**各种各样的**。

如果一个期待是这样的思想:"我期待 p 发生",那么如下说法便没有意义了:或许只有过一段时间我才会认出我所期待的**东西**。

364. 针对愿望、恐惧、希望,人们也能够说类似的话。(柏拉图称希望是"一种言说"。①)

365. 但是,如果人们将**饥饿**称为一种"愿望",而且是比如身体对于将终止它的食物的愿望,那么情况就不一样了。这时,如下之点便是一个假设:恰恰这个将满足这个愿望,而且便存在关于此的猜测和怀疑了。

如果我将一种感受,比如一种不安、未得到满足的感受,称作"期待",那么情况也是一样的。不过,这些感受自然不是无定形的思想。

366. 思想是一种人类精神中的未得到的解释的过程这种观念使得如下事情成为可能:人们设想它转变成了一种无定形的持

---

① 参见柏拉图,《菲利布斯篇》(*Philebus*),40A。

续状态。

367. 当我说"我一整天都在期待着他"时,我并非是用"期待"来意指任何这样的持续的状态,它将被期待者及其来到作为构成成分而包含于内,正如一个面团包含着均匀地拌和在一起的面粉、糖、鸡蛋一样。毋宁说,期待就在于一串行动、思想和感受。

368. 当我期待某个人时,在发生什么?——我或许在我的日历上标有今天的日期那页上发现了他的名称和"5点"这个标注。我向另外某个人说"今天我不能去你那里了,因为我期待着N。"我像为了接待一个客人那样做出准备。我考虑:"N抽烟吗?"我想起我看到过他抽烟,并将烟放好。接近5点时我自言自语道:"现在他马上就要来了",与此同时我想象一个看起来像N的人;接着,我想象,他如何走进房间里,我如何向他打招呼,叫出其名称。这样一种过程以及更多与其或大或小程度上**相似的**过程叫做:"期待着N的到来。"

369. 但是,在如下情况下我或许也将说"我期待N":我的诸期待着的活动与他的唯一的联系是这样的:在一个特定的日子,我为我和另一个人准备一顿饭,而N说过他要来与我一起吃这顿饭。

370. 想吃一个苹果这个愿望过程或状态在于什么?也许我感觉到饿了或者渴了或者感觉到既饿又渴,与此同时想象一个苹果，或者想起昨天享用了一个苹果，或许我说："我想吃一个苹果"，或许我走过去看一下通常放苹果的橱柜。或许所有这些状态和活动以及其他的状态和活动均关联在一起。

371. 针对意图我们也可以说同样的话。如果一个装置**应当**作为一套闸起作用，但是事实上出于某些原因，它并没有减慢这部机器的运转，那么人们便无法从它和它起作用的方式**直接**认出它应当服务的那个意图。当人们说"这是一个闸，但是它不起作用了"时，人们谈论的是这个意图。——但是，现在如果情况是这样，即每当这个装置没有作为闸而起作用的时候，某个特定的人总是非常生气，那么这个装置的意图没有表露在这种起作用的方式中吗？没有，因为现在人们会说，这个杠杆有时控制这个闸，有时控制这种生气。因为如下之点如何表达自身：那个人**因为**这个杠杆没有控制闸而生起气来？因为"因为如下之点而生气，即这个装置没有起到这样的作用"再一次地意味着某种类似于"愿望它这样起作用"的东西。——在此我们面对的是这样的古老的问题，我们想要这样来表达它："p 是实际情况这个思想没有预设它是实际情况；但是，另一方面，事实中的某种东西当然必定是这个思想的可能性①本身的预设（如果不存在红色，那么我便不能思维这点：某种东西是红色的）。"这是世界和思想的和谐问题。——对此人们可以回答说：思想与可以怀疑的东西是处于同一个空间之中的并且它紧靠着它，正如米尺紧靠着所测量的东西一样。

---

① 异文："这个思想"。

372. 因为真正说来我当然要说:"但愿他来"这个愿望就是这样的愿望,即但愿真的是**他**真的**来**。如果人们想要关于这个保证的进一步的解释,那么我们会说:"我用'他'意指这里的这个人,用'来'意指这个行为……"但是,这恰恰是语法的解释,是**创造**语言的解释。

373. 一切均**在语言中**得到澄清。

374. 真正说来,"如果不存在红色,那么我便不能思维这点:某种东西是红色的"这个命题意指的是红色的东西的心象,或者一个**作为我们的语言的部分的**红色的样品的存在。但是,人们当然也不能说,我们的语言**必须**包含着这样一个样品。如果它没有包含它,那么它恰恰是另一个语言。但是,人们可以说出并强调这点:它包含着它。

375. 现在,不知怎么地,情况似乎是这样的:人们绝不会将从外部来看的意图认作**意图**;似乎人们必须自己来意指①它,以便将它理解为意指。但是,这会意味着,不将它看作现象,看作事实;而是将它看作某种被意图的东西,——一个方向被给予了它。而至于这个方向是什么,我们并不知道这点。它是某种为现象本身所缺少的东西。

这自然又是前面那个问题;因为要义是:人们必须从一个思想

---

① 异文:"意图"。

看出如下之点：它是这样的思想，即某某事情是实际情况。如果人们不能从它看出这点（正如不能从胃疼看出它们的起因一样），那么它便没有任何逻辑的兴趣了。

如果人们**如此地**来表达我的观点，那么它看起来便是没有意义的了：如果人们打开一个人的脑袋，那么人们就应该能够看到他正在就什么东西进行思维；这点究竟是如何可能的？他正在思考的对象当然完全不在他的脑袋里（正如它们不在他的思想里一样）！

人们必须将"从外部来看的"思想、意图等等理解为这样的东西本身，而**没有**得到有关某种东西的**意义**（Bedeutung）的任何信息。因为意谓（das Bedeuten）这时恰恰属于思想现象。

376. 当人们察看一个思想时，在此不可能再有理解的问题了；因为如果人们看到了它，那么人们必定将其认作这个内容的思想！没有任何要释义的东西。——但是，事实的确是这样的；当我们思维时，在此没有任何东西被加以释义。——

377. 当我过去说"但是，这会意味着，不将意图看作现象"时，在此，意图让人想起了叔本华所理解的意志。与活生生的思想相反，每一种现象似乎都是死寂的。

378. "从外部来看的意图"，这与如下问题有关：一部机器是否能够思维。"无论人们看到的是哪一种现象，它都绝不可能是意图。因为意图可是必定包含着所意图的东西。而每一种现象都是一种自身完全的东西,绝不关心它之外的任何东西的东西,当人们就其自身来看待它们时,它们就是死寂地摊放在那里的东西。"

与此类似,我们说:"意志绝不可能是任何现象,因为每一种现象只是**再次地发生了**,被我们接受下来,但是并不是我们**做**的事情。意志不是我看到在发生的**事情**,相反,可以说它在于如下之点:我们身处行动之中;我们就是行动。"请看一下你的胳膊,活动它一下,你将会强烈地感觉到这点:"你不是在观察它是如何活动的,你没有任何经验——或者没有任何单纯的经验——而是你在**做**什么。"这时,你可以对你说:你也完全可以设想这样一种情形,在其中完全相同的事情发生在你的手上,但是它是你观察到的,而不是你意欲的。——但是,请闭上你的眼睛并活动一下你的胳膊;这时,你当然也具有了一种经验,现在请问一下你自己,你是否能够再次地想象这样的事情:你具有相同的经验,但是却没有意欲它。

379. 如果人们要区分开随意的运动和不随意的运动并且有人说比如:胳膊的随意的运动是通过比如一种神经支配感受而与其不随意的运动区分开来的,那么一个人便急于说:"但是,我可并非是在**遭受**这种经验,我可是在**做出**它!"——但是,在神经支配经验中人们也还能够谈论遭受和做出的区分吗?我想说:"当我意欲时,可是没有什么发生在我身上,既非这种运动也非一种感受,相反,我就是那个施事者①。"好的,但是可以肯定的是,当你随意地

---

① "施事者"德文为"Agens"。也译作"行动者"或"行动主体"。

活动你的胳膊时，你**也**具有一些经验；因为你可是**看到**（并且感觉到）它在活动——不管你现在与其处于**观察**的关系与否。接着，尝试一下做出这样的区分：行动的**所有经验**加上做（它绝不是经验）和不含做要素的**所有**这些经验。请思考：你是否还继续需要这种要素，抑或现在在对你来说它显得过时了。你当然可以有根据地说：当你做什么时，没有任何事情发生在你身上；因为做现象恰恰不同于观察现象，比如一种反射运动现象。顺便说一下，只有当人们察看了关于如下事情的那些非常不同的情形之后：人们称为随意的行动的东西和人们称为我们的生命的没有被意欲的或不随意的过程的东西，这点才会变得清楚起来。（在另一个地方我将对这个问题做出更多的讨论。）

380. 在此我用"意图"意指的是在思想中运用符号的东西。意图似乎在进行释义，在给出最终的释义，但是并不是在给出一种进一步的符号或者图像，而是另外的某种东西，人们不能再加以释义的东西。不过，由此达到的是一种心理学的终点，而非逻辑的终点。

让我们设想这样一个符号语言，一个"抽象"的符号语言，我意指的是一个我们所陌生的语言，在其中我们感觉到不像在家里一样，像我们会说的那样，我们不是使用它来进行**思维**的。（以前我们曾经提到过这样一个例子。）让我们设想这个语言经由到这样一个语言的翻译而得到释义：它是一个非歧义的图像语言——像我们想说的那样，一个由按照透视法画出的要表现的事物的图像构成的语言。很显然，设想对于书写符号的不同的**释义**要比设想对于一幅以通常的方式画出的图像——它比如说表现了一个放有通常的家具的房间——的不同**释义**要容易得多。在此我们也倾向于认为,这里不再有任何释义的可能性了。

381. 在此我们也可以说,我们并非生活在符号语言中,而的确是生活在画出的图像中。

382. (这也与如下之点联系在一起,即我们称为一幅"相似的肖像"的东西并不是一幅按照任何一种任意规定下来的投影方式而制作的图像。"相似性"在此意味着某种像"易混淆性"那样的相似的东西。)

383. "只有被意图的图像才作为尺子而抵达实际。从外部来看,它同样死寂地、孤立地站在那里。"事情好像是这样:我们先是这样看一幅图像,即我们生活于其中,其中的对象作为实际的对象围绕着我们,然后,我们退了出来,站在外面,看着画框,这幅图像成为一个上了色的平面。以这样的方式,当我们意图什么时,意图的诸图像环绕着我们,我们生活在它们之中。但是,当我们走出这个意图时,它们便成为画布上的单纯的斑点,没有了生命,对于我们来说失去了兴趣。(我们也可以说:)当我们有所意图时,我们与实际的事物一起生活于意图的图像(影子)之中。请设想,我们坐在用窗帘遮黑了的影院中并且生活在电影的过程之中。现在,电影厅被照亮了,但是屏幕上的电影却继续演着。不过,现在我们突然站到了外面,将它看成明亮的和黑暗的斑点在一个屏幕上的运动。

（在梦中有时发生这样的事情：我们先是阅读一个故事，然后自己在其中扮演一个角色。而在从一个梦中醒来后，事情有时看起来是这样：我们从该梦中退出来，现在将其看作我们面前的一幅陌生的图像。）"生活在一本书的书页之中"这种说法也是有所意味的。这与如下事实联系在一起：对于我们的经验的存在来说，我们的身体是完全非本质性的。（参见眼睛和视觉空间。）

（也请将这点与如下评论加以比较：当我们理解了一个命题时，对于我们来说它便获得了深度。）

384. 所发生的事情并非是：这个记号不可再加以释义了，而是：我不进行释义了。我之所以不进行释义了，是因为我在当前的图像中感觉非常自然。如果我进行释义，那么我便在我的思路上从一个阶段走到了另一个阶段。

385. 如果我"从外部"来看待那个所思维的记号，那么我便意识到：它**可以**被如此这般地加以释义；如果它是我的思路中的一个阶段，那么它便是一个对于我来说自然而然的停脚处，它的进一步的可释义性就不是我考虑的事情（而且不令我不安）。——正如我随身带着诸表格，火车时刻表，而不考虑这样的事情：一个表格可以以不同的方式加以释义。

386. 当我以前谈到如下说法时：为了成为一幅肖像我的心象也必须带有所表现的那个人的名称，我的意思并非是：我必须连同他的名称一起来想象它。因为如果我说,比如:"我看到的当然并非只是我前面的一幅看起来像N(但是或许也像其他的人)的图像,相反,我的确知道它就是他,表现了他",那么我便可以问:**何时**我知道这点,而且知道这点意味着什么?但是,即使在想象过程之中也不必发生任何我可以称为这种"知道"的东西。这样的某种东西或许可以发生在想象之后,途径是:这时我从这幅图像转向一个名称,或许说道:我刚才想象了N,而在想象之时除了比如某种相似性之外,没有任何东西将其刻画为N的心象。构成对于N的指涉的东西也可以发生在想象之前。因此,释义并非伴随着心象,相反,心象所在的那条**路径**给予其以释义。

所有这一切在我们做了如下事情以后均将变得更为清楚:设想由图像的绘制来取代想象,设想存在着比如这样的人,在他们那里想象经由这样一种过程替代了。

387. 当我要描述意图的过程时,我首先感觉到:如果它包含着一幅关于它所意图的东西的最为忠实的图像,那么它最能完成它应当完成的事情。但是,我进而感觉到,即使这样也是不够的,因为一幅图像,无论它是什么样的,的确是可以进行不同的释义的;因此,这幅图像当然又是孤零零地站在那里的。正如当人们将一幅图像独自收入眼帘时,它一下子变成死的了,似乎是人们从它那里将此前赋予它以生命的东西拿走了一样。它不再是思想,不再是意图,而且无论我们设想它如何被分节的过程或者非分节的过程相伴随,被哪一种感受相伴随,它依然是孤立的,仍然没有从自身走出来指向它之外的某种实在。

现在，人们说："一幅图像自然没有意图什么，而是我们必须借助于它来意图某种东西。"但是，如果这种意图、意指（再一次地）是发生于这幅图像之上的某种事情，那么我还是看不出，为什么它应当被绑定在一个人之上。人们可是也可以将消化过程当作一个化学过程来研究，而不管它是发生于一个有生命的东西之中与否。我们要说："这种意指本质上当然是一种精神过程，一种意识、生命过程，而非僵死的物质。"但是，什么东西可以构成这样一种作为发生的事情的特异种类的过程——在我们谈论恰恰一种过程的范围之内。现在，我们觉得，好像根本没有任何过程——无论它是什么种类的过程——能够是这样的意图。——在此我们恰恰是不满意于**过程**的语法了，而并非是不满意于一种过程的这种特异的类别。——人们可以说：在这种意义上，我们将把任何过程都称为"死的"！

388. 假定我们建议说，但愿这张桌子再高出一块这个愿望是这样一个行为，即我将我的手保持在桌子上面我希望它具有的那个高度之上。现在，人们反对说："桌子之上的这只手不可能是这个愿望：它没有表达出这点，即但愿这张桌子更高一些；它就在它所在的位置而且这张桌子也在它所在的位置。而且，当我做出**另外一种**手势时，事情也不会有所改变。"——

389. "意指具有一个**方向**（一个意义），而任何单纯的过程均不具有这样的东西。"

（人们几乎可以说："意指**在行走**，而每一个过程都站立着。"）

390. 可是,现在:如果我将这个愿望的说出设想成这个愿望行为,这个问题对于我来说似乎就得到了解决;因为在语言系统之中我似乎具有了这样的介质,在其中一个命题不是死的。

391. 当我们将一个愿望的表达设想成愿望时,这接近于如下做法:在某些思考中①我们想象这样一种生物,它们比如只沿着地球之上的某一个网络上的线条移动,或者诸如此类的东西。

392. 但是,现在人们会说:即使一个愿望的**说出**就是这个愿望,整个语言可是没有出现在这种说出之中,而这个愿望则是这样的!

那么,这时语言提供了什么帮助?现在如下之点恰恰并不是必要的,即这个表达式之外的某种东西**在场**。

393. 人们好像可以在语言的语法中找到(查找)全部的关联。一个命题所属的那个整个网络都要在那里看出。

394. 假定人们问:"当我们进行思维、意指等等时,为什么我们所面对的竟然不是单纯的图像?",那么我们必须向我们自己说:那时我们肯定没有思考这点:这幅图像是否是那个思想、那个意指,相反,我们**使用**、历经诸图像、诸命题等等。

---

① 异文:"为了某些目的"。

395. 但是，当你将一幅图像命名为一个愿望（比如这样的愿望：但愿这张桌子更高一些）时，这时你做的事情自然是将这幅图像与我们的语言的一个表达式加以比较，而且除非它是这样一个系统的一个部分——它可以翻译为我们的语言，否则它肯定不对应于这样一个表达式。

396. 人们说：这只手的这种姿势，这幅图像，究竟如何能够是这样的愿望，即但愿如此这般的事情是实际情况；它不过是一张桌子之上的一只手，独自放在那里，没有任何**意义**！正如孤零零地留下来的一出戏的演出中的一幅单个的布景一样。它只有在这出戏之中才有生命。

397. 在这种手势中我们并没有看到实现的真正的影子；那个没有歧义的或者不可再加以释义的影子。

398. 我们问道："桌子上面的一只手在愿望什么吗？"我们想附加上的任何东西——无论是精神的还是物质的——在愿望什么吗？在任何这样一种情形或过程之中，所愿望的东西真的存在于那里了吗？——我们关于这种存在的范例是什么？难道它不是我们的语言吗？那个使一个愿望成为这个愿望的东西——尽管它的确仅仅是一个愿望——究竟是在哪里给出的？恰恰是在表达出的愿望中给出的。

399. "这个愿望当然必定表明了所愿望的**东西**，所愿望的东西当然必定预先构成在愿望氛围之中了。"但是,究竟哪一种实际的过程作为这种构成的范例浮现在你眼前?(究竟什么是这样一面镜子,在其中你认为你看到了所愿望的东西?)

400. "**手势力图**预先构成什么,"——人们想说——"但是它不能做到这点"。

401. 人们可以这样说吗:**在我愿望什么的过程中**,我的愿望似乎预先构成了那个实现?那时它似乎根本没有做什么;它之中没有任何奇特之处引起我的注意。只有当我们察看这个愿望的语言表露时,这种假象才出现了。

402. 我们在察看一个我们会称为这样一个愿望过程的过程:但愿这张桌子再高一些。但是,那个实现**甚至于从表面上看都没有**包含在这个过程之中。现在,人们说:"但是,这个过程当然应当恰恰是那个所愿望的事实的一个影子,不过,这些行动又不是这样的影子。"但是,究竟为什么你说这个愿望应当是这样的影子?!"好了,这是因为这个愿望是:但愿恰恰这个是实际情况。"是的,而且这是你能够就此而给出的唯一的答案。因此,现在那个过程的确是那个影子——在它系统地对应于这个愿望在语词语言中的那个表达式的范围内。这个影子存在于语词语言的愿望过程之中。(愿望和实现相会于语言之中。)请思考这点:这个愿望的表达可以是这个愿望而且这个表达并非是经由一个独特的精神的在场而具有其意义的!

403. 也请思考一下下面这个与我们的情形完全相似的情形："这张桌子不是 80 厘米高的"；它是 90 厘米高的——进而它**不是** 80 厘米高的——这个事实必定包含着它是 80 厘米高的这个事实的影子吗？它为什么造成了这样一种印象？当我看到一张比如 90 厘米高的桌子时，它也造成了这样一种影子式的印象吗：它具有它所不具有的高度？

这类似于比如这样的事情：我们这样来误解"⊢ ∼p"这个断言，即认为它包含着"⊢ p"这个断言，比如像"⊢ p.q"某种意义上包含了"⊢ p"一样。

404. 某个人向我描述当他说他具有如下愿望时所发生的过程①：但愿这张桌子再高出 10 厘米。他说，他让他的手保持在这张桌子之上 10 厘米的高度。我回答道："但是，你如何知道你并非仅仅具有这样的愿望：但愿这张桌子更高一些，因为这时你也会让你的手保持在桌子之上的**某**一高度。"现在他说："我当然知道我所愿望的东西。"我说："好的，但是我要知道当你回忆起你的这个愿望时，你在回忆**什么**；**什么**是你的愿望的过程②；是什么使得你说你所愿望的东西恰恰是这个。"他说："我知道，我**有意图地**将手恰恰保持在 10 厘米的高度。"我说："但是恰恰**这个**意图在于什么吗？"——我也可以问："你也肯定你是在按照 1∶1 的比例愿望什么吗？而且，你如何知道**这点**？"

---

① 异文："他所做出的行动"。
② 异文："行动"。

假定他这样来描述这个愿望过程:"我说了,'我想要这张桌子再高出10厘米'",那么如下问题便不会出现:他如何能够知道他在愿望什么。(除非人们比如再接着问了下面这个问题:"你也是按照人们通常意指这些词的方式来**意指**它们的吗?")

最后,事情总是归结为如下之点:他恰恰**称**某某过程为如下愿望:但愿这个发生,而不再进行进一步的**意指**。(表露,而不是描述!)

405. "如果记忆是一幅图像,那么我如何知道我回忆起了他?"但是,究竟在什么范围内我**知道**这点?

("我如何能够回忆起两个看起来完全一样的人中的一个?")

406. 我们说"一个命题绝非单纯的声音序列,它是更多的东西";我们想到如下之点:一个汉语命题对于我们来说是一个单纯的声音序列,而这恰恰就意味着,我们不理解它,而且我们说,这点源自于这样的事实,即在听到这个汉语命题时我们不具有任何思想(比如,汉语中相应于"rot"的词在我们这里没有产生任何红色的心象)。"因此,将一个有意义的命题与诸单纯的声音区分开来的东西是那个被引起的思想①。"一个命题有如一组钥匙齿,其诸单个的齿槽以如此这般的方式排列好以后便以某种方式移动心灵的栓子。一个命题好像是在心灵的乐器上演奏出了一个主题(那个思想)。但是,现在我为了什么目的而应该在诸语词的系统的活

---

① 异文:"那个被引起的心灵过程"。

动之外还要设定一个与这种活动平行进行的诸精神元素的活动？这的确仅仅是用某种同属一类的东西使语言得到了倍增而已。

407. 假定这个命题是："N 今天下午去参议院。"这个命题对于我来说绝非单纯的声响，它在我之内引起了比如一个待在参议院附近的人的心象。但是，这个命题和这个心象不仅仅是一个声响和一个模糊的心象；相反，这个命题可以说内在地具有这样的特点，即引起这个心象，但是也引起其他的后果，而**这**就是它的意义。这个心象似乎只是这个意义的一幅模糊的图像，或者，我们不妨说，只是这个意义的**一个**侧面。——但是，借此我在表达什么样的意思；难道我不是恰恰将这个命题看成一个由诸后果构成的系统内的成员吗？

408. 让我们假定上面的命题在我之内引起了一幅非常清楚的关于走在去参议院的路上的 N 的图像；在这幅图像中也可以看到落日（傍晚）和一张带有今天的日期的日历页。如果我不是让那个命题引起这幅图像，而是将它画出来，而且将它而非那个命题作为报告呈现给另一个人，那么他又可以说它表达了一个思想，人们必须理解它；作为理解行为，他大概想到一种向语词语言的翻译。

409. "我 12 月 24 日到达维也纳"，这些当然不是单纯的语词！肯定不是；当我读到它们时，除了对于这些语词的知觉以外，在我之内还发生着各种不同的东西：我或许感到快乐，想象某种东西，以及诸如此类的东西。——但是，我当然不仅仅想到：伴随着这个命题,不同的或多或少的非本质的伴随现象发生了;我想到的是:这个命题当然具有一个确定的意义,而且我知觉到了它。但是,究竟什么是这种确定的意义?好了,它是这样的:我所认识的这个特定的人去了某某地方,等等。是的,而且当你给出这个意义时,你是在这个命题的语法环境周围活动。这时,你将这个命题的不同的变形和后果看作是预先形成的;在它们记录在一种语法中这样的范围内,它们是这样的。(你恰恰将这个命题看成像是一个给定的游戏中的一种走法。)

410. 我说过,是语言**系统**使一个命题成为思想,并且使其**对于我们来说**成为思想。

这并非意味着:是这个语言系统使这个命题对于我们来说——当我们使用它时——成为思想,因为这时这个系统并不在场,而且也根本不需要任何东西来使得这个命题对于我们来说成为有生命的东西,因为生命活力问题在此根本没有浮现出来。相反,当我们提出下面这样的问题时:"为什么我们不觉得这个命题是孤立的、死的,也即当我们思考其本质,其意义,思想,等等时",人们便可以说:这时我们是在一个语言系统中活动下去的。

411. 根据"我在把握这个意义"或者"我在思维这个命题的思想"这样的话,你假定有这样一种过程,与单纯的命题符号不同,它包含着这些后果。

412. "思想,这个奇特的存在物":但是,当我们在思维**它**时,我们并不觉得它有什么奇特之处。当我们向自己说出如下的话时,我们便觉得它有奇特之处了:它在精神之中将诸对象编排在一起,因为它恰恰是这样一个思想,即**这个**人在**做这个**;它不是一个符号或者一幅图像,因为关于它们我必须再一次地首先知道人们是如何意指它们的;思想不是某种死的东西,因为**对于我来说**,我所思维的东西那时**真**的发生了。

这种奇特的思考方式来自于何处?

使得人们认为一个思想、一个思维过的命题包含着实在的东西是如下之点:人们准备好了从它过渡到实在,并且感觉到,这种过渡是某种已经潜在地包含在它之中的东西(即当人们就此进行思考时),因为我们说:"这个词**意指他**。"我们感觉到,这种过渡是合法的,正如一个游戏中的那个允许走的步骤一样。

413. 在我们思维过程中,我们并不觉得思想有什么神秘之处,而只是在我们可以说回顾过去时说出"这是如何可能的?"这样的话的时候,我们才觉得它充满了神秘。如下之点是如何可能的:这个思想处理这个人**本身**?但是,在此我只是惊讶于现在被我误解了的我的语言表达而已。

414. 我们觉得思想充满了神秘。但是并非是在我们思维过程中。我们也并非是意指心理学上讲令人惊奇的地方。我们在它之中看到的不止是一种独特的制作图像和符号的方式;相反,事情似乎是这样的:好像我们在它之中捕捉住了实在。

415. 当我们**察看它**时,我们并不觉得它是一个奇特的过程;相反,当我们让我们任由语言引导时,当我们察看我们就它所说的话时,我们便有了这样的感觉。

我们将这种神秘转移到这个过程的本性之中。(我们将经由对我们的语言形式的误解①而引起的谜释作关于一种我们所无法理解的过程的谜。)

416. "思维是一种令人惊奇的过程,因为当我就明天将要发生的事情这点进行思维时,我在精神上便处于将来之中了。"人们恰恰必须理解"我在精神上便处于将来之中了"这个命题的语法,以便不致产生这样的信念:在这里将来以一种奇特的方式被捕捉在一个命题的意义之中了,被捕捉在诸语词的意义之中了。同样,人们也认为:当我们能够有意义地使用基数的无穷序列这个表达式时,**基数的无穷序列**便以某种方式出现于我们的精神之眼前面了。

417. 如下说法意味着什么:"这幅肖像对于我来说是**他**"? 我对这幅肖像的态度恰如我对于这个人本人的态度。因为我的确区分开了他和他的图像。

418. 一个思想实验与这样一个实验的结果是一样的,人们不

---

① 异文:"经由我们对我们的语言形式的语法的不解";"经由我们对我们的语言表达形式的不解";"经由我们的目光的[不清楚][昏暗][暗淡]"。

是进行这个实验而是制作它的素描,用画笔画出它,或对它进行描述。这时,这个思想实验的结果就是虚构的实验的虚构的结果。

419. "我当时能回忆起这个命题的意义",在那里发生了什么事情?

420. "只有**深信**这点的人才能这样说。"——当他这样说时,这种深信如何帮助他?——这时,它存在于说出的这个表达式旁边吗?(或者,事情是这样的吗:它被这个表达式覆盖了——正如一个低的音调被一个高的音调所覆盖一样,结果,当人们将它大声地表达出来的时候,它可以说不再能够被听到了?)假定一个人这样说,情况如何:"一个人为了能够凭记忆唱出一首曲子,他必须在精神中听到它并且跟着唱出它"?

421. 试着做如下事情:说出一个命题,比如"今天天气非常好";这样做了,现在请思维这个命题的思想,但是却不说出这个命题,而是纯粹地思维这个思想。

422. "情况似乎是这样的:人们绝不会将从外部来看的意图认作**意图**;似乎人们必须自己来意指它,以便将它理解为意指。"
人们能够将从外部来看的胃疼理解为这样的东西吗?什么是从外部来看的胃疼?在此可是根本不存在什么外部和内部!当然,在意指是一种特异的经验的范围内,人们不会将其他任何经验称作"意指"。只是,任何感觉的独特性均解释不了意指的方向。

当我们说"从外部来看人们不能将意图认作意图等等"时,我们也根本不想说意指是一种独特的经验,而是要说:它不是某种发生的东西,或者发生于我们身上的东西(因为这可是死寂的),而是我们做的某种东西。(在此,主体并没有从经验中掉落出来,而是如此地涉入于它之中,以至于经验成为不可描述的了。)

423. 这近似于人们一度给出的如下说法:我们不能看见我们自己向某某地方走去,因为我们自己在走(因此,我们不能停下来在一旁察看)。但是,在此正如情况常常所是的那样,我们受到这样一个表达方式的折磨,它是不适当的,我们想要摆脱它,但是同时我们又使用着它,**我们**给我们对于我们自己的表达方式的抗议披上了这样一件外衣,它是用这种表达方式表达出来的,并且看起来像是一个事实命题①。因为当人们说"我们看见我们自己去那里"这样的话时,人们恰恰意指如下之点:我们看到当人们自己走路时人们所看到的东西,而不是当另一个人走路时人们所看到的东西。而当人们自己走路时,人们也具有一种特定的视觉经验。

424. 这也就是说,人们谈论这样一种情形,与经验相反,在其中主体像一个化合物中的一个元素一样被束缚住了。但是,人们是从哪里得到这种观念的?与死寂的现象相对的活生生的做的

---

① 异文:"……这样一件外衣,它是一个属于这种表达方式的命题";"……这样一件外衣,它是一个用这种表达方式表达出来的命题";"……这样一件外衣,它是一种用这种表达方式表达出来的事实批判"。

概念。

425. 请设想某个人现在会说:"自己走路绝不是经验。"

426. 我们要说:"当我们意指时,在此决没有死寂的图像(无论它是什么样的),相反,事情好像是我们在走向某个人。我们在走向那个被意指的人。"

427. 但是在此我们错误地构造了一种存在于经验和某种其他的东西之间的对立,好像经验是这样的东西:人们安静地坐着并让诸图像从自己旁边经过。

428. "当人们意指什么时,人们自己意指什么";因此,人们自己走动。人们自己向前猛冲,因此不能同时观察这个猛冲。肯定不能。

429. 是的;意指有如这种情形:人们走向某个人。

430. 一个期待的实现并非在于:一个这样的第三者发生了,除了恰恰将其描述为"这个期待的实现"以外,我们还可以以其他的方式来描述它,因此,比如将其描述为一种满足的感受,或者一种愉快的感受,或者无论什么感受。p 将是实际情况这个期待同于对这个期待的实现的期待。

关于一个行动之为对一个命令的服从的辩护可以这样来进行

吗:"你说'给我带一朵黄色的花来',在我听到这句话后,这里的这朵花让我产生了一种满足感,因此我便将它带来了"? 在此难道人们不是必须要做出这样的回答吗:"我当然没有吩咐你给我带这样一朵花来,在你听到我的话后,它将让你产生这样一种感受!"

431.（我去寻找一朵黄色的花。即使在寻找过程中一幅图像浮现在我的心中,——在我看到这朵黄色的花——或者另一朵花——时难道我就需要它吗?——而且当我这样说时:"我一看到一朵黄色的花,就有某种东西好像是在记忆中啪嗒一声合上了"〔正如好比在一座钟的报时装置内一个操纵杆啪嗒一声与一个齿轮的导槽合上了一样〕,我难道能更容易地预见、期待这个啪嗒声,而不是这朵花吗?——即使在一个特定的情形中事情实际上是这样的:我不是期待那个所寻找的东西,而是期待一个不同的〔间接的〕标准,那么这无论如何也绝不是这个期待的解释。）

432. 但是,难道一种同意（或者满足）现象不是总是与所期待的东西的出现一起出现吗?——这种现象不同于所期待的东西的出现吗? 如果情况是这样,那么我不知道,这样一种现象是否总是伴随着实现。

当我这样说时:这样的人——对于他来说一个期待实现了——可不必喊出"好,这就是它",或者诸如此类的话,——人们可以这样来回答我:"当然了,但是他可是必定**知道**这个期待实现了"。——是的,在这种知识属于它实现了**这点**这样的范围内。——"不错,不过,当对于一个人来说一个期待得到了实现时,当然总是会出现一种放松！"——你是从哪里知道这点的？

433. 语言的一种描述所完成的东西必定就是语言所完成的东西。"因为这样我便真的能够从命题，从实际的描述看出实际中情况是什么样的。"——不过，人们肯定只是将**这样的东西**称为"描述"，而且肯定只是将这样的东西称为"看出情况是什么样的"！某种不同的东西肯定不是人们每当说出下面的话时所说出的事情：我们从这个描述看出实际中事情是什么样的。

"你从一个命令得到了有关你要做的事情的知识。当然，这个命令只是将自己给予了你，在此它的结果并不重要。"但是，在此我们恰恰受到了我们的语言的表达方式的误导——当它说"**有关你要做的事情的**知识"，或者"这个行动的知识"时。因为事情好像是这样的：这个东西，这个行动，好像是一种应当在这个命令的服从中走向存在的东西，而且这个命令恰恰让我们直接认识了，进而向我们显示了，这个东西；结果，在某种意义上它已经叫它存在了。（在一个人进入我们的房间里之前，一个命令——一个期待——如何能够向我们显示他？！）

434. 当人们说从一个命令可以得出那个服从它的行动、从一个命题可以得出那个使其为真的事实时，——除了**它自身**之外，究竟还可以从一个命题得出什么？或者，人们究竟如何从一个命令中推导出那个行动——在其发生之前？除非人们意指的是关于那个行动的另一种形式的描述，正如比如当我按照这个命令制作关于这个行动的一幅图画时一样。——但是，即使这个进一步的描述也只是在这样的时候才出现在那里,即我已经将它推导出来,而并非是已经以影子般的方式待在这个命令本身之中。

435. 能够做什么看起来如同是那个实际的做的影子,正如一个命题的意义看起来如同是一个事实的影子,或者一个命令的理解看起来如同是其执行的影子。事实似乎"事先已经将其影子"投射在一个命令之中。但是,无论这个影子是什么,它都不是那个发生的事件。

对于事实的影子式的预见在于,我们现在能够思维这点:**那个才将要**实现的**东西**将要实现。或者如人们以误导人的方式说的那样:我们现在能够思维(或者想到)**那个才将要**实现的**东西**。

436. 思维与其应用像演算那样一步一步地进行着。——无论我在思想与应用之间放置多少个中间阶段,总是有一个中间阶段跟随着前一个中间阶段——而且应用跟随着最后的中间阶段——没有任何中间环节地。在此我们所面对的情形同于当我们想要通过中间环节在决心与行动之间做牵线搭桥的工作时所面对的情形。

437. 我们的表达方式的歧义性:如果人们通过一种密码给我们下达一个命令并且将其到德语的翻译密码本给予我们,那么我们可以用下面的话来表示构造德语命令的过程:"从这种密码推导出我们要做的事情",或者"推导出什么是这个命令的服从"。另一方面,当我们按照这个命令行动时,服从它时,人们在此也可以谈论一种服从的推导。

438. 在我们到达那里之前①我们不能跨越通向服从的桥梁。

439. 我们感兴趣的是作为演算的思维；而不是作为一种人类幻想的活动的思维。

440. 思维**演算**联系着思维之外的实际。

441. 从期待到实现是一个计算中的一个步骤。的确，如下计算与其结果 625 恰恰处于期待与实现那样的关系之中：

$$\begin{array}{r} 25\times 25 \\ \hline 50 \\ 125 \\ \hline \end{array}$$

而且，在这个计算是该结果的一幅图像这样的范围内——而且仅仅在这样的范围内，期待也是实现的一幅图像。在该结果经由该计算决定了这样的范围内，实现也经由期待决定了。

442. 当我使用语言进行思维时，并非除了这个语言表达式之外还有诸意义浮现在我的心灵之中；相反，语言自身就是思维的车辆。

---

① 异文："在我们抵达它之前"。

443. 究竟在什么样范围内一个命令预见了那个执行？——经由如下方式：它现在命令做**那件**后来得到了执行的**事情**？——但是，你可是必须说："……后来得到了执行或者没有得到执行的事情。"显然，这并没有说出任何东西。

"但是，即使我的愿望没有决定事情将是什么样子的，可以说，它的确决定了一个事实的主题；而无论这个事实现在是否就实现了这个愿望。"好比说，令我们感到奇怪的，不是一个人知道将来这点，而是他竟然能够（正确地或错误地）预言什么。

好像单纯的预言，无论其正确与否，已经预示了将来的某种影子。——与此同时，它对将来一无所知，不可能知道的比无更少。

444. 如果现在人们提出这样的问题：事实是否因此便经由一个期待以是或否的方式被决定了？——也即，如下之点被确定下来了吗：在什么样的意义上这个期待经由一个事件（无论所发生的是什么样的事件）回答了？——那么人们必须这样来回答："**是的**！除非这个期待的表达是不确定的——在它比如包含着一个由不同的可能情况构成的析取范围内。"

445. "一个命题当然已经预先决定了将使其为真的东西。"的确，命题"p"决定了如下之点：为了使其成为真的，p 必须是实际情况；而这也就意味着：

（命题 p）＝（事实 p 使其为真的那个命题）

而且，但愿 p 是实际情况这个愿望经由事件 p 而得到满足了这个断言并没有说出任何东西；除非作为这样一条符号规则：

（但愿 p 是实际情况这个愿望）＝（那个经由事件 p 而得到满足的愿望）

446. 正如一切形而上的事项一样，思想和实际之间的和谐要到语言的语法之中去寻找。

447. 在此人们可以不说思想和实际的和谐、一致，而说：思想的图像性质。但是，图像性是某种一致性吗？在《逻辑哲学论》中我说了类似于下面这样的话：它是一种形式的一致性。但是，这是误导人的。

一切均可以是一切的图像：如果我们对图像概念做出相应的扩展。否则，我们就必须就如下之点做出解释：我们将什么称作某种东西的图像，并且因此我们还要将什么称作图像性的一致性，形式的一致性。

因为，我那时所说的话真正说来归结为如下之点：每一个投影，无论其是按照哪种方法进行的，都必须与被投影的东西共同具有某种东西。但是，这仅仅是说：在此我对"共同具有"概念做了扩展的使用并将其与一般的投影概念等同看待了。因此，我仅仅是注意到了一种一般化的可能性（这当然可能是非常重要的）。

思想与实际的一致在于：当我错误地说某物是红色的时，它毕竟不是**红色的**。如果我要向某个人解释"这不是红色的"这个命题中出现的"红色"这个词，那么为此我指向某个红色的东西。

在什么样的意义上我可以说一个命题是一幅图像？当我思考这点时，我想说：为了能够向我表明我应当做什么，为了使我能够按照其行事,它必须是一幅图像。但是,如果这就是回答,那么这时你不过是要说出如下之点:你在按照一幅图像行事的意义上按照一个命题行事。

一个命题是一幅图像,这种说法突出了"命题"这个词的语法中的某些特征。

448. 思维完全可以与图像的描画相比较。

449. 但是,人们也可以说:看起来像命题的一种比较对象的东西是我们的更为一般的概念的一个特例。当我以前将一个命题与一把尺子进行比较的时候,严格说来,我是将借助于一把尺子而给出的一个长度陈述用作所有命题的例子了。

450. 一个命题的意义,一幅图像的意义。当我们将一个命题与一幅图像进行比较时,我们必须考虑到如下之点:我们是在将其与一幅肖像(一个历史表现)进行比较,还是在将其与一幅世态画进行比较。两种比较都是有意义的。

(文学作品中的命题相应于世态画。)

"当我审视一幅世态画时,'它向我说出了某种东西',即使我从来不曾相信(想象),我在其上看到的人是实际的,或者在这种情景中存在着实际的人。"因为,假定我这时提出如下问题,情况会如何:"它究竟向我说出了**什么东西**?"

请思考如下说法的完全不同的语法:

"这幅画表现了一个山村酒馆的人们",

"这幅画表现了拿破仑的加冕典礼"。

451.（苏格拉底说:"想象的人难道不是应当在想象**某种东西**吗?"——泰阿泰德:"必然如此。"——苏格拉底:"想象某种东西的人难道不是应当在想象某种实际的东西吗?"——泰阿泰德:"看起来情况是这样的。"①)

452. 这幅图像告诉了我比如这点了吗:"两个人正坐在一个小酒馆里喝葡萄酒"？只有在如下情况下情况才是如此:这个命题以某种形式在**图像外面**走进这个理解的过程之中。因此,当我比如在观看这幅图像时说:"两个人正坐在这里等等。"如果这幅图像在这种意义上向我说出了某种东西,那么它向我说出了**这些语词**。但是,在什么范围内它是通过这些语词解释自身的？对于实在来说,经由语言解释自身肯定是一条弯路。

因此,对于这幅图像向我说出了某种东西这个事实来说如下之点并非是本质性的:一看见它我就想到诸语词。因为这幅图像的确应当是那个更为直接的语言。

453. 在此重要的是理解如下之点:人们本来也可以观察由物体构成的实际的一个片段,而非一幅图像。因为尽管我们与一张描画的桌子所具有的关系从历史上说在我们与实际的桌子的关系之中有其来源,但是后一种关系并不出现于前一种关系之中。

---

① 这段话引自柏拉图对话录《泰阿泰德篇》。维特根斯坦所给出的德文译文取自于施莱尔马赫的译本,载于 *Platons Werke*,Berlin:G. Reimer,1856,S. 191。其中第一句话"Und wer vorstellt, sollte nicht *etwas* vorstellen?"中的"sollte"前少一"der",第三句话"Und wer etwas vorstellt, nichts Wirkliches?"中的"nichts"为"nicht"。(前文§350所引段落直接跟着这节所引的这个段落)。

454. 因此,这幅图像向我说出了它自己。

而且,它向我说出了某种东西这点将在于:我在它之中再次认出了处于某种刻画性的组合之中的诸对象。(当我这样说时:"我在这幅图像之中看到一张桌子",正如已经说过的,这点以一种与一张"实际的"桌子的存在没有任何关系的方式刻画了这幅图像。"这幅图像向我显示了一个立方体",可以意味着比如:它包含着⌂这个形状。)

455. 如果人们问我"当你今天早晨走进你的房间时,你再次认出了你的书桌吗?"——那么我或许会说"肯定的!"但是,将在此发生的东西称作"再次认出",这肯定是误导人的。这张书桌对我来说当然并不陌生,看到它没有令我像在如下情况那样感到吃惊:另外一张书桌放在那里,或者一个异样的对象放在那里。

456. "这样的东西是熟悉的东西,我知道它是什么。"

457. "什么叫做'我熟悉这个对象'?"——"好的,我知道它是一张桌子。"不过,这可能意味着所有可能的事情,其中有:"我知道它是如何被使用的","我知道当人们将其打开时,它看起来像一张桌子","我知道人们将这个称为一张'桌子'"。

458. 什么是"熟悉"的本质?我熟悉一个样子[①]这点在于什

[①] 此处的"样子"德语为"Anblick"。下文一些评论中出现的"样子"原文也是这样的。

么?(这个问题就已经是很独特的了;它听起来不像是一个语法问题。)

我想说:"我看到了我所看到的东西。"这种熟悉可能仅仅在于我休止于这个样子之上。

459. "我看到了我所看到的东西",我之所以这样说,是因为我不想命名我所看到的东西。我不想说,"我看到了一朵花",因为这假定了一个语言协议,而且我的表达方式将不涉及这种印象的历史。

460. 熟悉在于我认出:我所看到的东西是一朵花。我现在说:"das ist eine Blume"(这是一朵花)这些语词的说出是这种认出的反应;但是,这种认出的标准并不是:我正确地命名了这个对象,而是:一看见它我便带有一种特定的体验地说出一个声音结合。因为这个声音结合是那个正确的德语语词,或者竟然是一个现存语言的一个语词,这点并非包含在说出时的体验之中。

461. 我要将一切"历史性的"东西从我对于熟悉的考察方式中排除出去。于是,便只剩下了印象(体验,反应),而且即使在这样的地方,在其上语言出现于我们的经验之中,我们也不将其看成一种现存的设施。

462. 因此,熟悉的多样性,按照我的理解,就是休止于一个样子之上的多样性。它可能在于如下之点:我的目光不是不安地(有所搜寻地)在一个对象上扫来扫去,我不变换所看到的东西的角度,而是立即把握住一个角度并且牢牢地抓住它。

463. 我看到一幅画有一件厚厚的外衣的图像并且产生了温暖和舒适的感觉,我看到一幅画有冬日风景的图像并且感到寒冷。人们可以说,这些反应是经由以前的经验而得到辩护的。但是,**现在**我们不关心我们的经验的历史,因此也不关心这样一种辩护。

464. 没有人会说,每当我走进我的房间,走进这个久以习惯了的环境时,都发生了一种对于我所看到的并且数百次看过的所有东西的再次认出过程。

465. 当我们思考我们对于一幅图像(比如一幅世态画)的理解时,我们或许倾向于假定,在此存在着一种特定的再次认出现象,而且我们将一个画出的人认作人,将一棵画出的树认作树,等等。

但是,在瞥见一幅世态画时我们竟然将画出的人与实际的人等等加以比较了吗?

因此,我应当说我将画出的人认作画出的人吗?进而,我也应当说我将实际的人认作实际的人吗?

466. 自然存在着认出现象,比如在如下情形中:我们经过一段寻找过程之后,将一个图样认作对于一个人的表现;不过,在这里所发生的事情恰恰并不发生在如下情形之中:我立即将这幅图样看作一个人的表现。

467. 一个人的形状的图像，正如这个人的形状本身一样，是我们所熟悉的对象。不过，在此根本没有谈到一种再次认出。

468. 关于人们所说的"再次认出"过程，我们容易持有一个错误的概念；好像再次认出总是在于如下之点：我们将两个印象互相比较。好像我随身带着一个对象的一幅图像，并且据此将一个对象验明为这幅图像所表现的那个对象。我们的记忆似乎通过如下方式帮助我们做到了这样一种比较：它为我们保留了以前所看到的东西的一幅图像，或者允许我们（好像经由一根管子一样）向过去看去。

469. 在大多数再次认出的情形中都没有发生任何这样的比较。

在一个胡同里某个人向我迎面走来，其脸部模样吸引了我的目光；或许我问我自己"这是谁？"；突然这张脸的角度以特定的方式发生了改变，"它对我变得熟悉起来"；我笑了，走向他，直呼其名，向他打招呼；现在，我们谈论起过去的时光，与此同时或许关于他的一幅记忆图像还浮现在我的心中，我在一个特定的情形中察看他。

470. 人们或许说：如果我没有在记忆中保存着他的图像，那么我便不能认出他。但是，在此人们在使用一个隐喻，或者人们在谈论一个假设。

471. 人们可以说："这个样子强调了记忆。"

472. 人们也说："如果我们没有再次认出诸语词及其所表示的对象，那么我们根本就不能使用它们。"如果我们没有将绿色再次认作其本身（或许是因为记忆的缺陷），那么我们也就不能应用"绿色"这个语词。但是，我们竟然拥有某种对于这种再次认出的核对程序吗，以便我们知道它真的是一种再次认出？当我们谈论一种再次认出时，我们意指的是如下之点：我们将某种东西认作按照其他标准它实际上所是的东西。"认出"意味着：认出所**是**的东西(was *ist*)。

473. 熟悉确证了一个样子①，但是并没有将其与另外某个东西加以比较。可以说它给它盖上了一个印章。

474. 另一方面，我想说："我这里在我面前所看到的东西肯定不是我以某种特定的方式看到的**随便一个**形式，相反，它们就是我直接地认识到的我的鞋子。"但是，在此恰恰两种表达方式在彼此进行争斗。

---

① 此处的"样子"德文也是"Anblick"。维特根斯坦最初使用的词为"Aspekt"（角度，面相）。

475. 我想说，我所看到的这种形式并不是简单的**一种**形式，而是我所熟悉的诸形式之一；它是一种事先就被特别地标明的形式。它是这样的形式之一，其图像此前就已经存在于我之内，而只是因为它相应于这样一幅图像，它才是那个熟悉的形式。（我好像随身带着这些形式的目录，而在其上得到描画的对象便是那些熟悉的对象。）

476. 但是，我此前就已经随身带着这幅图像这点仅仅是现在的印象的一种因果解释。这就像是人们的如下说法一样：人们将这种动作做得这样容易，就好像是人们练习过它一样。

与其说我似乎在将那个对象与一幅放在它旁边的图像加以比较，不如说它与这幅图像**叠合**在一起了。因此，我们只是看到了一个东西而非两个东西。

477. 人们说："这张脸拥有一种完全**特定**的表情"，而且或许搜寻刻画它的语词。

478. 在此人们容易陷入哲学研究中的这样的死胡同，在那里人们相信，任务的困难之处在于：我们应当去描述难以捕捉的现象，在快速地溜走的当下经验，或者诸如此类的东西。在那里，日常语言似乎太粗糙；事情看起来是这样：与我们相关的似乎不是人们日常所谈论的那些现象，而是"这样的易逝的现象，它们在出没过程中近似地生产出前一些现象"。

479. 在此人们必须记起如下事实:现在我们觉得如此令人惊奇的所有现象都不过是完全平平常常的现象,当它们发生时,它们一点儿也引不起我们的注意。只是现在在我们做哲学时我们投向它们之上的那种独特的光线之下,它们才让我们觉得奇特。

480. "这幅图像向我说出了它自己"——我想说。这也就是说,它向我说出了某种东西这点在于它自己的结构,在于**它的**形式和颜色。

比如,如果"它向我说出了某种东西"或者"它是一幅图像"意味着:它显示了立方体和圆柱体的某种组合,那么情况便是这样的。

481. "它向我说出了某种东西"可以意味着:它向我讲述了某种东西,它是一个故事。

482. 它向我说出了它自己,正如一个命题、一个故事向我说出了它自己一样。

483. 难道讲故事的图像概念不是类似于世态画(或者战役画)概念吗?当我想描述一幅战役画是什么时,我不需要指涉这幅图像之外的某种实在,而只需谈论画出来的人、画出来的马、画出来的大炮等等。

484. "这幅图像向我说出某种东西":可以说它使用**语词**;这

是眼睛、嘴巴、鼻子、手，等等，等等。我将这幅图像与诸语言形式的一种组合加以比较。

485. 但是，语言系统并不属于体验范畴。使用一个系统时的典型的体验生活并不是这个系统。（比较："或者"这个词的意义和或者感受。）

486. "现在这个符号序列向我说出了某种东西；此前，在我学会这个语言之前，它没有向我说出任何东西。"假定我们借此所意指的是：现在这个命题是连同一种特定的体验来读的。的确，在我学习理解这个语言之前，这个符号序列没有引起这种印象。如果我们不考虑因果方面，那么这种印象自然是完全独立于这个语言系统的。——现在，我内心中的某种东西抗拒这种说法：这个命题说出某种东西这点在于它在我这里引起这种印象。

"某种东西只有在一个语言之中才是一个命题，"我要说。

487. "语言"，这当然是诸语言。还有我根据与现存的语言的类比而发明的语言。诸语言**就是**诸系统。

488. "一个命题是一个语言的命题。"但是，这恰恰意味着：我将诸语言的成员称为"命题"。

489. 但是，让我们关注"德语"这个词的**用法**，否则我们就会提出比如这样的问题："什么是语言？人们曾经说出过的它的所有命题吗?其规则和语词的类吗?等等,等等。"什么是系统?它在哪里?什么是象棋?所有棋局吗?规则清单吗?

490. "**命题**是一个语言的成员。""显然,构成命题的是诸语词的组合,它们也能以其他的方式加以组合。"但是,这也就是说:对于**我**来说构成它的东西。我就是这样看待语言的。

491. **我们**恰恰是想要关注语言系统。

492. 的确,在读一个故事时,我根本不关心某个语言系统。我只是阅读,具有印象,在我前面看到图像,等等。我让这个故事像图像一样,像一个图画故事一样,在我面前掠过。(借此我当然不是要说,每一个命题都在我之内引起了一幅视觉图像或许多幅视觉图像,而且这或许就是这个命题的目的。)

493. 让我们设想一个由简略的图像构成的图画故事,因此与一串现实主义的图像相比,它更像用一个语言所讲述的故事。人们尤其是可以用这样一个图像语言来记录比如战役的过程。(语言游戏。)我们的语词语言的一个命题要比人们所想到的与这样的图像语言的一幅图像更为接近。

494. 还请设想,为了"理解"这样的图像,我们并非先是将它们翻译成现实主义的图像,正如我们不曾将照片或者电影图像转换成有色图像一样,尽管在实际中黑白色的人或植物等等会让我们感到难以言表地害怕和恐惧。

假定我们现在在此这样说如何:"一幅图像只是在一个图像语言中才是某种东西"?

495. 一个故事中的一个命题给予我们的满足与一幅图像所给予我们的满足是一样的。

496.（另一方面，)我们可以设想这样一个语言,在其运用中我们从符号所得到的印象没有扮演任何角色;在其中,不存在在这样一种印象意义上的理解的问题。人们给我们写出这些符号,并将其传达给我们,现在我们**注意到了它们**。(也即,在此涉及的唯一的印象是符号的图像。)如果现在这个符号是一个命令,那么我们便按照规则、表格将其翻译成行动。根本就没有产生类似于一幅图像的印象那样的印象,而且人们也不用这个语言编写故事。不过,或许有这样一种消遣读物,它是这样构成的:人们将某些符号串翻译成诸身体动作,而后者构成了一种舞蹈。(请比较有关理解和密码的评论。①)

497. 在这种情形中,人们真的可以说:"符号只是生活在一个系统之中。"②

---

① 参见前文§26。
② 异文:"没有一个系统,符号串是**死的**。"

498. 如下事情自然也是可以设想的：为了从语词语言的一个命题得到一个**印象**，我们必须按照规则将将其翻译成一幅画出的图像。（可以设想：只有这样的图像才拥有一种灵魂。）

499.（我可以对我的学生说：如果你历经了这样的训练，那么你便以不同的方式思维。）

500. 但是，即使在我们的日常语言中我们常常也可以完全不考虑一个命题的印象，重要的只是我们如何用这个命题进行运算。（弗雷格关于逻辑的观点。[①]）

501. "决没有孤零零的命题。"因为我称为"命题"的东西是一个语言的一个游戏形式。

502. 让我们陷入困惑的难道不是如下事实吗：尽管我可以尽我所愿地精确察看一个游戏形式，但是由此我还是发现不了如下事实：它是一个**游戏形式**？在此让我们陷入困惑的是"游戏形式"这个词的语法中的某种东西。

503. 思维意味着一种活动，正如计算一样。没有人会将计算或者玩象棋称为一种状态。

---

① 维特根斯坦在此想到的是弗雷格对心理主义逻辑观的毁灭性批评。

504. 让我们设想有这样一类字谜画，在其中可以发现的并不是**一个**特定的对象，而是这样的东西，初看起来它像是一团没有说出任何东西的线条，而在做了稍许搜寻之后，它看起来像是比如一幅风景画。——找到这个谜底前这幅图像的样子与此后它的样子之间的区别在于什么？我们前后是以不同的方式看它的，这点是清楚的。但是，在什么程度上，在找到这个谜底后人们可以这样说：现在这幅图像向我们说出了某种东西，而此前它没有向我们说出任何东西？

505. 我们也可以这样来提出这个问题：什么是找到了这个谜底的一般的刻画性特征？

506. 我想要假定，一旦这个谜被解开了，我就通过如下方式标明这个谜底：用力描绘这幅字谜画的某些线条并且画上一些阴影。那么，你为什么将你画进去的那幅画称作一个谜底？
(a) 因为它是对于一组空间对象的清楚的表现。
(b) 因为它是对于一个多面体的表现。
(c) 因为它是一个对称的图形。
(d) 因为它是这样一个图形，它给我造成了一种装饰的印象。
(e) 因为它是对于一个我觉得熟悉的物体的表现。
(f) 因为存在着一个谜底清单，而这个图形（这个物体）位于其上。
(g) 因为它表现了一个我很好地了解的对象种类；因为它给我造成了熟悉的瞬间印象，我立刻给其联系上所有可能的联想，我知道它叫做什么,我知道我经常看到它,我知道人们为了什么目的而使用它,等等,等等。

(h) 因为它表现了一张我觉得熟悉的脸。

(i) 因为它表现了我认识的一张脸:α)它是我朋友某某的脸;β)它是一张我看到人们常常画出的脸。等等。

(j) 因为它表现了这样一个对象,我记得我曾经看到过它。

(k) 因为它是一个我有着很好的了解的装饰物(尽管我不知道我在哪里看到过它)。

(l) 因为它是一个我有着很好的了解的装饰物:我知道它的名称,知道我已经在哪里看到过它。

(m) 因为它表现了我的房间的一个布置物件。

(n) 因为我本能地描绘出这些线条并且现在感到安定了。

(o) 因为我记起人们向我描述过这个对象。

(p) 因为我似乎很好地了解这个对象;我立刻想到用一个词当做其名称(尽管这个词不属于任何通行的语言),我向我自己说:"自然这是一个 α,正如我经常在 β 里看到它时那样。人们 γτ,以便 δ,直到它们 ε。"这样的某种东西出现在比如梦中。

等等。①

507. (不理解我们为什么谈论这些事情的人必定将我们所说的话看成空洞无物的游戏。)

---

① 手稿(MS 115:17—18)中编号有误,漏掉了(j)。因此,最后的序号当为 Q。不过,手稿中给出的编号为 g_1。

第 一 部 分

508. 印象是一个东西,而印象的特定性则又是另一种东西。我称为熟悉印象的东西具有一种特定性的多样性。

509. 我们可以观看一张我们十分熟悉的人的脸而没有得到任何一种印象,可以说我们是完全麻木的;而从这里一直到一种强烈的印象要历经一切阶段。

510. 让我们设想,一张脸的样子强烈地侵袭了我们①;让我们产生比如害怕的感觉。这时我应当这样说吗:首先在此必定产生了那种熟悉的印象,人的脸的形状本身必定让我产生了熟悉的印象;现在,在这种印象之上又加上了害怕的印象?——事情难道不是这样的吗:我称为类别熟悉的印象的东西构成了一张脸给我造成的每一种强烈的印象的一个刻画性特征?比如特定性的特征。我可是曾经说过,熟悉印象或许在于我们休止于一个样子之上,不去变换角度,以及类似的东西。

511. 我能够在存在着个别的熟悉印象的地方在思想中将其去掉,而在其不存在的地方在思想中将其加上吗?这意味着什么?我看着比如一个朋友的脸,并且问自己:当我将其看成一张我所不熟悉的脸时(好像我比如现在第一次看到它),这张脸看起来如何?当我在思想中将这种熟悉的印象去掉,将其拿掉时,可以说这张脸的样子中的什么东西剩下来了?——在此我现在倾向于说:"**很难**

---

① 异文:"在我们这里引起了一种强烈的印象"。

将熟悉性与这张脸的印象分离开来。"但是,我也感觉到这是一个误导人的表达方式。因为我根本就不知道我应该如何即便是仅仅试图将二者分离开来。"将它们分离开来"这个说法对于我来说根本就没有任何清楚的意义。

我知道**如下说法意味着**什么:"请想象这张桌子,将其想象成黑色的,尽管它事实上是棕色的",这种说法的意思类似于如下说法:"请画出这张桌子的一幅图像,将其画成黑色的,而不是棕色的";或者类似地:"请画一下这个人,不过要将他的腿画得比他实际的腿更长"。

512. 假如人们这样说如何:"请你按照这只蝴蝶实际的样子设想它,只是长得丑陋而非美丽"?!

513. "很难在思想中将……去掉":在此好像涉及的是一种心理学的困难,一种内省的困难,或者诸如此类的东西。(这点适合于一个广大的哲学问题的领域:请思考一下有关视野中所看到的东西的**精确**复述、描述的问题;思考一下总是流动的现象的描述;还请思考一下:"当你观察下雨时,你看到了多少个雨滴?")

请比较:"从远处**意欲**让这张桌子移动起来,这是困难的。"

514. 在这种情形中**我们**并没有**确定**在思想中将熟悉去掉究竟意味着什么。

它可以意味着比如:回想起当我第一次看到这张脸时所得到的那个印象。在此人们又必须知道**"试图"**回忆起这个印象意味着什么。因为这具有多种多样的意义。请问一下自己：我们将哪些活动称为"试图回忆起某种东西"；当我们想要回忆起昨天中午我们吃了什么时，我们做了什么事情；对于一个成年人对其幼年时代的回忆来说也有这种方法吗？人们能够**试图**回忆起自己的出生吗？

515. 我向自己说：我要试图察看一个印刷出来的德语词，并且试图这样来看它，好像我没有学习过阅读，好像纸上的黑色的图形是奇怪的图样，我无法设想其目的，或者不能预知其目的。现在在此发生了这样的事情：除非这个语词或者我恰好察看的那些字母的声音图像浮现在我心中，否则我便不能察看这个印刷出来的语词。

516. 一个有关一部收音机的内部的绘图表现，对于一点儿不了解这样的东西的人来说，不过是一团毫无意义的线而已。但是，如果他拥有这部机器，并且了解其功能，那么那张图对于他来说便是一幅充满意义的图像。

假定人们给我一个现在对于我来说还没有意义的物体形状（比如出现于一幅图像之中），我能够随便有意义地想象它吗？这就像是人们问：我能够将一个造型随便的物体想象成一件日用品吗？但是，这是为了什么样的使用？

现在，人们肯定至少能够有条理地将一类物体形状设想成动物或者人的住处。将另一类设想成武器。将再一类设想成比如风景模型，等等，等等。因此，在此我也知道了我如何能够为一个无意义的形式编造一个意义。

517. 当我说这张脸具有温和、善良、胆怯的表情时,我的意思似乎并非仅仅是我们将某些感受与这张脸的样子联想到一起,而且我还试图说出这样的意思:这张脸本身便构成了胆怯、善良等等的一个面相。(请比较比如万宁格尔[①]。)——人们可以说,我将胆怯看进这张脸之中(而且我也能够将它看进另一张脸之中),但是,无论如何,它与这张脸似乎都并非是单纯地被联想在一起的,被外在地联系在一起的,相反,恐惧具有这些脸部特征的多样性。如果这些特征比如稍微改变一下,那么我们便可以谈论恐惧的一种相应的改变。如果人们问我们:"你也能够将这张脸设想成勇敢的表达吗",那么我们似乎不知道我们应当如何将这种勇敢安放进这些特征之中。这时,我也许说:"Ich weiß nicht was das hieße, wenn dieses Gesicht ein mutiges Gesicht ist"(我不知道当这张脸是一张勇敢的脸时,这意味着什么)。[这个命题不能这样来改正:用"daß"来取代"wenn",或者用"wäre"来取代"ist"。[②]]但是,这样一个问题的解答看起来是什么样的? 人们或许说:"好的,现在我理解它了:对于这张脸来说,可以说外部世界是无所谓的。"因此,我们已经将勇敢解释进去了。人们可能说,勇敢现在又**适合**于这张脸了。但是,在此什么适合于什么?

---

① Otto Weininger(1880—1903),奥地利哲学家,著有《性和性格》(*Geschlecht und Charakter*)。

② 这样改正之后,文中给出的那个德语命题的意义为:我不知道这张脸若是一张勇敢的脸,这意味着什么。

518. 下面这样的情况是相近的(尽管或许事情看起来似乎不是这样的):当我们比如对如下之点感到惊奇时:法国人不是简单地说"der Mann ist gut"(这个男人是好人),而是将一个定语形容词放在一个谓语形容词所应处的地方;并且这时我们通过这样的方式来解决这个问题:我们说他们的意思是:"der Mensch ist *ein guter*"(这个人是**一个**好人)。

519. 一个脸部表情的不同的释义难道不是可能在于如下之点吗:我每次都给它设想上一个不同方式的继续?事情肯定常常是这样的。我看到一幅图像,它表现了一个微笑着的头部。当我一会儿将这种微笑理解成一种友善的微笑,一会儿将其理解成一种恶意的微笑时,我做了什么?难道我不是常常想象它出现于一个我称为友善的或者恶意的空间的和时间的环境中吗?因此,相对于这幅图像,我可以想象:微笑的人面带微笑地俯视着一个玩耍的小孩,或者也可以面带微笑地享受着一个敌人的痛苦。

经由如下途径也不会改变此处的任何东西:我也可以经由一种更广阔的环境再次以不同的方式释义初看起来可爱的情形。——如果没有任何特殊的情况改变我的释义,那么我将把某种微笑理解成友善的,将其称为一种友善的微笑,并相应地做出反应。

520. 这点与**说出**和**意指**之间的对立联系在一起。

"每种表达(可是)均可在'撒谎'":不过,还是要想一下你用"撒谎"意指什么。你如何想象撒谎?难道你不是在将一个表达与另一个表达对立起来吗？肯定是将这个表达与这样一种过程对立起来，它也可以是表达。

521. 如下说法意味着什么："将友善**读进**微笑"？

这可能意味着，我做出一张以一种特定的方式与一张微笑的脸配合起来的脸。我以这样的方式将我的脸与比如另一张脸配合起来：它夸大了这另一张脸的这个或那个特征。

522. 一张友善的嘴，一只友善的眼睛。人们如何设想一只友善的手？——很有可能是一只张开的手而非握成拳头的手。——而且，人们能够将人的头发的颜色设想成友善或其反面的表达吗？不过，以这样的方式提出，这个问题似乎是在问：我们是否可以**成功做到**这点。这个问题应当这样来表述：我们愿意将某种东西称为一种友善的或者不友善的头发颜色吗？如果我们愿意给予这些语词以意义，那么我们便会设想比如这样一个人，当他发怒时，他的头发就变成黑色的。不过，将恶意的表达读进黑色的头发是借助于一个此前就已经成型了的观念而发生的。

人们可以说：友善的嘴，友善的眼睛，狗摇尾巴，以及其他的东西，是原初的、彼此独立的友善标记，借此我意指的是：它们是人们称为友善现象的诸部分。如果人们想要将其他现象设想成友善的表达，那么人们便将那些标记看进它们之中。我们说"他脸色阴沉"；或许这是因为眼睛被眉毛更严重地遮住了；现在我们将阴沉的观念移置于头发颜色之上。他头发阴沉。如果人们这样问我：我是否能够设想一把椅子具有友善的表情，那么我肯定首先要想象其具有一幅友善的**脸部表情**,首先要将一张友善的**脸**读进其中。

523. 我说:"我也可以将这张(**首先**给人以恐惧的印象的)脸设想成一张勇敢的脸。"借此**我想到的并非是**:我能够想象,某个具有这样的脸的人如何能够比如解救另一个人的生命(人们自然可以针对每一张脸都这样想象)。我谈论的毋宁说是这张脸本身的一个面相。我想到的也并非是:我能够想象这个人将要①让他的脸转变成一张通常意义上的勇敢的脸;而是:它能够按照完全确定的方式逐渐变成这样一张脸。一种脸部表情的重新解释可以比之于音乐中和音的重新解释——当我们一会儿将其感觉成向这种音调的过渡,一会儿将其感觉成向那种音调的过渡时。(也请比较这样的区别:混合色,中间色。)

524. 当我们向自己提出这样的问题时:"哪个人名会适合于这个人的性格"(从声音上说描画了它),我们据以进行描画的那种投影方法似乎是一成不变的。(以这样的方式,比如一个诗人可以问自己,他要将哪个名称给予一个人。)但是,有时我们把那个性格投射到给定的名称之上。因此,事情似乎是这样:大师们均拥有唯一适合于他们的作品的性格的名称。

525. 实际的尺寸的体验。我们看到一幅显示一把椅子的形状的图像;人们向我们说,它表现了一个具有房子大小的事物的构

---

① 异文:"能够"。

造。现在，我们便以不同的方式看它了。

526. 当我们学着将一个教堂音乐调式的结尾感觉成结尾时，发生了什么事情？

527. 请思考我们称为"语言"的东西的多样性。语词语言，图像语言，手势语言，音乐语言。

528. "'我很了解这个对象'，这就像是我这样说一样：'这个对象被描画在我的目录中了。'"于是，这就在于这样一幅图像与其他的图像捆绑在一起放在一个特定的信封里；放在**这个**抽屉里。——但是，假定我真的这样想象这点，并且认为我简单地将我所看到的对象与我的目录中的诸图像加以比较，发现它与其中之一相符，那么这恰恰并非类似于熟悉现象。因为人们假定，我们熟悉我们的目录中的那幅图像。而如果它对于我们来说是陌生的，那么它待在这个信封中，待在这个抽屉中这个事实对于我们来说就根本没有意谓任何东西。

529. 当我现在谈论我的精神中的这个目录里的这个范例时，或者当我谈论这个对象所适合于其中的那个盒子时——如果我熟悉它的话，我想要的是如下之点：这个盒子可以说是作为"想象的形式"而出现在我的精神中的，结果我便不能说：这样一个范例出现在我的精神之中——它（实际上）并没有出现在那里。——这个范例可以说退回到了我的精神之中，因此绝不再是它的一个对象了。但是,这仅仅是意味着:谈论一个范例根本就没有任何意义。(那副我们不能摘下的空间眼镜。)

530. 如果我们将熟悉说成是这个对象对于一个盒子的一种适合,那么这并非完全像是这样的:我们将所看到的东西与一个画像加以比较。这时我们所想到的真正说来是这样的感受:这个对象毫无阻力地滑入这个盒子的形式。但是,即使在根本没有这个精确地适合的盒子存在的情况下,我们还是能够具有这种感受。

我们也可以设想,每个对象都处于一个不可见的盒子之中,并且这根本没有改变我们的经验中的任何东西,现在它就成了一种空洞的表现形式。

531. (哲学的表现只能被作成诗。)

(真正说来,人们只应当将哲学**作成诗**。在我看来,由此必定表明了,在什么范围内我的思维属于现在、将来或者过去:因为借此我也承认了我是这样一个人,他不能完全地做他希望能够做的事情。)

532. 真正说来我们不应该说:"是的,我认识它,它就是一张脸",而应该说:"我认识它,我看到了一张脸"。(脸这个词在此对于我来说可能意谓单纯的装饰物☺[而根本与人的脸没有任何关系],因此与随便另一个我们所熟悉的图形,比如卍,处于相同的位置。)因为问题是:我将**什么**认作**什么**了?因为"将一个东西认作它自己"没有任何意义。

533. 将记忆与笔记本加以比较:一方面,这种比较用作有意识地进行的过程的图像;另一方面,它给出了一个心理学模型。("有意识的"在此指及语法的一节,而并非是"有意识的"—"无意识的"这个心理学对立的一个部分。)

534. 回忆过程是多种多样的。

"你昨天待在你的房间里吗?"——"是的。""你确信这点吗?"——"如果我昨天不曾待在这里,那么我肯定知道这点!"在此,任何时刻我都不需要在回忆中看到我待在我的房间里。不过,假定当我这样说时我看到我站在我的房间的窗子边;那么,这幅图像如何向我显示这是昨天?当然,如果我在这幅图像之中看到比如一张带有昨天的日期的挂历,那么它也能够显示这点。但是,如果这不是实际情况,那么这时我如何从这幅记忆图像或者这种回忆中读出如下之点:我**昨天**如此地站在窗边?我如何将这种回忆体验翻译成语词?——但是,我竟然在将一种体验翻译成语词吗?难道我不是径直地说出这些语词;而且是以特定的语调和相同的确信体验说出它们?难道这不就是回忆体验吗?(这种深信的体验与这种语调的体验同属一类。)但是,是什么使得你在说出这些语词时如此地确信?没有什么有这样的作用;**我那时就是**确信不疑的。

现在我自然可能按照其他方式——像人们会说的那样——检验我以这样的方式说出的话。这意味着:现在我可能试图回忆起昨天所发生的特殊的事件并且将图像召唤到眼前等待。不过,在我做出回答以前这无论如何不必发生。

535. 当我们根据回忆讲述一个过程时,我们有时或许在我们面前看到记忆图像;不过,在大多数情况下它们只是分散在记忆之中,像插图分散在一本童话书中一样。

536. 某个人向我说:"请你想象在这面白色的墙上有这样一个斑点,它具有人们称为'红色'的颜色。"我这样做了;——现在,我应当说我**回忆起了**哪一种颜色叫做"红色"吗?当我谈到这张桌子时,我回忆起如下之点了吗:这个对象被称作"桌子"?

537. 人们难道不是可以这样来进行反驳吗:"因此,没有学会任何语言的人便不可能具有某些回忆吗?"自然如此,——他不能具有任何语言的回忆,语言的愿望等等。而且,语言中的回忆等等肯定不只是**真正的体验**的破旧不堪的表现;因为语言事项就绝不是体验吗?(语词就是行为。)

538. 一些人以这样的方式回忆一个音乐主题:乐谱图像浮现在他们眼前,并且他们将其一口气念出来。

可以设想,我们称为在一个人那里进行的"回忆"的东西在于这点:他看着自己在精神中查找一本笔记并且他在这本笔记中读到的东西恰好就是回忆起来的东西。(我如何对一个回忆**做出反应**?)

539. 顺便说一下,当我将我的环境中的对象看成熟悉的时我竟然想到这个比较了吗?自然不是。只有在我事后考察这种认出

（再次认出）行为时，我才这样做；而且，与其说我是经由试图看到在此事实上发生的东西的方式做到这点的，不如说我是经由一个事先想好的图式来考察它的。（关于时间的本质和时间的流逝问题与此非常相似。）

540. 如果人们将人以其幻想为乐这个事实看成是不言而喻的，那么请人们考虑到如下之点：这种幻想并非类似于一幅画出的图像或者一个塑造的模型，而是一个由异质的构成部分构成的复杂的构成物：语词，图像，以及其他的东西。于是，人们便不再将用书写符号和声音符号进行运算与用事件的"想象图像"进行运算对立起来了。

541.（一个人的丑陋，正如其在实际中令人厌恶一样，在图像中，在画出的图像中，也可以是令人厌恶的，但是甚至在描述中，在语词中，也可以如此。）

542. 对待图像（思想）的态度——像我们体验这幅图像那样，这使得其对于我们来说变成了实际。也即，这将其与实际结合在一起；这造成了与实际的一种连续性。
（恐惧将图像与实际的恐怖结合在一起。）

543. 一个实指解释可能与关于一个词的应用的其他的规则发生冲突吗？——因为事情可能看起来是这样的；但是，诸规则可是不可能互相冲突，除非它们彼此矛盾。因为此外，它们肯定决定了一种意义，而并非要对任何意义负责，以致它们可能与其发生矛盾。

544. 对任何实际来说，语法都没有向其解释自己的行为的责任。语法规则首先决定了意义（构成了它），正因如此，它们对任何意义都没有责任，在这样的范围内它们是任意的。

545. 不可能存在有关如下事项的任何讨论：对于"并非"这个词来说，是这些规则还是其他的规则是正确的（也即，它们是否合乎它的意义）。因为如果没有这些规则，那么这个词还根本没有任何意义，而当我们改变了这些规则时，现在它便具有了一种不同的意义（或者就没有任何意义了），这时我们便也可以同样好地改变这个词。

546. 为什么我不将烹饪的规则称为任意的；为什么我企图将语法规则称为任意的？因为我认为"烹饪"这个概念是经由烹饪的目的得到定义的，相反，"语言"这个概念则不是经由语言的目的得到定义的。正因如此，语言的用法某种意义上说是自律的，而烹饪和洗衣在这种意义上并不是任意的。在烹饪时按照不同于正确的规则的规则行事的人饭菜做得差；但是，按照不同于象棋规则的规则行事的人则是在玩一种不同的游戏；而且按照不同于比如通行的语法规则的语法规则行事的人并非因此就说出了某种错误的东西，而是谈论了某种不同的东西。

547. 如果我要给予一块木头以一个特定的形状，那么做出这种形状的那种砍法将是正确的。但是，我不将那个具有所愿望的后果的论证称为正确的论证。（实用主义。）相反，我将这种计算称为错误的，尽管那些源自于这种结果的行动已经导致了所愿望的结局。（请比较下面这句机智的话："我中了头彩，它将向我提供教导！"）这表明，在这两种情形中辩护过程是不同的，因此"辩护"在两种情况中意谓不同的东西。在一种情形中人们可以说："只要等着就行了，你将看到：正确的东西（也即所愿望的东西）出现了"；在另一种情形中，这绝不是辩护。

548. 烹饪法的规则与"烹饪"这个词的语法之间的关联不同于象棋的规则与"下棋"这个词的语法之间的关系，也不同于乘法的规则与"乘法"这个词的语法之间的关系。

549. 在计量单位的选择是任意的这样的意义上，语法规则是任意的。但是，这可是只能意味着：它独立于所测量的对象的长度；并非一种单位的选择是"真的"，另一种单位的选择是"假的"，像长度报告是真的或假的那样。这自然只是一个有关"长度单位"这个词的语法的评论。

550. 人们试图通过比如如下说法来为语法规则做辩护："但是，的确真的存在着4种原色。"我们的如下说法与这种辩护的可能性针锋相对：语法规则是任意的。但是，难道人们不是能够说：诸颜色语词的语法刻画了世界的实际情况吗？人们想说：难道我不是能够真的徒劳无益地寻找第五种原色吗？（如果人们能够寻找，那么一种发现便是可以设想的。）难道不是因为诸原色之间有一种相似性，语法才将它们放在一起吗？或者，无论如何，这是因为诸颜色与诸形状和音调是不同的？或者，当我将这种世界划分说成是正确的划分时，我大脑中已经有了一个作为范型的事先想好的意见吗？于是，针对它我可以说："这就是我们看待事物的方式"；或者"我们恰恰想制作这样一幅事物图像"。因为，当我说"诸原色彼此当然具有一种特定的相似性"时，——我是从哪里得到这种相似性的概念的？难道不是仅仅从这4种颜色中吗？事情难道不是这样的吗：正如"原色"这个概念只不过是"蓝色或者红色或者绿色或者黄色"这个析取式一样，那种相似性的概念也仅仅是经由那四种元素而给出的？是的，这些概念不是相同的概念！（因为在此人们可能说："假定这些颜色没有这种相似性，情况如何？！"）（试想人们将这四种原色与白色和黑色放在一起，将可见色与紫外线和红外线放在一起。）

551. 如果表现规则可以经由如下方式来辩护，那么我不将它们称为约定：当一个表现符合那些规则时，它便与实际一致。因此，如下规则绝不是约定："将天空画得比任何从它那里接受到光亮的东西更亮。"

语法规则不可通过如下方式来辩护：人们指出，其应用导致这种表现与实际的某种一致。因为这种辩护必须描述被表现的东西本身。而这种辩护能够言说的东西，其语法所允许的东西，——为什么不应当也为这样的语法所允许，即我在试图辩护它？为什这两种表达方式不应当具有相同的自由?为什么其中之一所说的东西能够限制另一个可以说出的东西?

552. 但是,辩护难道就不能简单地**指向**实际吗?

不过,在什么范围内这种指向是一种辩护?它竟然具有一种辩护的多样性吗?自然,它或许是我为什么说出这个命题而非那个命题的原因。但是,存在着关于这点的根据吗?我们将**这**称为"辩护"吗?

553. 没有人会否认:对游戏规则的本质的研究对于语法规则的研究来说必定是有益处的,因为某种相似性无疑是存在的。——正确的做法是这样来考察游戏规则,即对于语法和游戏之间的相似性不带着一种事先做出的判断或者偏见,而只是受这样的可靠的本能的驱使:在此存在着一种亲缘关系。在这里人们又应当只是报道人们所看到的东西,而不要害怕:人们因此就埋葬了一个意义丰富的、正确的直觉;或者还在因某种多余的东西而浪费自己的时间。

554. 人们自然可以将语言视为一种心理学机制的一个部分。最简单的情形是:人们这样来限定语言概念,即语言是由命令构成的。

于是,人们可以设想,一个工头如何经由喊叫来指挥一群人的工作。

555. 人们可以设想，一个人发明了一个语言；他做出了这样的发明，即他经由如下方式让其他人性存在物替他工作：他通过惩罚和奖赏训练他们在听到喊叫时执行某些活动。这种发明类似于一部机器的发明。

556. 人们可以这样说吗：语法描述了语言；即作为一个心理－物理机制的这样的部分的语言，借助于它我们经由诸语词的说出，可以说正如经由对于一个键盘上的按钮的按压一样，使得一部人性机器来为我们工作？现在，语法便描述了整部机器的那个部分。于是，那个会引起所愿望的活动的语言将是那个正确的语言。

557. 显然，我可以经由经验确定，一个人（或者动物）对于一个符号像我所意欲的那样做出反应，对于另一个符号则不这样做出反应。比如，一个人按照符号"→"向右走，按照符号"←"向左走；但是，对于符号"⊢"则不像对于"→"那样做出反应，等等。

我甚至于根本不用虚构任何情形，而只需要考察实际的情形，即我只能用德语来引导一个只学会了德语的人。（因为我现在将德语的学习看作这样的事情：调节①一个机制来对某种影响做出反应，而且如下事情不会造成任何原则性的差别：他②是否是学会这个语言的，还是或许在出生时便已经以如此的方式被构造起来

---

① "调节"德文为"Einstellen"。维特根斯坦在括号中给出了相应的英文"conditioning"（条件控制）。

② 异文："另一个人"。

了,以致对于德语的命题,他像学会了德语的通常的人那样来做出反应。)

558. 假定我现在发现:一个人比如在得到一个与"Zu"这声喊叫相连的暗示后拿来 Zucker(糖),在得到"Mi"的暗示和听到这声喊叫后拿来 Milch(牛奶),而且他在听到其他的词时则不这样做。在这种情况下,我就能够这样说吗:事实表明,"Zu"是 Zucker 的正确的(唯一正确的)符号,"Mi"是 Milch 的正确的符号?

好的,如果我这样说,那么我便是以不同于人们通常使用"Zucker 的符号"这个表达式的方式使用它的,而且也是以不同于我意图使用它的那种方式使用它的。

559. 我并非是比照着命题"当我按压这个按钮时,我便得到一块糖"来运用"这个是 Zucker 的符号"的。

560. 尽管如此,现在让我们来将语言与这样的按钮的一个系统加以比较,与这样一个键盘加以比较——借助于它,我通过按压诸键的不同的组合来指挥一个人或者一部机器。在这种情形中什么对应于语言的语法?

很容易组合起这样一个键盘,经由它我们给予一部机器各种各样的"命令"。让我们来看一个非常简单的键盘:它是由两个键组成的;在其中的一个上写有"走开",在另一个上写有"过来"。现在,人们可能认为,一条语法规则显然必定是这样的:这两个键不该同时被按下(这会产生矛盾)。但是,如果我们同时将两者按下,

第 一 部 分

会发生什么事情？我假定这具有一种后果？或者没有任何后果？——在每一种情形下，我都能够将这种后果或者一种后果的缺失称为两个按钮同时按下的目的和意义。

561. 或者：当我说命令"给我把糖拿来！"和"给我把牛奶拿来！"具有意义，但是"牛奶我糖"这个组合则没有意义时，这并非意味着这个语词结合的说出没有任何结果。而且，如果现在它具有这样的结果，即另一个人眼睛盯着我并且张着嘴，那么我不会因此而将它称为这样的命令：要盯着我，等等，即使我恰恰要引起**这样的**结果。

562. "这个语词结合没有任何意义"并非意味着：它没有任何结果。

而且也并非意味着："它没有所希望的结果。"

563. "这个语词结合没有任何意义"这种说法将这个语词结合排除于语言领域之外了，并由此而划出了语言领域的界限。但是，当人们划出界限时，这可能具有各种各样的理由。当我用一个篱笆，一个线条，或者其他的东西，以某种方式将一块场地围起来时，那么这可能具有这样的目的，即不让某个人出去，或者不让其进来；但是，它也可能是一个游戏的一个部分，而游戏者应当比如跳过这个界限；或者，它可能指示了，A 的地产终止在什么地方，B 的地产开始于什么地方；等等，等等。因此，如果我划出一个界限，那么借此我还是没有说出我为什么划出它。

564. 对于我们来说,语言并不是被定义为满足一种特定的目的的设备。相反,对于我来说,"语言"是一个集合名词,而且按照我的理解,德语、英语等等,还有与这些语言有着或大或小的亲缘关系的不同的符号体系,均属于它。

565. 我所感兴趣的是作为现象的语言,而非作为导向一种特定的目的的手段的语言。

566. 语法是由约定构成的。比如,当它说"'红色'这个词意谓这种颜色"时,它便是这样一种约定。因此,这样一种约定可以好比说包括在一个表格中。——现在,约定究竟如何能够在一个机制(一个类似于一架自动发声钢琴的机制)中找到位置?好的,如下事情当然是可能的:在这个机制中有这样一个像一个表格的部分,它插入那个类似于语言的东西和其余的机制之间。

567. 一个词的一个实指解释自然在一个词和"一个物件"之间建立起了一种结合,而这种结合的目的或许是:这个机制——我们的语言是其一个部分——以某些方式起作用。因此,这种解释像钢琴中的琴键和音锤的结合那样,能够导致正确的运作;但是,这种结合不在于这个词的听到现在具有**这种**结果,即使正是因为这种结合被(如此地)建立起来了,它或许具有了这种结果。这种结合,而非这种结果,决定了意义。

568. 当一个人被人教给一个语言时,他这时学习了什么是意义和什么是胡说吗?当他运用这个语言时,在多大范围内他利用语法，尤其是意义和胡说之间的区分？

569. 当他学习记谱法时，人们教给他一种语法。在此这意味着：钢琴上的这个键对应着这个音符，符号♯升高了一个音调，符号♮取消了♯的力量，等等，等等。如果这个学生问：在 𝄑 与 𝄑 之间是否有什么区别，或者符号 𝄑 意谓什么，那么我们会向他说：音符头与线条之间的距离不表达什么，等等。这些教导可以这样来看待：它们构成了这样的准备工作之一部分，即它们让这个学生变成演奏机①。

570. 如果一个语言是经由一种纯粹的训练而教给人的，那么人们还能够谈论一种语法吗？显然，在此我只能在一种"退化的"意义上使用"语法"这个词——如果我愿意使用它的话：因为只是在一种退化的意义上我还能够谈论"解释"或者谈论"一致"。
一个受过训练的小孩或者动物也还不知道任何哲学问题。

571. 当我以前这样说时：对于我们来说，语言并不是满足一个特定的目的的东西，而是某些我们称为"语言"的系统和那些按照与这些系统的类比所构造出来的系统决定了这个概念——我也可以这样来表达这点：我允许我为语言的起作用的方式另外**虚构**因果关联。

---

① 异文："它们的作用是让这个学生变成一台演奏机（自动发声钢琴）。"

572. 让我们设想,一个人解释说:"语言是人们能够用以与他人进行交流的一切东西。"但是,与他人进行交流在于什么？——为了进行解释,我们必须描述一个交流过程;而在这个过程中会出现某些因果的联系,经验上的规则性。不过,恰恰这些东西不会引起我的兴趣;我会无所顾忌地虚构这样的关联。因此,我不会将打开门的东西,而是将具有一种特定的形式、结构的东西,称为"钥匙齿"。

573. "语言",这是一个像"键盘"一样的语词。存在着包含一个键盘的机器。现在,出于某些理由,我可以感兴趣于键盘的形式(通行的形式,还有仅仅由我所想出来的形式)。发明一种键盘可以意味着发明某种具有所愿望的结果的东西;但是,也可以意味着想出以多样的方式类似于旧的形式的新的形式。

574. "一个符号当然总是为了一个有生命的存在物而存在的,因此后者必定是某种对于这个符号来说具有本质意义的东西。"是的,一个"有生命的"存在物如何得到定义？事情似乎是：我在此准备经由利用一种符号语言的能力来定义生物。

生物概念实际上具有一种与"语言"概念完全类似的不确定性。

575. 发明一种语言可以意味着根据自然律(或者以与它们一致的方式)为了特定的目的发明一个装置;但是,它也具有另一种意义,一种类似于这样的意义的意义,即在这种意义上,我们谈论一个游戏的发明。

在此我通过如下方式断言了有关"语言"这个词的语法的某种东西：我将其与"发明"这个词的语法联系起来。

576. 象棋规则是任意的吗？让我们设想，结果表明了：仅仅是象棋给人带来快乐和令人满意。在这种情况下，如果这种游戏的目的应当被满足，那么这些规则就不是任意的。

"一个游戏的规则是任意的"意味着："游戏"这个概念并不是经由游戏应当在我们这里引起的结果定义的。

577. 在一种类似的意义上，我们用以表达一个长度的计量单位是任意的，在另一种意义上，这个单位的选择是受到限制的，或者是被决定的。

578. ~~语言的语法构成了其本质~~。对于我们来说，语言是一种演算；它是经由**语言行动**~~而不是经由其实践的目的~~得到刻画的。

579. 语言的重要意义来自于哪里？人们可以这样说吗："没有语言，我们彼此不能进行交流"？不能。这种情形并非类似于如下情形：没有电话，我们不能从欧洲向美洲讲话。但是，人们当然可以说："没有嘴巴，人们不能彼此进行交流。"相反，语言概念**包含**在交流概念之中。但是，如下之点是真的：没有语言，我们不能促使人们满足我们的意愿，没有语言，我们不能建造房屋。

580. 哲学是语词语言的创造物吗？语词语言是哲学存在的一个条件吗？更为恰当的问题是：在我们的语词语言的领域之外还有某种类似于哲学的东西吗？因为哲学，这就是诸哲学问题，也即我们称为"哲学问题"的特定的、个别的不安。它们之间的**共同**之处所抵达的范围同于我们的语言的不同的领域的共同之处所抵达的范围。

现在，让我们来考察一下一个特定的哲学问题，比如这个问题："测量一段时间是如何可能的？因为过去和将来（可是）并不在场，而现在仅仅是一个点？"——因此，这个问题中具有刻画意义之处是如下之点：在此一种困惑是以一个不承认这种困惑的问题的形式表现出来的。如下之点：经由其表达方式的一种特定的转变，提问者被从他的问题中**解脱**出来。

581. 我可以设想这样一架管风琴，其音栓是由这样的键来操作的——它们与手键盘的弹奏键具有完全一样的形状，而且分布在它们之间。现在，可能出现这样一个哲学问题："无声的音符（stumme Töne）如何可能？"①产生了如下想法的人将会解决这个问题：用与手键盘的弹奏键没有任何相似之处的牵拉装置取代音栓键。

一个与哲学问题类似的问题，或者说一个不安，可以经由比如这样的方式产生：某个人**弹奏**手键盘上的所有键，结果听起来不像是音乐，而他却试图认为它必定是音乐。等等。

---

① "无声的音符"指这样的音符：同时处于两个声部，由一只手来演奏。

582.（这样的某种东西，初看起来它像是一个命题，但却不是任何命题。）

人们告诉过我下面这个有关如何构造压路机的建议，在我看来，它似乎具有一些哲学兴趣。发明者的错误与一个哲学错误具有亲缘关系。这个发明是这样的：发动机处在中空的辊子的内部。曲柄轴在辊子的中间活动，并且两端经由辐条与辊子壁联在一起。汽油发动机的汽缸被固定在辊子的内壁之上。初看起来，这个构造物像是一部机器。但是，事实上，它是一个刚性系统，活塞不能在汽缸内来回地运动。我们自己已经剥夺了其运动的可能性，却不知道这点。

583. "一个语言可以纯粹由独立的信号构成吗？"人们可以不提出这个问题，而是提出如下问题：我们还愿意将一系列彼此独立的信号称为"语言"吗？——如果有人问：这样一个语言能够完成由命题构成的，进而由符号的组合构成的语言所完成的事情吗？那么人们必须这样来回答：**经验**将告诉我们，那些信号在人这里产生的结果是否类似于命题的结果。不过，结果引不引我们的兴趣；我们考察的是现象，是语言的演算。

让我们设想比如这样一本日记，它是用信号记录的。其中的一页按照一种钟点计划的方式相对于一天的钟点数分成数段。符号"A"意思是：我睡觉；"B"意思是：我工作；"C"的意思是我吃饭；

等等,等等。不过,在此现在重要的事情是:人们将给出这些解释吗?——这样一来它们便将这些信号与另一个语言联系在一起了;或者人们将给出这些信号的实指解释吗——它们完善了这个信号语言?抑或这个语言真的是仅仅由符号 A、B、C 等等构成的?

假定一个人这样问:"你如何知道你现在在做的事情就是一个小时前你做的事情",并且我这样回答:"我可是将其写下来了,在这里可是有一个'C'"。——人们能够问符号"A"是否始终意谓相同的东西这样的问题吗?在哪些情况下这个问题可以在一种意义上或在另一种意义上得到回答?(人们可以设想这样一个语言,在其中诸语词,比如颜色语词,随着工作日的不同而变换其意义;这种颜色周一叫做"红色",周二叫做"蓝色"。"A=A"可以说出这样的事情:在这条规则涉及的语言中符号"A"的意义不发生任何变化。)

584. 让我们再次设想这样一个语言,它是由命令构成的。人们应当可以使用它来引导一个人的移动;诸命令是由一个与如下语词关联在一起的长度说明构成的:"前进","后退","向右","向左",还有"快一点儿"和"慢一点儿"。现在,人们自然可以用彼此独立的符号来取代所有那些人们实际上使用的命令。一个人起初可以将这些信号当作第一个语言的命题的缩写来学习它们,在他遵从它们之前,他还将它们回译成这些命题,但是后来直接地按照这些信号来行动。——人们于是可以谈论两个语言,而且说第一个比第二个更像图画。因为人们将不会说,我能够仅仅从一列这样的信号**推导出**遵守着它们的那个人的移动的图像——如果在这些信号之上没有进一步附加上人们会称为一条到图样的翻译的普遍规则。我们将不会说:从符号 a b b c d 可以**推导出**如下图形:

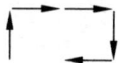

但是,从 a b b c d 和如下表格肯定可以**推导出**这个:

a	↑
b	→
c	↓
d	←

585. 人们现在可以说:语法**解释**了符号的意义,由此它使语言变得像图画一样。

我可以经由语法来为一个词的选择提供辩护。但是,这并非意味着,我经由解释来为我在比如一个描述中使用的诸语词进行辩护,或者我必须这样做。

586. 如下做法可以与此加以比较:通常的语法补足了一个极度简化了的命题,因此将这个构成物看成一个缩略的**命题**。

587. 我们说:"一只公鸡通过其鸣叫将母鸡召唤过来"——但是,与我们的语言(语词语言)的比较难道不是已经构成了这种说法的基础吗?——如果我们想象,经由某种物理的作用这种鸣叫吸引了母鸡,那么视角不是就被完全改变了吗?

但是,如果人们说明了,"到我这里来!"这些词是以什么样的方式对所说到的人起作用的,以至于最后在某些条件下他的腿部肌肉受到了神经支配并且他到我这里来了,——那么那个命题因此便失去了命题的特征吗?

588. 我们的语言,我们的语词语言,**首先**是我们称为"语言"的东西;然后我们才按照其与它的相似性或可比较性而将其他的东西称为"语言"。

589. 就耸肩来说,当我们**意指**它时(比如在一次谈话中间),作为回答而这样做时,它被**体验到**的方式与经由肩膀上的一种疼痛而引起的相同的动作被**体验到**的方式的确是不同的。我们或许也问:"这是作为耸肩而被意指的,抑或它仅仅是一个偶然的动作?"——不过,如果我们并非是在与语词语言的关联中使用耸肩的,那么我还会将其称作一个符号吗?

590. 这样的情形:"想要给予某个人一个符号。"——我通过手部的一种动作示意某个人坐下来;而紧挨着他还有另一个人站着;从我的目光的方向和我的手势人们无法得知我是在将一个符号给予两者中的哪一个。现在,人们问我:"你意指的是谁",我回答说:"A"。这种意指在于什么?或者:用这个符号意指 A 和意指 B 这两种过程之间的区别在于什么?这种区别必定是这样一种过程吗:它伴随着手部动作、目光等等?它难道不可能是在于如下之点吗:如果 A 看到我的符号后原地不动,那么我便生气;或者可能在于:对于"你意指的是谁?"这个问题,我回答说"A"?或者,它在于这样的事情或其他事情的组合？

591. 请做如下尝试：说"这里很冷"，并**意**指"这里很热"。你能够做到这点吗？——此时你在做什么？仅仅存在着一种做这事的方式吗？

592. "当一条狗摇动尾巴时，它借此在意指某种东西。"人们如何为此提供根据？

593. 我们几乎不提出这样的问题：当一条鳄鱼张口向一个人逼近时，它是否借此在意指某种东西？而且我们会解释说：鳄鱼不能思维，因此真正说来在此根本涉及不到意指问题。

594. 当我们耸肩时，在此发生的心灵体验，人们可以称为意指体验的东西，本质上说来并非不同于说出一个语词或者命题时的体验："或许——"，"我不知道"，"上帝知道"，等等。——这些语词肯定可以非随意地说出（但是我指的并不是像鹦鹉那样说出），正如一个手势能够被这样做出一样。

595. 我的语词和手势自然不是特别地"发明的"；不过，并非所有非发明出来的东西都事先约定好了。

"社会契约（Contract sociale）。"即使在这里实际上人们也**没有**缔结任何契约；不过，这个情景或多或少地类似于，相似于，这样的情景，在其中我们……在这样一个契约的角度下来考察它或许是有用的。

596. 知道一种植物意味着什么？知道它且不能说出它意味着什么？

（苏格拉底："你知道它而且你会讲希腊语，因此你必定能够说出它。"①）

597. 这种知识具有一个没有被说出的命题的多样性吗？以至于当这个命题被说出时，我便会承认它是我的知识的表达？——难道情况不如说是这样的吗：作为我理解的表达而给出的每一个精确的定义都必定会被拒绝？也即：针对这样一个定义，难道我们不是必须这样说吗：尽管它决定了一个与我们的概念有亲缘关系的概念，但是并没有决定这个概念本身？而这种亲缘关系是存在于比如这样两幅图像之间的那种亲缘关系：其一是由界线不清的颜色斑点构成的，另一个是由具有相似的形状和分布而又界线清楚的颜色斑点构成的。于是，亲缘关系同样是不可否认的，正如差异性一样。

598. 请比较：

1. "知道什么是一个植物。"

---

① 参见：柏拉图，《查米德斯篇》(*Charmides*),159a。

2．"知道人们是如何使用'植物'这个词的。"

3．"知道斯蒂芬教堂尖塔有多高。"①

4．"知道单簧管听起来如何。"

当我们对一个人可能知道某种东西却不能将其说出这样的事情感到吃惊时，难道我们不是受到了与像第 3 种情况那样一种情况的表面上的相似性的引导吗？

599．"我知道，植物是什么：我能够向你指出，画出，写出哪些是植物。"

600．我们究竟将什么称作"对'什么是一个植物'这个问题的一种回答"？好的，它比如是这样的："你瞧，这个，这个，以及这个是植物。"我们也将比如植物学中的一个语词定义称为一种"回答"；不过，它是另一种回答，并非与第一种回答等价。正如比如几百年前一个父亲给他儿子提供的有关步量单位的解释并非等价于这样的解释一样："一步＝75 厘米。"这些回答具有亲缘关系，但是并非是等价的，第二个或许并非是这样的真正正确的解释，它理所当然地取代了第一个不精确的解释——如果我们有朝一日竟然知道了这个正确的解释的话。

---

① 异文："知道 25×25 是多少"。

601. 我说:"这块地完全被花覆盖了。"如果有人想要一个有关我所意指的东西的解释,那么我所给予他的最为适当的解释或许是我能够给他看一幅有关这样一块地的画出的图像。而且,我会向他说:"你瞧,事情看起来是这样的。"现在,我想要的是如下之点吗:他明白,每个花朵和每根草的位置都精确地像它们在这幅图像上可以看到的那样?——如果情况不是这样的,那么这就是这幅图像的一个错误吗?而且,我的想法是这样的吗:另一幅显示精确的位置的图像是可能的?

602. "一个模糊的概念到底还是一个**概念**吗?"——一张不清楚的照片还是一个人的一幅图像吗?——人们总是可以有益地经由一幅清楚的图像来取代一幅不清楚的图像吗?难道那幅不清楚的图像不是常常恰恰就是人们所需要的东西吗?

603. "什么是与不精确的定义相对的'精确的'定义?"好比是这样一个定义,在其中语词"大致"、"大约",或者类似的词不出现。

604. 让我们考虑另一个例子:语词"蛋形的"或者"复活节彩蛋"的用法。我们不会将具有 ⬭ 这样的形状的对象看作复活节彩蛋,但是却不能说出在哪种长度和宽度的比例下某种东西开始是一个复活节彩蛋。甚至于,当一个人现在给出这样一个比例时,我们绝不会承认它是我们的概念的正确的划界。相反,我们或者说:"不是,我绝不将这个称为复活节彩蛋,它太细长了(或者太短粗了,等等)。"——或者:"是的,这**是**一个复活节彩蛋,但是这个难以确定的情况恰好就不是了。"在我们的演算中恰恰没有这样的情况,如果谁引入了一个难以确定的情况,那么他便引入了一个新的演算。

605. 对于射击比赛,人们有这样的规则,它们确定了如何按照靶子上击中的位置来分配奖励。现在,对于所有可以想象的难以确定的情况来说均必定有规则吗?人们会这样说吗:这种奖励的分配是无效的,因为规则并没有预先照顾到这种情形;即使这种情形在射击比赛中根本就没有出现过?

606. 当人们说"摩西不曾存在过"时,这可以意谓多种不同的东西。它可以意味着:当以色列人从埃及迁走时,他们没有**一个**领导者——或者:他们的领导者不曾叫做"摩西"——或者:根本不存在这样一个人,他完成了圣经针对摩西所报道的所有那些事情。等等,等等。——罗素会说,"摩西"这个名称可以由不同的描述语来定义。比如它可以被定义为:"那个在这个时间在这个地点生活过并且那时被叫做'摩西'的人","那个带领以色列人穿越沙漠的人",或者"那个小孩时由法老的女儿从尼罗河里捞出的人",等等。而且,随着我们采取其中的一个还是另一个定义,命题"摩西存在过"便获得了一个不同的意义,其他处理摩西的每一个命题的情况也是完全一样的。

如果某个人向我们说"N 不曾存在过",那么人们也问:"你意指的是什么?你要说……,还是……,等等?"

或者,当我说"N 死了"时,名称"N"的意义的情况大概是这样的:我相信这样一个人生存过,即我(1)在某某地方看到过他,他(2)看起来是如此般的,(3)做过某某事情并且(4)在公民世界中拥有名称"N"。当人们问起,我是如何理解"N"的,我会列举所有这些事项或者它们中的一些事项,而且在不同的场合会列举不同的事项。——因此,我关于"N"的定义或许是这样的:"这样的那个人,关于他所有这一切均成立。"——但是,假定其中的某一点被证明是假的,这时我就愿意将命题"N 死了"解释为假的吗?——即使只是某种在我看来非常次要的事项,我接纳进有关名称"N"的解释中的东西,被证明是假的?这时,我通常会愿意立即对这个定义做出某些改动。

人们现在可以这样来表达这点:我在使用名称 N 时并没有想到一个固定的意义。(但是,这点并没有对其使用造成任何损害,正如一座桥并非是绝对的刚体这点没有对其使用造成损害一样。)

现在,人们应该说,这就意味着我在使用一个我不知道其意义的语词吗?因此,我说的话就是胡说吗?

607. 在此我想起了,兰姆西①有一次强调说:逻辑是一门"规范科学"。我不知道这时浮现在他的脑海之中的准确的想法。但是,它肯定与我后来才弄明白的如下想法是密切相关的:也即,在哲学中我们将语词的使用与按照固定的规则而进行的演算**加以比较**,但是我们却不能说使用语言的人**必定**在从事一个按照固定的

---

① F. P. Ramsey(1903—1930),英国数学家和哲学家,维特根斯坦的挚友,《逻辑哲学论》英译者之一。

规则而进行的演算。——不过，如果现在人们说，我们的语言使用只是在接近这样的演算，那么由此我们便立即站在了一系列困惑的边缘。

因为这时事情或许看起来是这样的：好像我们在逻辑中谈论的是一种**理想的**语言。好像我们的逻辑是一种好比说适用于真空的逻辑。然而，逻辑可不是（像物理学谈**论**一种自然现象那样）谈**论**语言的，因此人们最多能够说我们**构造**理想的语言。但是，在此"理想的"这个词再次是误导人的，因为现在好像这些语言比我们的口语更好，更为完善；因此，好像需要逻辑学家来最后向人们指明一个正确的命题看起来是什么样的①。

608. 我们的研究不致力于**去发现**语词的真正的、精确的意义；毋宁说，在我们的研究过程中我们常常**赋予**语词以精确的意义。

609. 因为我究竟将什么称为"那条他据以行事的规则"？——是那个令人满意地描述了我所知道的他的游戏行动的假设？——或者是那条在游戏过程中他加以查询的规则？——抑或是当我们追问他的规则时他作为答案提供给我们的那条规则？——但是，如果人们从对游戏的观察中没有获知任何清楚的规则，而且这个问题没有揭露出任何规则，情况如何？因为尽管他对于我的问题——他如何理解"N"——给予了一种解释，但是他

---

① 异文："……指明他们应当如何言说一个正确的命题"。

愿意收回和改动这种解释。——因此,我应该如何来确定那条他据以玩游戏的规则?他自己也不知道它。或者,更为正确地说:"他据以行事的规则"这个表达式在此还能说出什么?

610. 我们的确可以很容易地设想:人们在一片草地上通过玩一个球来进行娱乐,而且是这样:他们开始不同的有规则的游戏,但是许多都没有玩到底,在此期间他们漫无目的地将球扔到高处并且将其接住,然后又试图尽其所能地将球扔到高处,或者开玩笑似地互相扔球玩,等等。现在,一个人说:整个时间人们一直在玩一个球类游戏,并且因此在每一次扔球时都在遵守着特定的规则。另一方面,这样说是正确的吗:"他们因此并非是在**玩球**。"

611. 当一个讲话者不能说出一个词的意义时,这个意义是什么?现在,我们或许可能将他的(实际的)行为描述成在多种具有亲缘关系的意义之间的一种摇摆。我问他:"真正说来,你意指了什么?"——作为回答他会给我提供不同的东西,而且或许求助于我说:我给他编制一个合于他的目的的规则清单。——于是,在我们的谈话中常常出现这样的习惯说法:"因此,你那时真正想要说……"而后者非常容易被完全地误解:因为它不必是这样一种过程的描述,即它在于如下之点:人们说的是一件事,然而想要说的是另一件事;好像人们"那时真正想要说的东西"那时已经以某种方式被表达出来了,即使不是以有声的话语的方式。

612. "因此,你那时真正想要说……"——用这样的说法我们将某个人从一种表达形式引导到另一种表达形式。如上所说,人们试图认为:他"那时"真正"想要说"的东西,他"那时意指"的东西,在我们说出其之前就已经表达在他的精神之中了。(在某些情形中人们说:它已经浮现在他的心中;这个表达式也描述了非常多样的东西。)促使我们放弃一个表达式并且采用另一个表达式来替换它的事项可能是多种多样的。为了理解这点,考察一下数学问题的解决办法与问题设置的场合和根源①之间的关系是有用的。这样的概念之间的关系:当一个人探索用直尺和圆规来三等分一个角时"用直尺和圆规来三等分一个角"概念与另一方面,当已经证明这样的三等分是不可能的时"用直尺和圆规来三等分一个角"概念。

613. (最为误导人的说话方式之一是这样的问题:"我借此意指什么?"——在大多数情形中人们可以回答说:"我没有意指任何东西——我说……"。)

614. 当我们努力地——比如在写一封信时——寻找我们的思想的适当的表达式时,发生了什么事情?——这种说法将这个过程比作一种翻译或者描写的过程:思想或许此前早已经就在那里,我们只是还在寻找其表达式。这幅图像在或大或小的程度上适合于不同的情形。——但是,有什么不能在这里发生!——比如:我让自己沉浸于某种心情之中,那个表达式**便出现了**;或者:我

---

① 异文:"问题设置的原初的意义"。

的脑海中浮现出一幅我力图描写的图像；或者：我想到一个英语表达式，我要回想起相应的德语表达式；或者：我看到一个手势，并且问我自己："相应于这种手势的命题是什么？"最后，我想到了一个命题，它似乎适合于这个手势；等等，等等。

如果现在人们问"在你拥有这个表达式之前，你已经具有了这个思想吗？"——在此人们必须以什么来回答？对如下问题，人们必须以什么来回答："像其被表达出来之前那样存在着时，这个思想在于什么？"①

615. 在思考语言和意义时，我们易于认为，人们在哲学中真正说来不是在完全平淡无奇的意义上谈论语词和命题的，而是在一种崇高的、抽象的意义上谈论它们的。———因此，好像一个特定的命题真正说来并不是随便一个人所说出的东西，而是一个理想的存在物（"所有具有相同的意义的命题的类"，或者诸如此类的东西）。但是，象棋的规则所处理的王也是这样一个理想之物、一个抽象的存在物吗？②

616. 在此可以说不垂头丧气是困难的，——看到如下之点是

---

① 在手稿中此小节前面注有如下文字："［不属于这里。］"其后注有如下文字："［我相信，这个命题，或者一个类似的命题，属于一种有关什么是他【此处有若干难以识别的字符】瞬时理解的问题等等。］"

② 这段话是从 MS 114 第 109 页移到这里来的。维特根斯坦在此注明：

这段话属于这样的语境：什么是一个命题？什么是一个语词？我们日常的概念"命题"、"语词"等等太过零乱，太不清楚。人们不是应该谈论命题的感觉材料等等吗？

困难的:我们必须停留在日常思维的事物之上,而不是走上这样的歧路,在那里我们似乎必须描述最为精细之处,但是,借助于我们的手段,我们又根本不能描述它们。好像我们应当用我们的手指来修理好一张被破坏了的蜘蛛网一样。①

617. 人们如何理解"网球的所有规则"?是出现于一本特定的书中的所有规则,还是球员头脑中的所有规则,或者是人们任何时候说出来的所有规则,甚至于可以给出的所有规则?——因此,我们更乐意不是如此模糊地谈论"所有规则",而是只谈论特定的规则,或者一个清单的所有规则;以及诸如此类的东西。同样的话适用于有关一个语词的运用的诸规则。

618. 如下事情并不是我们的任务:改善语词语言,使其变得精确,甚或(试图)用一个"理想地精确的"语词语言来取代它。关于这样的一种语言我们根本没有任何概念。借此我并不是在说,我们为了我们的目的不必坚决要求比习惯的表达式更为准确的表达式。

619. 道路交通规则允许并且阻止(开车者和步行者的)某些行动;但是,它们并不企图经由规则来引导他们的全部的移动。谈

---

① 关于这段话,手稿下页(MS 115:50)顶部空白处注有如下文字:
〔这个评论指涉这样的情形,在其中我们似乎从日常的事物下降到了越来越难以领会的事物之中并且面临着消失于升腾的雾气中的危险。〕

论一种会做到这点的理想的交通秩序是没有意义的;我们根本就不知道如下之点:我们必须设想这样的理想包含着什么东西。假定一个人希望交通秩序在某些点上弄得更为严格一些,那么这并非意味着他希望它接近这样一种理想。

620. 我们理解如下说法意味着什么:将一块怀表调到准确的时刻,——或者:调节它,以便让它走得准确。但是,如果人们这样问,情况如何:这种准确性是一种**理想的**准确性吗,或者它在多大的程度上接近于它?——我们自然可以谈论这样的时间测量,在那里存在着一种不同的,在某**一种**意义上比在用怀表进行的时间测量中所获得的准确性更大的,准确性。在那里"将时钟调到准确的时刻"这句话具有一种不同的(即使是有亲缘关系的)意义,而且"读表"是一个不同的过程,等等。——如果现在我向某个人说:"你应当更准时地来吃饭;你知道1点钟准时开饭",——那么人们将这样说吗:在此谈到的准确性不及实验室里所做的时间测量所逼近的那种理想的准确性?存在着**一种**有关准确性的理想吗?

621. 存在着一张关于一个词的运用的完全的规则清单吗?人们要如何设想它?

存在着一张关于象棋中的一个棋子的运用的完全的规则清单吗?难道我们不是能够设计出这样的令人疑惑的情形吗,通常的规则清单没有就此做出决断①?请思考比如这样一个问题:当游

---

① 异文:"难道我们不是能够设想出通常的规则清单未予以清除的怀疑吗"。

戏者的记忆的可靠性让人产生怀疑的时候,我们如何来确定是谁走了最后一步棋?不过,这样一种怀疑的可能性就使得象棋变成了一种不很理想的游戏了吗?关于这种理想,我们拥有哪种概念?

在此,似乎我们称为"理想"的一切均只不过是一种与理想的理想相对的近似的理想。

622. 人们可能问:如果我们并非是在努力达到一种与日常的精确性相对的理想的精确性,那么我们究竟为什么反反复复地在我们的语言的语法之上做工作?回答是:我们想要去除源于如下困难的困惑和不安:综览我们的表达方式的系统的困难。为此,我们将**强调**这样的区别,它们在我们的通常的符号系统中只是得到了一种微弱的、难以看清的表达。

由此,人们自然得到了这样的印象:我们给自己确立了改造语言的目标。

623. 为了特定的实践的目的而进行的这样一种改造——为了避免误解而改进我们的术语——或许是可能的。(如果一个家族的两个成员均叫做"保罗",那么如下做法常常是合乎目的的:用另一个名称称呼其中之一。)不过,我们所处理的诸情形不是这样的。我们所关心的诸困惑可以说并不是当语言工作时,而是当其放假时产生的。(人们可以说:"当其空转时"产生的。)

624. 我们并不想以一种闻所未闻的方式使规则系统变得精细或者完全。

当那个(句)打破僵局的语词(话)被发现了时,哲学中的平静便出现了。

625. 假定某个人问我(像上面一样):"你如何理解'摩西'?"现在,我解释道:"我将'摩西'理解成这个人——如果有这样一个人的话——他带领以色列人走出埃及,不管那时他是如何被称呼的,而且也不管他做了其他什么事情,或者没有做其他什么事情。"——但是,关于这个解释的诸语词的使用,类似于有关"摩西"这个名称的使用的怀疑是可能的。(你将什么叫做"埃及",把谁叫做"以色列人",等等?)这样的问题甚至于当我们达到像比如"红色的"、"漆黑的"、"甜的"这样的词时也没有走到尽头。——"但是,如果一个解释真的不是最后的解释,那么它如何有助于我的理解呢?于是,我肯定从来没有站在稳固的地基之上。因此,我还是没有理解,而且从来没有理解,他所意指的东西!"但是,我恰恰将一个解释所给予我的东西称为"理解"。当我追问一个解释时,它就是我所需要的东西。我恰恰是在追问这样一种答案。它去除了**我所具有的那种**困难。

626. "红色"这个概念不可定义吗?人们将"不可定义"理解成某种像不可分析这样的东西;而且,以这样的方式,好像在此一个**对象**是不可分析的(像一个化学元素不可分析一样)。这时,逻辑因此肯定就是一种**非常**普遍的自然科学了。——但是,这种分析的不可能性相应于我们**所采用**的一种表现方式的一种不可能性。

627. "一种本质的必然性在语言中的唯一的对应物是一条任意的规则。它是人们能够从这种本质的必然性中抽取出来放进一个命题之中的唯一的东西。"①

628. 我们可能问:怎么是"不可定义的!"我们竟然能够**试图**定义它吗?而且如何试图这样做?——

629. 如下之点意义非常重大:我们总是为一个逻辑的演算设想一个例子,在其上这个演算找到了其应用,而且我们不是给出例子并且说,真正说来它们不是理想的例子,但是我们还不拥有后者。这是一种错误的观点的标志。(罗素和我均以不同的方式受到过这种观点的折磨。请比较我在《逻辑哲学论》中有关基本命题和对象所说的话。)如果我最终还是能够运用这个演算,那么这也就是那种理想的运用,而且就是所涉及的**那种**运用。因为一方面,人们不愿承认这个例子就是那个真正的例子,因为人们在它之中看到了一种这个演算没有考虑到的多样性。另一方面,它的确就是这个演算的原型,而且后者是从它那里拿来的,人们不能等待着一种梦想的应用。因此,人们必须承认,它就是这个演算的真正的范例。

但是,事情并非是这样的:好像因为人们**从那里**拿来这个演算,人们因此就犯下了一个错误。错误包含在人们的如下做法之

---

① 此段取自于 MS 114:157。其后注有如下文字:"[或许属于这样的悖论:数学是由规则构成的。]"

中：现在不承认这个演算有其真正的应用，而是将真正的应用允诺给一种理想的情形[1]。

630．让我们设想，斯宾格勒[2]这样说："我将不同的文化阶段与家族的生活**加以比较**；在一个家族之内存在着一种家族相似性，然而在不同的家族的成员之间也存在着相似性；家族相似性以如此这般的方式区别于其他的相似性，等等。"人们应当向我们说明那个范例，这种考察方式从其中得出的那个对象[3]，以便这种考察不会变得不适当。因为现在适用于那个范例的一切也被断言给了我们所考察的对象；并且人们断言：事情**必定始终是**……。这是一种独断论的根源。人们忘记了原型在这种考察中所处的位置：它是我们借以测量被考察的东西的计量单位。但是，这种独断论却断言，每个被测量的对象都必须恰恰是计量单位的整数倍那么长。如下之点自然是真的：如果一个计量单位以整数表达了我们要测量的长度中的许多长度，那么针对一个目的来说，它便是很好地被选择的。

631．规则与经验命题。一条规则是一个经验命题吗——比如是有关语言的使用的经验命题？象棋的一条规则是这样一个命题吗：它说出了人们自从象棋发明事件以来是如何玩它的；也即，

---

[1] 异文："朦胧的遥远之地"。

[2] Oswald Spengler（1880－1936），德国历史学家和哲学家，著有《西方的没落》（Der Untergang des Abendlandes）。

[3] 异文："那个比较的对象"。

比如如何移动棋子？因为如果谈到的是如下之点：人们就是**如此地**玩象棋的，那么"象棋"就必定是如此加以定义的，即关于它人们可以有意义地断言**它**一度是按照其他方式来玩的。（它好比说是借助于它的历史的连续性来定义的。）因为通常诸规则属于象棋的定义。某个人是按照这条规则玩的，这是一个经验命题；或者："A是按照这条规则玩的"，"大多数人是按照这条规则玩的"，"没有人按照这条规则玩"是经验命题。这条规则绝不是经验命题；在我们的例子中它是这样的命题的一个部分。

如果一米的定义是巴黎标准米的长度，那么命题"这个房间4米长"就与如下命题说出了相同的东西："这个房间4米长而且1米＝巴黎标准米的长度"。

一张地图上的图例是一个由这样的规则构成的清单，它们被附加在一个地理描述之上。它们并没有就这个区域的地理说出什么；正如"1米是巴黎标准米的长度"这个解释并没有给出一个对象的长度一样。

当人们将这条规则附加在这个描述什么的命题之上时，这个命题的意义并没有被改变。

632. 我也可以说：我只想报告语言的命题所报告的东西；而规则只不过是**这种**报告的一种辅助手段。当这条规则被附加在这个命题之上时，它并没有给其报告附加上任何东西。（因此，）它绝不是有关语言用法的**报告**。

633. 我们考虑这样一幅图像，它表现了摆出一种特定的战斗姿势的拳击手。现在，这幅图像可以用来告诉某个人应当如何站立，应当采取什么样的姿势；或者，他不应当采取什么样的姿势；或者，一个特定的人以什么样的方式在某某地方站立过；或者，等等，等等。人们可以称这幅图像为一个命题基（化学上说）。

在这种意义上，人们也可以将规则称为命题基。

634. 人们可以将诸规则称为一个游戏的描述，或者将其称为这样的规定，它命令人们应该如何玩它。但是，我们要记住：诸规则并没有说人们一度玩了一局这种棋，并没有说人们曾经如何玩过一局这种棋，它们也没有命令任何人如此地玩它。它们并没有描述一个游戏，而是定义了一个游戏。

635. 具有刻画特征意义的是，一个符号系统的描述常常始自于这样的语词："我们也**可以**这样来描述：……"人们可以问："我们可以……"是一个什么样的报告？

636. 难道我不能这样说吗：两个词——我们将其写作"non"和"ne"——具有相同的意义，它们两个都是否定符号——但是，

$$non\ non\ p = p$$

并且

$$ne\ ne\ p = ne\ p?$$

——在许多语言中一个双重否定意谓一个否定。——但是，为什么我将两者都称为"否定"？它们彼此共同具有什么？好的，显然，它们的用法的很大一部分为它们所共同具有。但是，这还是没有

解决我们的问题。因为我们可是想说:即使双重否定等于肯定这点对于两者也都是对的——我们只要对双重使用做出相应的理解就行了。不过,**如何理解**? 好的,是这样:像比如它可以经由括号加以表达的那样。

$$(ne\ ne)p = ne\ p, ne(ne\ p) = p$$

我们立刻想到了几何中的一个类似的情形:"两次旋转半圈相叠加彼此抵消","两次旋转半圈相叠加等于旋转半圈"。

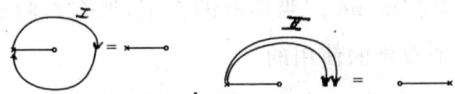

这恰恰取决于我们如何叠加它们。我可以同样好地将像示图 I 所显示的那样两次旋转一个对象称为"叠加它们";或者也可以一次将其旋转 180°,然后好像是为了加强这次旋转一样,将它放回到最初的位置,再将其在第一种意义上旋转一次(见示图 II)。

637. 在此我们遇到了哲学研究中的一个令人惊奇的、刻画性的现象:困难——我可以说——并不是找到解决办法,而是将看起来仅仅像是解决办法的预备阶段的某种东西承认为解决办法。"我们已经说出了一切。——并非是由此得出的某种东西,相反,恰恰**这个东西**是解决办法!"

我相信,这与如下事实联系在一起:我们错误地等待一种解释;然而,一种描述就是这种困难的解决办法——当我们将它正确地安排进我们的考察之中时。当我们停留在它那里,而不是企图从它那里走出去时。

在此困难是:停下来。

638. "这已经是就此可以说出的一切。"——将"non non p"看成被否定的命题的否定,这就好比说是:给出这样一种解释"non non p＝non(non p)"。

"如果'ne'是一个否定,那么'ne ne p'——只要人们正确地理解了它——必定同于 p。"

"如果人们将'ne ne p'当作 p 的否定,那么人们必定是以不同的方式理解这个双重的使用的。"

人们想说,"'双重使用'这时**意味着**某种不同的东西,**正因如此**,它现在给出了一个否定",因此:它现在给出了一个否定这点是它的另一个本质①的后果。"我现在将它意指成加强",人们会说。我们用意指的表达来取代意指。

639. 在我说出双重否定时,我将其意指为加强的否定而非肯定,这点可能在于什么? 在于我使用这个表达式的那些情形,在于与此同时或许浮现在我心中的那幅图像,或者那幅我愿意将双重的否定与之加以比较的图像,在于我的话语的声调(正如我也可以通过声调复制"ne(ne p)"中的括号一样)。于是,将这种双重的使用意指为加强属于这样种类的事情:在某些情况下将它作为加强而说出。将这种双重的使用意指为取消意味着放上比如括号(而且也在说出的表达式中这样做)。——"是的,不过,这些括号本身

---

① 异文:"另一个意义"。

可是可以扮演不同的角色的；因为谁又说过，人们要以通常的意义将出现于'∼(∼p)'中的它们理解成括号，而不是以某种其他的方式理解它们；比如，将左括号理解成两个'∼'之间的分割线，而将右括号理解成这个命题的句号？"没有人这样说。你甚至于又使用语词取代了你的理解。至于括号意谓的是什么，这点将显示在其使用之中，而且在另一种意义上，它或许在于"∼(∼p)"的视觉印象的面相（所看到的节奏）。

640. 现在我应该这样说吗："non"和"ne"的意义是**有些**不同的？它们是否定的不同的亚种吗？——没有人会这样说。因为，人们会反对说，如果我们确立了这样的规则："不不"应当用作否定，而非肯定，那么"不要走进这间房子！"这时难道不是大概意味着恰恰相同的东西吗？——但是，对此人们想反对说："如果'ne p'和'non p'这两个命题说出了完全相同的东西，那么这时'ne ne'如何可能与'non non'意谓不同的东西？"但是，在此我们恰恰预先假定了这样一个符号系统，也即将其当作了范例，在其中人们从 ne p＝non p 得出如下之点：这两个语词在所有情形中都是被以相同的方式运用的。

旋转180°和否定在这种特殊的情形中事实上是相同的，而且命题∼ ∼p＝p 的应用属于一种几何的应用种类。

641. 让我们设想我提出如下问题：事实向我们清楚地表明了如下之点了吗：当我们说出命题"这根棍子有1米长"和"1个士兵站在这里"时，我们用"1"意指不同的东西，"1"具有不同的意义?——事实根本没有向我们表明这点。——当我们说出这样一个命题时,情况尤其如此:"每隔1米站着1个士兵,每隔2米站着2个士兵,等等。"如果人们问"你用两个一意指的是同一个东西吗?",人们或许会回答说:"我当然意指同一个东西:——一!"(与此同时人们或许将一个手指高高举起。)

642. 当人们这样说时,他们意指的是什么:即使按照约定"ne ne p"意谓着"ne p",它也**可以**被用作抵消的否定?——人们想说:"'ne',在我们给予它的那种意义上,可以自我取消——只要我们对其做出了正确的应用。"人们借此在意指什么?(向同一个方向两次旋转半圈可以彼此抵消——如果这两次旋转被以相应的①方式组合在一起的话。)"'ne'这种否定的**活动**能够取消自身。"但是,这种活动是在哪里进行的?人们自然想要谈论一种精神的否定活动,而对于其执行来说,符号"ne"仅仅是给出了一个信号而已。

643. 〔请思考其他的否定手段,比如经由音高所进行的否定。〕

644. 我们可以轻而易举地设想这样的人们,他们具有这样一种"较为原始的"逻辑,在其中仅仅对于某些命题来说才有相应于我们的否定的东西;比如对于这样的命题,即它们还不包含任何否定。于是,在这些人的这个语言中,人们可以否定一个像"他走进

---

① 异文:"正确的"。

了这间房子"这样的命题；但是，他们总是只将否定的双重使用理解成否定的重复，而从来不将其理解成其取消。

645. 对于这些人来说否定是否具有其对于我们来说所具有的那种意义这个问题类似于这样的问题：对于其数字序列终止于5的人们来说数字"2"是否意谓其在我们这里所意谓的东西？

646. 将"∼ ∼p＝p"（或者还有∼ ∼p≡p）称为一个"必然的逻辑命题"（而非一个有关我们所采用的表现方式的规定）的人也倾向于说这个命题来自于否定的意义。当在一种方言的说话方式中人们将双重的否定用作否定时，像在"er hat nirgends nichts gefunden"（他处处都没有发现什么）这个命题中那样，我们便倾向于说：**真正说来**这意味着 er habe überall etwas gefunden（他处处都发现了某种东西）。请思考这个"真正说来"意味着什么！——

647. 人们可以将我们的问题这样非常清楚地提出来：假定我们有两个长度测量系统；在两个系统中一个长度均通过一个数字来表达，有一个语词跟着这个数字，它给出了基本度量衡单位制。其中的一个系统将一个长度表示为"n 英尺"，而英尺是一个通常意义上的长度单位；而在另一个系统中一个长度则是用"n W"来表示的，而且 1 英尺＝1W。但是，2W＝4 英尺，3W＝9 英尺，等等。——因此，命题"这根棍子 1W 长"与"这根棍子 1 英尺长"意味着相同的东西吗？请问：在这两个命题中"W"和"英尺"具有相同的意义吗？

648. 这个问题提的不对。如果我们用一个等式来表达意义同一性的话,那么人们便看出这点了。这时,这个问题只能具有这样的形式:"W＝英尺吗?"——在这种考察方式中包含着这些符号的那些命题消失不见了。——正如人们自然也不能通过这样的术语提出如下问题一样:"是"与"是"是否意谓相同的东西;不过,人们可以问系词是否与同一性符号意谓相同的东西。好的,我们的确说:1 英尺＝1W;——但是,英尺≠W。

649. 我们的困难是可以得到解决的;为了解决它们,它们不需要新的、精巧的发明,更为深入的穿透性分析,以及诸如此类的东西,而是需要将适当的例子组合在一起。(那个[句]打破僵局的语词[话]。)

650. 当人们说"ne ne p"也可以用作取消的否定时,这肯定可以意味着:拥有 ne ne p＝p 这样一条规则的演算可以完全地翻译成一个拥有 ne ne p＝ne p 这样一条规则的演算。

651. 现在,"ne"与"non"具有相同的意义吗?——我可以用"ne"取代"non"吗?——"好的,在某些位置肯定可以,而在另一些位置则不可以。"——不过,我追问的并不是这个。我的问题是:人们可以不加限制地使用 ne 而非 non 吗?——不可以。

652. "在**这种**情形下'ne'和'non'就意味着完全相同的东西。"更确切地说,**什么**?"好的,人们**不**应当做某某事情。"但是,借此你只是说了：在这种情形下 ne p＝non p，而我们（可）并不否认这点。

当你解释说 ne ne p＝ne p，non non p＝p 时，你恰恰是以不同的方式使用这两个词的；而且，如果人们这时坚持这样的观点，即它们在某些组合中所给出的东西"取决于"它们的意义，而它们是随身带着这样的意义的，那么人们因此就必须说，它们必定具有不同的意义——如果它们以相同的方式组合起来却能够给出不同的结果。

653. 人们或许想谈论这个语词在这个命题中的功能。但是，这种功能在于什么？它如何显露出来？因为可是没有什么被隐藏起来了，我们可是看到了整个命题！这种功能必定在演算进程中显示自身。

654. 但是，人们现在要说："'non'对'p'**所做的**事情就是'ne'对它**所做的**事情，——它翻转了它。"但是，这只不过是"non p＝ne p"的另一种说法（这只有在"p"本身不是一个被否定了的命题的情况下才成立）。人们总是产生这样的想法：我们从符号所看到的东西仅仅是一个内部的外表，意指的真实的操作①则在这个内部之内进行着。

655. 现在，如下之点不是令人惊奇的吗：我说"是"这个词被

---

① 异文："(命题和语词的)意义的真实的操作"。

在两种不同的意义上加以使用(用作"ε"并且用作"＝"),而不想说它的意义就在于它作为"ε"和作为"＝"的用法?

人们想说,这两种使用方式并非给出了**一个**意义;同一个词兼有多种职能是一个非本质的偶然情况。

656. 但是,我如何能够决定哪个事项是一个符号系统的一个本质的特征,哪个事项是其非本质的、偶然的特征?在一个符号系统之后竟然有这样一种实在吗:其语法要视它的情况而定?

我们来设想游戏中的一种类似的情形:在皇后跳棋中皇后是通过如下方式标记出来的,即人们将两个棋子摞在一起。现在,人们不是会这样说吗:对于这个游戏来说,一个皇后由两个棋子构成这点是非本质性的?

657. 假定我们说:一个石子(棋子)的意义就是其在游戏中的角色。——现在,在每一局棋开始之前都由抽签来决定哪一个玩棋的人执白子。为此,一个玩棋的人在每一只攥紧的手中都握有一个王,另一个人则凭运气来选择两只手之一。现在,人们要将这点算作王在象棋中的角色吗:它以这样的方式被用来作抽签决定之用?

658. 因此,我倾向于在游戏中也区分出本质的和非本质的规则。我想说,游戏不仅具有规则,而且也具有一个要义。

659. 为了什么目的要使用同一个词?在一个演算之中我们

可决没有使用这种同一性!——为什么对两者①使用相同的石子?——但是,在此"使用同一性"意味着什么?当我们恰恰使用同一个词时,难道这恰恰不是一种用法吗?

660. 在此,现在同一个词、同一个石子的使用似乎具有了一个目的——如果这种同一性不是偶然的,非本质的。好像这个目的是:人们能够再次认出这个石子,能够知道人们要如何玩棋。——在此谈论的是一种物理的可能性,还是一种逻辑的可能性?如果是后者,那么石子的同一性恰恰属于这个游戏。

661. 游戏可是应当经由规则确定下来的!因此,如果一条游戏规则规定王要被用来作一局棋开始之前的抽签决定之用,那么这点本质上就属于游戏。人们能够用什么来反对这点?这样:人们看不到这条规则的要义。或许有如人们也没有看到这样一条规则的要义一样:按照它,在人们在移动其之前,每一个石子都要旋转三圈。如果我们在一个棋类游戏中发现这条规则,那么我们会感到奇怪,并且会猜测这样一条规则的目的。("这个规定应当是为了阻止人们未加思考就走棋吗?")(正如人们[或许]会这样问一样:在洗牌后人们要"切牌",这种做法的根源是什么?)

662. "如果我正确地理解了这种游戏的特征,"我想说,"那么这点并非本质地属于它。"

---

① 异文:"对两种运用"。

663. 但是,请设想,将两种职能集于一身是一种古老的习俗。

664. 人们说,相同的语词的使用在此是非本质性的,因为字形的同一性在此并非是通向一个过道的桥梁。不过,借此人们只是描述了人们所要玩的那个游戏的特征。

665. 在做哲学时我们必须抵制的诱惑之一是:认为我们必须使我们的概念变得比它们实际的情况(根据我们的目前的认识状况所知道的样子)更为精确。这条歧途导向这样一种数学哲学,它相信为了获得哲学上的澄清,我们必须解决数学问题。(兰姆西。)我们只是需要对目前的处境做出正确的描述。①

666. 假定你告诉我你用一个命题做什么,你如何证实它,等等,那么我就理解了它吗?

667. "人们如何能够知道这个?"追问的是一种逻辑的②关联——如果"能够"意谓逻辑的可能性。

668. "什么是一把椅子?"

"一把椅子看起来是什么样子的?"它们或许是彼此独立的问题吗?

---

① 参见《哲学研究》§§124—125。
② 异文:"语法的"。

我们究竟是如何学习"椅子"这个词的意义的？人们是如何向我们解释它的？

669. 有关一个命题的证实的方式和可能性的问题只不过是"你是如何意指这个的"这个问题的一种特殊的形式。答案是对这个命题的语法的一项贡献。

670. 人们如何知道什么时候下雨了？我们看到、感觉到下雨了。"下雨"这个语词的意义是通过这些经验解释给我们的。我说，它们是下雨了这件事的"标准"。"什么是下雨"和"下雨看起来是什么样子的"是逻辑上具有亲缘关系的问题。——现在，经验已经告诉人们，气压计的突然下降和倾盆大雨总是一起出现；于是，我便将气压计的这样一种下降看作下倾盆大雨的**征候**。经验告诉我们一个现象是否是下雨的一种征候；什么被看作下雨的标准则是我们的规定①（定义）。

671. 没有比如下现象更为平常的了：一个表达式的意义②以这样的方式摇摆不定，即一个现象一会儿被看作征候，一会儿又被看作标准。大多数时候在这样一种情况下人们并没有注意到意义的变换。在科学中通行的做法是让允许特定种类的测量③的现象

---

① 异文："约定之事"。
② 异文："用法"。
③ 异文："准确的测量"。

成为一个表达式的定义性标准；于是，人们倾向于认为，现在那个真正的意义被**发现**了。以这样的方式大量的困惑便出现了。

存在着希望的程度，但是谈论希望的一种测量是没有意义的——如果我们让"希望"这个词的用法保持不变的话。现在，人们将"希望"这个名称给予比如一个可以测量的现象（它有时与希望一起发生）并且说，人们发现了一种测量希望的方法。不错，**在某些情况下**一个可以测量的现象占据了以前一个不可测量的现象所占有的位置。于是，表示这个位置的那个语词便变换了其意义，而其旧有的意义便或多或少地变得过时了。这时，人们借此来安慰自己：其中的一个概念是较为准确的，而另一个概念则是较不准确的；但是，人们没有注意到，在此在每一种特殊的情形中都存在着一种不同的"准确的"和"不准确的"关系。这是这样的古老的错误：不去查验特殊的情形。

672. 在标准和征候之间的语法上的摇摆不定让事情看起来好像是这样：似乎只有征候。于是，我们说比如："经验告诉我们，当气压计下降时，天就下雨了，但是它也告诉我们，当我们具有一种特定的潮湿和阴冷的感觉，或者一种特定的视觉印象时，天就下雨了。"作为这点的论据，人们这时指出：这些感觉印象可能欺骗我们。但是，在此人们没有考虑到，它们恰恰让我们误以为下雨了这个事实本身是以一个约定为基础的。

673. 在此，问题不在于我们的感觉印象可能欺骗我们，而在于我们理解它们的语言。（而且，这个语言，正如每一种其他语言一样,是以一致为基础的。)

674. 人们或许倾向于说:"天或者在下雨,或者没有下雨;我是如何知道这点的,关于这点的信息是如何到达我这里的,这是另外的事情。"不过,让我们因此而这样地提出这个问题:"我究竟将什么称作'关于天在下雨的信息'"?(或者,关于这个信息,我也只是得到了信息?)究竟什么东西将这种"信息"标示为某种东西的信息?在此难道不是我们的表达的形式误导了我们吗?这难道不恰恰是这样一种误导人的隐喻吗:"我的眼睛给予我关于如下事情的信息:那里放着一把椅子?"

675. "这把椅子以这样的方式存在着,即这点不依赖于是否有某个人知觉到它。"这是一个经验命题吗?抑或是一个被掩盖的语法规定?它说的当是如下之点吗:经验告诉我们,当人们将目光从其上移走时,一把椅子并非就消失不见了?

676. "哪个是我在水下看到的那个物体的'真实的状态',什么是那张桌子的'真实的颜色'?"你将哪个状态**称为**"真实的状态"?你自己可以就此做出决定。——人们如何发现那个真实的状态;你愿意将什么当作这种真实的状态的确定方法而予以承认?
有关证实的问题是一个有关**方法**的问题。(方法论。)

677. "从来不会有长有两个脑袋的人。"这样一个命题似乎以某种方式通达无穷的东西,不可证实的东西了,其意义似乎独立于每一种证实。但是，如果我们想要探究其意义，那么如下问题便完全正当地表现出来：我们能够有朝一日知道这样一个命题的真性吗？而且我们**如何**能够知道这点？我们能够有哪些根据接受或者拒绝这个命题所说出的东西？——现在，人们或许会说：人们追问的可是那个意义，而非人们是否能够以及如何能够知道它？但是，对于"人们如何能够知道这个命题"这个问题的回答并不是一个心理学的回答；相反，它解释了它与其他的命题的逻辑的，好比说是计算上的，关联。接受这个命题的可能的根据并非是私人的事务，而是这个演算的诸部分。

如果我问：人们如何**能够**证实命题"某个人在隔壁房间里"，或者人们如何能够查明某个人在隔壁房间里这点，——那么回答大概是："通过这样的方式：人们走进隔壁房间并且查看一下。"如果现在人们问："如果门上了锁，那么人们如何**能够**进入隔壁房间？"那么在此这个"能够"意谓物理的可能性，而并非像在前一个问题中一样意谓逻辑的可能性。

678. 我们为什么相信一个命题的诸原因对于我们所相信的究竟是什么这个问题来说自然是不相关的；但是，我们为什么相信这个命题的诸根据则并非如此，它们与它可是具有语法上的亲缘关系，并且向我们说出了它是什么命题。

679. 导向下述问题的那种本能正确地引导着我们：人们如何能够知道这样的某种东西；我们能够有什么样的根据接受这个；我们会从哪些经验推导出这样一个命题；等等。

680. 命题的意义可不是某种这样的东西,像材料的结构一样,我们探究它,并且或许部分说来是不可探究的。(数学的未得到解决的问题。)结果,我们事后还可能再一次地达到这样的结论:这个命题可能被不同于我们的存在物以其他的方式加以知道。(我不是在谈论征候。)结果,尽管它依然还是具有这个意义的这个命题,但是这个意义具有我们现在所预知不到的性质。一个命题,或者其意义,并不是这样的普纽玛式的存在物,它具有它的独立的生命,并且现在在经历着冒险,关于后者我们则不必知道任何事情。我们似乎从我们的精神中将精神——它的意义——注入给了它,但是,现在它拥有了它的独立的生命——像我们的孩子一样——而且我们只能观察它,并且力图探究它的本质。(数学。)

681. 假定现在人们问:"**从来不会有某某事项**"这样的说法有意义吗?——好的,存在着有关这点的哪些证据;什么得自于它?——因为,如果不存在任何证据——并非我们还没有能力获得它们,而是在演算中根本就没有**预先考虑到**任何证据——,那么借此这个命题的特征便被确定下来了。因此,正如一个数类的本质经由如下之点而确定下来了一样:我们说,这些数不可与有理数加以比较。

682. "从来不会发生某某事项"——人们相信,经由这个命题,他们便通达无穷的将来了。最低限度说来,一条铁轨已经铺在那里了,尽管我们还没有参观完整个路段。

如下观念构成了这种信念的基础:"从来不"这个词已经随身

带着这种无穷,因为这恰恰是它的意义。

事情取决于:我能够用这样一个命题做什么?因为针对"它说出了什么?"这个问题,人们又给出一个命题来回答它,而后一个命题并没有引导我走得更远——只要我还没有获知有关我应该用这些棋子走的步骤的某些事情。(只要我可以说只是一再地在我面前看到相同的游戏形式,而并没有看到任何我能够从其构造出来的其他的游戏形式。)因此,我听到人们说比如任何经验都不能证明这个命题,而这让我安心地接受其无穷的意义。

683. 从任何证据均不能看出这个命题是真的。是的,但是我还是可以**相信**事情恰如它所说的那样!不过,这意味着什么:"相信事情是这样的"?这个信念(可以说)通达无穷;它飞走在证实的前面了吗?——相信这点意味着什么:意味着带有特定的感觉说出这个命题吗?意味着按照某某方式行动吗?——只有在这些行动表明了我们如何在这个演算中使用这个命题的范围内,它们才令我们感兴趣。

684. 某个人问我:"你为什么捂着你的腮部?"——我回答说:"牙疼。"这显然与"我具有牙疼"意味着相同的东西;不过,我既没有在精神中补充上所缺失的语词,在意义上也不觉得缺少它们。"因此,如下之点也是可能的:我如此地意指'我具有牙疼',好像我只是说出了最后一个语词;或者,好像整个命题符号仅仅是**一个语词**。"

(人们说,"帽子和拐杖!"真正说来意味着:"请给我帽子和拐杖!")

由此人们可以看出,意指和意义意味着什么。

685. 请思考对于语言的这种运用:我派某人去买东西。我给他一张纸条,在其上写有这些符号:"三个红色的苹果。"他带着这张纸条来到杂货商那里;后者打开写有符号"苹果"的抽屉;然后,他在一张表上寻找"红色"这个词并且找到一个与其相对的有颜色的小牌子;现在,他说出基数词的序列——我假定他记住了它们——直到"三"这个词并且在说出每一个数字时他都从抽屉里取出一个具有那个小牌子的颜色的苹果。——人们就是以这样的方式以及类似的方式用语词进行运算的。——"但是,他如何知道应当在哪里和如何查找'红色'这个词并且他须使用'三'这个词做些什么?"——好的,我假定,他像我所描述的那样**行动**。解释终止于某处。——但是,"三"这个词的意义是什么?——在此根本涉及不到这样一种意义;在此涉及的仅仅是"三"这个词是如何被使用的!

686. "意义"这个词在被系统地加以运用时带有一种危险的玄妙味道。正因如此,如果我们在语言的原始的运用方式中来研究语言现象,这很好。在这样的语言形式和运用中来研究它们:小孩们在开始学说话时所使用的那些形式和运用。

在此语言的教学绝不是解释,而是一种训练。

687. 让我们设想比如下面这个语言游戏:在打开一个房间内

的电灯时人们对着一个小孩说："明亮"，接着，在关掉电灯时说："黑暗"；人们多次地做这件事，变换着时间长度，用紧迫的语调说话，或许还用手势伴随着这些语词。然后，人们打开隔壁房间的电灯并且将其关上，并让这个小孩向我们报告："明亮"，或者"黑暗"。

现在我应该将"明亮"和"黑暗"称为命题吗？好的，这要看我的意愿了。——"与实际一致"的情况如何？

688. 当我描述特定的简单的语言游戏时，我并非是为了如下目的而这样做的：从它们出发，逐渐地描述成型的①语言的实际的过程，这只会导致不公正的结果。(尼克德②和罗素。)相反，我将这些语言游戏视作比较的对象。毋宁说，我们让这些语言游戏保持它们事实上所是的样子。它们只应当将它们的澄清的效果扩散到我们的问题之上。

689. 现在，人们可能反对说："'明亮'和'黑暗'这些语词在此是被意指为命题的，而非简单地被意指为语词。"这也就是说，在此我们并非是像在通常的语言中使用它们那样来使用它们的(尽管事实上我们也常常**这样**说话)。

如果某个人突然没有任何显而易见的缘由地说出"明亮"这个词，而且没有进一步地补充上任何东西，那么人们自然会问："你为

---

① 异文："通常的"。

② Jean Nicod(1893—1924)，法国哲学家和逻辑学家。他证明古典命题演算可以从仅仅一条公理和一个规则推导出来。

什么说'明亮',这有什么用呢?"或者:"你用'明亮'意指什么?'明亮'可绝不是命题!"不过,如果他在没有任何缘由和前后关联的情况下说出一个完整的命题,比如"他来了"或者"天是蓝色的",这对我们来说同样是不可理解的。另一方面,如果一个人在黑暗中寻找什么时向另一个人喊到:"明亮!"那么我们会像理解每一个命题那样好地理解它。

在前面的情形中,"明亮"这个语词的说出还绝不是这样的游戏的一个完整的步骤,即我们对之是有所准备的。

690. 不过,我们还是不要谈论作为一种不确定的且未得到理解的过程的意指,而是谈论一个语词的实际的、"实践性的"用法,谈论我们用它所做出的行动。

只有当意指是语言演算的一个部分(比如由想象图像构成的那个部分)时,我们才谈论它。这时,真正说来我们就不需要"意指"这个词了,因为这个词总是暗示:所涉及的是这样的过程,它们不属于语言,而是与其相对而立的;它们是这样的过程,其本性本质上不同于语言的本性。

691. 如果对于我们来说意指竟然还具有某种意义、重要性的话,那么一个意指的系统必须被匹配上一个命题的系统,而**无论这些意指是什么样的**过程。

692. 但是,我们如何区分开表达对于明亮的愿望的"明亮"和报告房间之明亮的"明亮"? 或许是通过如下方式:我们以不同的语调说出它,——带有不同的感觉(作为伴随物的意指)。或者它只是出现在一种不同的游戏关联之中。让我们设想,人们这样问:"皇后跳棋中的一个走法如何与 Schlagdamespiel① 中的一个石子的相同的移动区分开来?"

这种区别可能是这样的:对于"你意指的是什么"这个问题,他有一次回答说:"我意指的是你应该把灯打开",另一次他回答说:"我意指的是灯已经是亮着的了"。

693. 当一个淹没在水中的人大喊"救命"时,——他断定了这样的事实吗:他需要援助?如果没有援助他就会被淹死?

与此相反,存在着这样的情形,在其中人们好像是观察着自己并且说:"我现在具有这样的愿望……"

694. 现在,在什么范围内这个语言游戏中的"明亮"这个词与实际一致或者不一致?

我们如何使用"一致"这个词?——我们说"这两座钟是一致的",如果它们指向了相同的时间;我们说"这两把尺子是一致的",如果某些刻度线重合了(一致);一幅地图与一个对象一致。我们说,"这两个长度一致",如果它们是相等的;但是,当它们处于一种不同的、我们规定好了的比例关系之中时(地图的比例)我们也这样说。因此,应该如何理解"一致",这必须在每一种情形中首先得到解释。——一个长度报告与一个对象的长度的一致的情况也是

---

① 皇后跳棋的一个变种,以先输掉所有棋子的人为赢家。

一样的。当我说"这根棍子有 2.5 米长"时,我可以给出比如这样一种解释:为了按照这个命题用一把带尺核对这根棍子的长度人们是如何做的;人们如何按照这个命题比如制作一条 2.5 米长的测量带子。现在,如果以这样的方式制作出来的测量带子与这根棍子一致,那么我便说这个命题与实际一致。(顺便说一下,一条测量带子的制作形象地说明了我在《逻辑哲学论》中用下面的话所要表达的意思:一个命题走近实际。①)

当我现在教另一个人玩这个语言游戏并且这样说时:"明亮"(在我开灯时)和"黑暗"(在我关灯时),我本来也可以这样说,而且这样说并没有改变相关的意义:"这叫做'明亮'"(与此同时我打开灯)和"这叫做'黑暗'"等等,而且我本来也可以同样好地说:"这与'明亮'一致","这与'黑暗'一致"。

695. 在听到"一致"时,人们易于仅仅想到这种意义上的相似性:我们说两个对象是相似的,如果人们可能易于将它们彼此混淆(如果它们彼此看起来一样)。

696. 对于我们来说,表达式"与实际一致"不属于元逻辑②,而是属于我们的语言的实践的使用。

人们可以比如这样说:表达式"与实际一致"不出现在"明亮一

---

① 参见《逻辑哲学论》2.1511:"一幅图像**以这样的方式**便与实际连接在一起了;它抵达它。"

② "元逻辑"德文为"Metalogik"。

黑暗"这个语言游戏之中。

697. 弗雷格的观点——在一个断言中潜伏着一个作为被断定的东西的假定①——真正说来是以如下可能性为基础的：每一个断定句都可以写成"Es wird behauptet, daß das und das der Fall ist"（人们断定了如下之点，即某某是实际情况）这样的形式。

698. 但是，我们也完全可以将每一个断言都写成一个带有后置肯定（或者否定）的问题的形式。比如：不写"下雨了"，而写"下雨了吗？是的！"

这便表明在每一个断言中都潜伏着一个问题吗？

699. 我们可以设想这样一种人类语言，在其中没有任何断定句，而只有问题和肯定和否定。

700. 人们自然有权利运用一个断定符号，当人们与比如一个问号对照地使用它时。只是在人们坚持下面这样的意见时，这种做法才是误导人的：断言现在是由斟酌和断定（真值的赋予或者诸如此类的东西）两种行为构成的，而且我们按照所写下的命题完成这些行为大致就像我们照乐谱唱歌一样。

所写下的命题的大声地（或轻声地）读出的确可以与照乐谱唱

---

① 参见 G. Frege, *Kleine Schriften*, hrsg. von Ignacio Angelelli, Zweite Auflage, Hildesheim: Georg Olms, 1990, S. 136—137, 346—347.

歌加以比较；但是，命题的诸符号并不是心灵的意指活动的信号。好像诸符号存在于命题之中，而诸意义则存在于思维之中。

701. 人们也可以将如下之点看作弗雷格的断定符号的功能：表示断言的开始。因此，它相应于句首的大写字母，或者前面的命题的句点。于是，断定符号就是两个这样的括号之一，它们将一个独立命题与作为另一个命题的一个部分的命题区别开来。（这部分说来肯定也符合弗雷格的想法。）将这种区别强烈地强调一下是重要的。因为我们的有关否定和思维的哲学困难某种意义上说就源起于如下事实：我们没有看到，命题"⊢～p"或者"⊢我思维 p"与命题"⊢p"尽管共同具有"p"，但是并非共同具有"⊢p"。

702. 我们也可以设想一种仅仅由命令构成的语言。

703. 让我们设想语言游戏的巨大的多样性：
做一个报告，如："明亮"，"黑暗"；
下达一个命令（"开灯！"，"关灯！"）；
用"是"或者"不"来回答问题"明亮吗？"，"黑暗吗？"；
执行一个命令；
提问，并且给出回答，检验其正确性；
执行否定性的、析取性的命令；
说出一个猜测（"我现在将打开哪张地图"）并且证实它；
将一种记法转换成另一种记法；
引出结论；

解一道应用计算题；

制作一张图样并且描述它；

讲述一个事件的过程；

编一个故事；

建立一个假说并且检验它；

编制一张表格；

问候；

训练一个动物对符号做出反应，等等，等等；

讲述一个笑话。

704. 在此回想一下孩子们是如何在这样的语言游戏里学习讲话的总是有帮助的。想象一个拥有一种原始语言的原始部落也是有帮助的。这样一个语言，比如它仅仅是由战争中的命令构成的；或者，是由命令和报告构成的。比如是由画出来的报告构成的，而后者属于一种简单的图画式的表现形式。（请思考一下：**文字**曾经仅仅是为了非常特殊的目的才被运用的。）——即使成年人也在学习新的语言形式，——当他学习一种新的计算及其应用时；或者，当他学习制作或解读测量结果的图解表现时。

705. 请思考如下事实：人们将掷骰子称为游戏，但也将拔河和轮舞称为游戏。

皇后跳棋中有某种东西对应于象棋中的错误的（也即无益的）走法，在桥牌等等中也有某种对应的东西；但是，在报数游戏中则没有任何对应的东西。

这种意义上的错误的走法本质上属于游戏；它并非是对游戏的一种污染，像跳舞中的一个错误的步伐一样。

现在，请想一下非真的命题在语言游戏中所扮演的角色。心理学实验中的被试应当说出他看到了什么；——他错误地描述了他的经验。——气象学家对将来的天气做了一次预报；它没有应验。

706. 如果我们没有看到有**大量**语言游戏，我们便倾向于提出这样的问题："什么是一个问题？"它是这样的论断吗：我不知道某某事情？或者是如下论断：我希望另一个人会向我说……？抑或，它是我的不确信的心灵状态的描述？"救命！"这声呼喊是这样一种描述吗？

707. 请思考一下有多少不同种类的东西被称为"描述"了。请思考经由一个图样、一个平面图而对一个物体的位置所做的描述，另一方面，思考一下对一种疼的感觉的过程的描述。

708. 人们自然可以引入下面这样的断言或者描述的符号系统来取代通常的问题的符号系统："我要知道是否……"或者"我怀疑是否……"，——但是，借此人们并没有使得不同的语言游戏彼此更为接近了。

709. 好像我们可以说，提问的声调对于问题的意义来说是适当的。

哭喊对于疼痛来说是适当的吗?

710. 人们有时说:猴子不说话,因为它们缺乏精神能力。而这就意味着:"它们不思维,所以它们不说话。"但是:它们恰恰不说话。也即:它们不玩任何语言游戏。或者这样说更好:它们**不运用语言**。下命令、提问、讲述什么、闲聊均是自然的行动,正如走路、吃饭、喝水、玩游戏一样。

711. 这与如下想法联系在一起:语言的学习在于人们命名诸对象,而且是这样的对象:人、形状、颜色、疼痛、情绪、数,等等。

712. 正如已经说过的——命名是某种类似于将一个名称标签贴在一个东西之上这样的事情。人们可以将这种做法称作为使用一个词所做的一种准备。但是,它是**对什么**的一种准备?

713. "我们命名事物,现在便能够谈论它们。在说话时指涉它们。"——好像随带着命名行为,我们接下来要做的事情就已经给定了。好像只有一种叫做"谈论事物"的东西。然而,我们当然用我们的命题来做极为不同种类的事情。

714. 只要想一下比如惊呼语——它们有着完全不同的功能——就够了。水!——走开!——哎哟!——救命!——好极了!——不!

现在你还倾向于将这些词都称为"名称"吗?

第 一 部 分

715. "如果人们不表露出他们的疼（不呻吟，面部没有扭曲，等等），情况如何？——这时，人们便不能将'牙疼'这个词教授给一个小孩。"——好的，现在我们假定，这个小孩是一个天才，他自己为这个疼发明了一个名称，尽管人们没有教给过他任何名称！——但是，现在他自然不能用这个词来让别人理解他的意思！——因此他理解这个名称，却不能向任何人解释它的意义吗？——但是，如下说法究竟意味着什么：他"**命名了他的疼**"？——他是如何做到这点的：命名那个疼？？而且，无论他做了什么，这种做法具有一种什么样的目的？——当人们说"他已经将一个名称给予了这种感觉"时，人们忘记了，为了使单纯的命名活动具有意义，在语言中人们必定已经做了大量的准备工作。而且，当我们谈到他将一个名称给予了那个疼时，"疼"这个词的语法在此便是那种准备好的东西；它指明了这个新词被安置于其上的那个位置。

716. 为什么思想——期待、信念——绝不是单纯的没有意义的游戏？

我的思想与实际情况具有什么关系？——什么使得期待对于我们来说成为对于实际的期待？

我有这样的感受：只有对一幅图像的态度才能使其对于我们来说成为实际的图像；这也就是说，才能将其经由如下途径——对于这种态度来说两者意谓相同的东西——而与实际如此地结合在一起：可以说就像这样一个连接板一样，它建立了从这幅图像到实际的过渡，让两者彼此处于适当的位置。

如下之点是真的:对于我们来说,一幅肖像是通过如下方式而获得其意义的,即我们对它的态度与我们对这个人的态度共同具有某种东西。

717. 什么将信念,深信,与实际结合在一起?① 我或许想要说:"信念在我们之内,而实际在我们之外;两者彼此隔绝。那么,我的信念能够具有什么样的意义?"——好的,相信的人实际上只是制作了一幅图像,而这幅图像与实际的结合不过就是经由这幅图像的独特的产生过程或者经由这幅图像的符号的解释而造成的那种结合。但是,为我们自己制作图像构成了我们的生活的一个部分。②

718. 如下问题有意义吗:"你是从哪里知道你相信它的?"——回答或许是这样的吗:"我是通过内省认识到这点的"?

在一些情况下人们可以说出这样的东西,在多数情况下人们不能这样说。

如下问题有意义吗:"我真的爱她吗? 在这点上我不是只是在自己欺骗自己吗?"而且这种内省过程就是记忆的唤醒;关于可能的情形和人们会具有的诸感受等等的心象的唤醒。

---

① 异文:"什么将信念的表达与实际结合在一起?"
② 此段话引号后的文字出现在 MS 115:93。在该页顶部维特根斯坦补写上了如下评论:"请设想,某个人画了一幅有关他的朋友回归故里的图像,他相信这个事情。他深信不疑地审视着它。按照这种信念行动。"

第 一 部 分

719. 人们将内省称为**察看**的过程——与**看到**相对。

720. 如果我这样来理解"相信"这个词,以至于我倾向于说:"我不**可能**在相信而又不知道我在相信",那么正因如此如下说法便没有意义了:"我知道我相信某某"。正如如果我"不**可能**具有牙疼而又不知道这点"(因此,当"我具有牙疼"不应该意味着"我具有这样的牙疼,它起因于一颗坏牙"时),那么如下说法便没有意义了:"我知道我具有牙疼"。

(也请思考如下问题:"你是如何注意到你具有疼的?"甚至于思考如下问题:"你是如何注意到你具有可怕的疼的?"——与此相反:"你如何注意到你将得到疼?")

721. (如下问题属于这里:谈论命题"我具有牙疼"的证实具有哪种意义? 在此人们清楚地看到了,"这个命题如何得到证实"这个问题从一个语法领域到另一个语法领域转换了其意义。)

722. "我相信……"是信念的**表达式**吗? 抑或是心灵状态的描述?

723. 命题"天要下雨了"是我的精神活动的描述吗——因为它可是对我的思想即天要下雨了的复述? ——如果我们考虑到如下事实:思维可能在于说话,而绝不是思想表达的伴随物,那么我们将不会轻易地倾向于将这个命题称为精神活动的描述。

724. 人们可以用语词实施相信。

725. 另一方面,我们为什么不能说,"我相信……"这个断言是对心灵状态的描述?借此肯定没有说错任何东西。因为"心灵状态"和"心灵状态的描述"可是意味着如此多的东西。

726. 现在,人们可能这样来理解(错误地)这个事情:人们之所以没有提出"你是如何知道你具有牙疼的"这个问题,是因为人们是从牙疼(本身)直接地得知这点的,而人们是间接地比如经由一个声响得知一个人待在另一个房间里的。我经由直接的观察知道其中的一个,而间接地获知另一个。因此:"你是如何知道你具有牙疼的"——"我知道这点是因为我具有这个牙疼"——"你是从你具有它这个事实推知这点的吗?"但是,为此你不是必须已经知道了你具有它这点吗?——从牙疼到断言"我具有牙疼"的过渡恰恰完全不同于从声响到断言"有人待在这个房间里"的过渡。这也就是说,这些过渡属于完全不同的语言游戏。

727. 我具有牙疼这点是我具有牙疼这个假设的**一个根据**吗?

728. (人们可以通过如下方式让哲学家们陷入困惑之中:不仅在哲学家们讲胡话的地方讲胡话,而且也讲这样的胡话,哲学家们[会]害怕讲它们。)

729. 人们是从实际中推断出一个命题的吗?因此,比如"从实际的牙疼推断出人们具有牙疼"？但是，这只不过是一种不正确的表达方式；我们必须这样说：人们从人们具有牙疼这点推断出人们具有牙疼这点（显而易见的胡说）。

730. "为什么你相信当接触到炽热的炉底板时你会烫伤自己？"——对于这个信念，你有根据吗；而且，你需要根据吗？

731. 当你相信它时，你可以说始终随身带有这些根据吗？
当你比如拒绝接触炉底板时，你始终明确地相信它吗？
人们用"信念的根据"所意指的东西就是人们用"相信的原因"（相信过程的原因）所意指的东西吗？

732. 对于如下假设，我有什么样的根据：当我的手指碰到这个桌子时，它将感受到一个阻力？对于如下信念，我有什么样的根据：这支铅笔并非可以不令我疼痛地穿过我的手？——当我问及这点时，会有成百的根据报上名来，它们彼此几乎不想给对方以表达出来的机会。"我自己可是无数次地经历过这件事；而且，同样经常地听到类似的经验；如果情况不是这样的，那么……；等等。"

733. 当我走近我的房间门时，我明确地相信如下之点吗：它可以打开，——其后面是一间房子，而不会是一个深渊，等等？
让我们用相信的表达来取代相信。

734. 基于一个特定的根据而相信什么，这意味着什么？如果我们用相信的表达来取代相信,那么这相应于如下之点吗:在说出被提供根据的东西之前,人们先说出根据?

735. 于是,"你是基于这些根据而相信它的吗?"是一个与如下问题类似的问题:"当你向我说 25×25 是 625 时,你真的做了这个乘法了吗?"

736. "基于哪些根据你相信这点"这个问题可以意味着:"从哪些根据你现在推导出了这点(你现在推导出了这点吗)";但是也可以意味着:"你事后可以给我为这个假设提供哪些根据?"

737. 因此,事实上,我可以将一个意见的"根据"理解为仅仅指一个人达到这样的意见之前向自己说的话。他事实上所进行的计算。

738. 如果我问某个人:"你为什么相信,这种胳膊运动会带来一种疼痛?",并且他回答说:"因为它有时引起它,而有时又没有引起它",那么我将说:"这可绝不是你的假设的原因"。

现在,如果他这样回答我,如何:"噢,当然是!当我具有这种经验时,我就总是做出这个假设"?——这时我们会说:"在我看来,你给出了你的假设的原因(心理学的原因),而并非根据。"

739. "你为什么相信这会发生?"——"因为我已经观察到过它两次。"

或者:"你为什么相信这会发生?"——"因为我已经多次观察到过它;而且显然事情是**这样**进行的:……"(接下来的是对一个全面的假设的阐述)。但是,这个假设,这幅全总的图像,必定使你明白。在此根据的链条**不再**继续下去了。——(人们可能更愿意说,它终结了。)

740. 人们想要说:只有当我们理解了这些过程(拥有了正确的假设)的时候,我们才从以前的经验推导出将来。当我们假定了在两个观察到的轮子之间存在着正确的、实际的机制时。不过,还是让我们思考一下:究竟什么是有关我们的假设是正确的假设这点的标准?

这幅图像和这些材料让我们产生了深信,并且没有把我们又带到更远的地方——带到其他的根据。

741. 我们说:"这些根据让人深信不疑";在此所涉及的并非是这样的前提,我们所深信的东西从其中**得出**。

742. 如果人们说:"给定的材料在如下范围内构成了有关 p 将发生这个信念的根据,即它得自于这些材料和所假定的自然律",——那么这恰恰等于说:所相信的东西**并非**得自于这些材料,毋宁说它等于一个新的假设。

743. 这时,如果一个人提问说:但是,以前的经验如何**能够**是如此这般的事情稍后将要发生这样的假设的根据?——那么回答是:关于这样一种假设,我们究竟具有什么样的关于其的根据的一般的概念?我们恰恰将这种关于过去的情况的陈述称为这个事情在将来会发生这个假设的根据。——如果人们对我们玩这样一种游戏①这点感到惊奇,那么我便援引一种过去的经验的**结果**(援引这样的事实:一个被烧伤过的小孩惧怕火)。

744. 如果谁说关于过去情况的陈述无法让他深信某种事情将来会发生,那么他用"深信"这个词所意指的东西必定不同于我们用其所意指的东西。——人们可以问他:你究竟想听到什么?你将什么样的陈述称为相信这点的根据?你究竟将什么称为"深信"?你在期待什么样的深信?——如果**这些**绝不是根据,那么究竟什么是根据?——如果你说这些绝不是根据,那么你当然必须能够说明,为了能够正当地说存在着我们的假设的根据,情况必须是什么样的。"绝不是根据"——:相对于什么?

745. 因为我们应当注意如下之点:在此根据不是这样的命题,所相信的东西从其中**得出**。

746. 但是,情况并非如此:好像我们要说,与知道相比,对于相信来说,恰恰更少的东西就足够了。——因为此处所关涉到的并非是对于逻辑地得出的接近问题。

---

① 异文:"语言游戏"。

747. 我们受到了下面这个说话方式的误导："这个根据是好的，因为它使得那个事件的出现变得非常可能了。"在此，我们好像就这个根据说出了进一步的东西，证明它是（好的）根据的东西；然而，通过这个根据使得那个事件的出现非常可能了这句话你并没有说出任何东西，除非其意思是：这个根据符合一个关于好的根据的特定的尺度，——但是，这个尺度并没有任何根据！

748. 一个好的根据是一个看起来**如此**的根据。

749. "这是一个好的根据，因为它使得这个出现变得非常可能了。"这在我们看来就像是："这是一个好的击打方法，因为它使得敌人丧失了战斗力"。

750. 人们想说："只是因为如下原因它才是一个好的根据，即它**真的**使得这个出现变得非常可能了。"因为，可以说，它对那个事件真的具有一种影响；进而仿佛是具有一种经验上的影响。

751. "你为什么假定，他心情会变得更好——因为我告诉你说他吃饭了？难道这就是一个根据吗？"——"这是一个好的根据，因为从经验上说吃饭对他的心情具有一种影响。"人们也可以这样来说出这点："吃饭真的使得如下事情变得更加可能了：他将具有一个好的心情。"

但是，如果人们想提出这样的问题："你从以前的经验中所带来的一切东西都构成了如下假设的好的根据吗：事情这一次也将是这样的",那么我现在就不能这样说了:是的,因为这使得这个假设的实现变得非常可能了。我在上面已经借助于好的根据的标准为我的根据进行了辩护;不过,现在我不能为这个标准进行辩护了。

752. 如果人们说"这种恐惧是有根据的",那么如下之点就不再是有根据的了:我们将这个看作恐惧的好的根据。或者,更为准确地说:在此不能再谈论根据了。

753. 借助于经验而做的辩护是有尽头的。如果它没有任何尽头,那么它便不是什么辩护。

754. 导致无穷后退的推理并非是"因为我们以这样的方式从来不能达到目的地"而被放弃的;相反,这是因为在此根本就没有一个目的地,以至于"我们不能达到它"这种说法根本就没有任何意义。

755. 我们易于认为,我们必须继续沿着这个后退再往前走几个阶段,然后可以说绝望地放弃它。然而,其无目的地的性质(这个演算中缺少目的地)从初始位置即可得知。

756. 我将我的手放在炉底板上,感觉到无法忍受的炎热,将手迅速地抽回。炉底板的炎热难道不是可能在下一刻停止下来吗?我能够知道这点吗?如下事情难道不是可能的吗:恰恰是因为我将手抽回来了,我才遭受了进一步的疼痛?

因此,如下说法不必是任何好的根据:"我抽回了它,因为炉底板太热了。"

757. 当人们这样问我时:"你确信你是**因为这个**而这样做的吗?"——在此存在着任何怀疑吗?

人们应当这样说吗:"我知道我那时是因为这个**意欲**做它的;而不知道:胳膊因为这个原因抽回来了"?

758. 因此,这或许意味着:你知道动机,而非原因。——你是如何知道你是出于这个动机做它的? ——"我记得我是因之而做它的。"——但是,你回忆起了**什么**?是你那时向你自己所说的话;还是恐惧的感受;抑或你的胳膊肌肉中的痉挛?

存在着许多非常不同的情形,在其中我们说:"这是我的行动的动机。"

759. 借助于语词"意欲"、"随意的"(与"不随意的"相对)人们描述了大量不同的经验。请思考如下情形:吃饭时我们举起拿着勺子的手——因为我们意欲举起它;另一方面,我们尽力举起一个重物,我们**试图**举起它。这样一种试图经验也出现于第一种情形中吗?——只是在如下范围内有所更改,即我们很容易成功地举起勺子?——或者,我写字:我是不随意地写字的吗?——但是,我的书写过程被意志行为伴随着吗?——在我写下一个字母前,我意欲写下它了吗?当我**意欲**深思一下、**意欲**回忆一下等等时,情况又是多么不同啊。在所有这些情形之间都存在着不同的、彼此交叠的类似性(家族相似性)。

760. 人们在举起胳膊情形中称作"意欲"的东西与肌肉感觉经验联系在一起。请试着想象,人们举起了(随意地举起了)一只胳膊而并没有**感受**到它举起来了(人们将它举起来了),而仅仅是用眼睛知觉到它举起来了。

761. 如果我们将我们的手指以一种特定的方式交叉在一起,那么我们不能按照命令举起一个特定的手指——假定下命令的人只是指着这个手指,只是指给我们看它。相反,如果他触摸了它,那么我们便能够活动它了。人们想以这样的方式来描述这种经验:我们不能**意欲**举起这个手指。这种情形完全不同于如下情形:我们不能举起这个手指,因为比如某个人将其紧握着。相反,"不能"这个表达式或者"试图"这个词在第一种情形中具有一种不同的,尽管是相似的意义。

现在,人们很容易倾向于这样来描述第一种情形:只要那个手指还没有被触摸到,人们就不能为意志找到任何**攻击之点**。只有在人们感受到它的时候,意志才能知道它须从哪里发动进攻。但是,这种表达方式是误导人的。人们想说:"如果这种感受没有指示出那个位置,那么我究竟如何知道我该用意志来对付哪里?"不过,我可以这样问:"如果那种感受出现在那里,那么人们究竟如何知道我要将意志引向何方?"

762. 人们想说,"意欲也仅仅是一种经验"("意志"也仅仅是"心象")。当它来到时,它便来到了,我不能导致它。

不能"导致"?——像什么?——我究竟能够导致什么?当我这样说时,我在将意欲与什么东西进行比较?

763. 究竟是在与什么相对的情况下,我在此将意欲称为"一种经验",或者说当它来到时,它便来到了?!

我在此想到的那种反论题存在于哪里?

764. 比如针对我的胳膊的运动,我不会说,当它来到时,它便来到了,我不能导致它,等等。在此我们面对着这样一个领域,在其内我们有意义地说:某件事情并非简单地发生在我们的身上,而是我们在做它。"我不需要等待,直到我的胳膊或许将举起来,——我能举起它。"在此我在将我的胳膊的运动与比如如下事项对立起来:我的心脏的猛烈的跳动将平息下来①。

765. 当我意欲时,这个行动就发生了。——"但是,当你意欲时,你也就意欲了吗?"——这没有任何意义。它没有任何意义这点源自于如下事实:在此"意欲"这个词从语法上说被错误地加以理解了,这就像是当人们这样想时,"时间"这个词从语法上说被错误地加以理解了一样:时间必定是以一个特定的速度流逝的。

---

① 异文:"风向要变了"。

766."我不能导致它"？在我究竟能够导致任何东西这种意义上，我当然能够导致它。我不能**意欲**它。而这也就意味着，说"我随意地（或者不随意地）意欲了它"没有任何意义。

767. 我的表达式来自于这点，即我过去将意欲设想成一种导致，——但是并不是将其设想成一种因致①，而是——我想说——将其设想成一种直接的、非因果的导致。但是，这种想法是以如下观念为基础的：这种因果联系是经由一种机制（比如一系列齿轮）而建立起来的两个机器部件之间的联结。如果这种机制受到了干扰，那么这种联结便可能断开。（人们想到的只是一种机制通常遭受到的那些干扰；而没有想到如下之点：比如齿轮突然变软了，或者彼此穿过对方，等等。）

768. 以这样的方式，当人们故意将自己置于困难境地时，人们便导致了意欲。比如，当人们为了学习游泳而跳进深水中时。

769. 请思考这个悖论："真正说来并不存在软的东西；因为即使最为柔软的垫子，当我躺在其上时，也具有**一种确定的**形状，而即使这种形状是由钢制成的，它也不能更为确定。"

---

① "因致"德文为"Verursachen"。后者是相应于"Ursache"（原因）的动词形式（二者的英文形式同为"cause"），意为：由某个原因而引起或导致。通常汉语中简单地译作"引起"或"导致"。这种译法过于宽泛。在本译稿中，有必要时，我们将译作"因致"。

770. 人们说:"或许有一天如下事情终将发生在你身上,即你看到了或者听到了这个";但是,人们并不说:"或许有一天如下事情终将发生在你身上,即你意欲这个"。人们想说,"这是因为,当你意欲时(有所欲求时),你能够时时意欲。因为你可是自己做这个的;并非是这个身体(它只是部分说来依赖于你),而是你。"①

771. 在此,人们将意欲主体想象成没有质量的(没有惯性的)东西,想象成这样一台发动机,在它自身之内它不必克服任何惯性阻力。因此,将其想象成单纯的推动者,而并非还是被推动者。这也就是说:人们可以说"我意欲了,但是我的身体没有听从我",但是不能说:"我的意志没有听从我。"(奥古斯丁。)②

但是在我不可能不成功地意欲的意义上,我也不能试图意欲。

772. 而且,人们可以说:"只有在我绝不能试图意欲的范围内,我才能随时**意欲**。"

---

① 这段话中"人们并不说……"之后的部分出现在 MS 115:106。在该页顶部维特根斯坦补上了如下评论:"人们的确说:我相信,你有一天会意欲这个的。"

② 在《忏悔录》VIII/8-9 节中,奥古斯丁说到,如下事情均是可能的:一个人意欲做某事,但是因为四肢不能自由活动而无法付诸行动;一个人或者其心灵命令自己意欲(做出一个意志行为),但是他(他的心灵)却未能成功地意欲(做出一个意志行为)。这也就是说,奥古斯丁似乎认为"我的意志没有听从我"是可能的。他给出的解释是这样的:在这种情况下,我的意志是不完全的,或者说我的心灵是病态的。在通常情况下,即在我的意志是完全的情况下,或者说,在我的意志是健全的情况下,我总是能够成功地意欲,我的意志总是听从我的。这时,我根本不必命令我的意志进行意欲。(参见 *Confessions*, tr. R. S. Pine-Coffin, Harmondsworth: Penguin Books Ltd., 1961, pp. 170-172)

773. 如下说法自然不是任何有关意志的自然史的断言：我不能试图意欲。动词"意欲"向我们建议：将意欲活动与所意欲的东西的实行活动加以比较，并且将语法的差别当作性质上的一种差别。

774. "意欲也仅仅是一种经验……"这是针对什么说的？如果在此所拒绝的那个假设是不正确的，那么人们如何可能犯这种错误？什么将我们误导到它那里？什么是作为如下观点的基础的那种观念、那种类比：存在着一个被动的原则，即心象，和一个主动的原则，即意志？

775. 在这种构想中肯定立即就出现了一个困难，也即：意志所完成的事情必定显示在心象之中。
我们意欲的是什么？**什么**是意欲的对象？

776. **做**就其自身来说似乎没有任何经验的体积。它似乎像是一个没有广延的点，一根针的尖部。这个尖部似乎是那个真正的施事者。而现象中发生的一切事情似乎仅仅是这种做的结果。"**我做**"似乎具有一种与所有经验分开来的确定的意义。

777. 但是，如果我思考一下这个表达式的**应用**，那么在此出现的总是游戏中的一种现象。

778. 引起存在着一种与经验分开来的做这样的印象的东西

是这样的表达方式的存在:"**我做**这个","**我举起胳膊**"——与之对照的是如下表达方式:"我的胳膊自己举起来了",或者"我感受到,看到,我的胳膊自己如何举起来"。

779. 当我们将直接的所予看成做和知觉时,我们便处于这样的表达方式的印象的影响之下。

780. 但是,请不要忘记一点:当"我举起我的胳膊"时,我的胳膊自己举起来;由此便出现了如下问题:如果我从我举起我的胳膊这个事实中扣除我的胳膊自己举起来这个事实,那么剩下的东西是什么?

781. 也请考虑如下之点:思虑活动是独立于这种动作的实际执行过程中发生的诸经验的。这也就是说,这种思虑、深思、选择可以发生,而且也可以做出决定,而随意的行动却没有发生。反之,随意的行动可以得到执行而并没有**任何**先行的深思发生。

782. 那么,一种随意的行动就不能被引起吗?——它因此就成了被强制的了吗?当我被捕了并被警察押走时,我是被强制着行走的。当我在公园里散步时,情况是一样的吗?原因竟然是一种强制吗??如下说法是正确的吗:"在这种情形中我之所以没有**感觉到**是受到强制的,这只是因为我不知道我之所以如此走动的原因"?有关一条自然律的知识是一种强制的感受吗?

783. 强制的感受、经验是对于原因的直接的知觉吗？——通常人们只是碰巧地推断出这个原因。

784. 请比较"强制"、"导致"、"试图"这些词的不同的意义。

785. 当我们通过一个麦秆吸管喝水时,我们便倾向于认为,我们是用嘴,用腮来吮吸的,因为我们在它们上感觉到空气压力,但是并没有感受到在用力的胸部肌肉中的任何努力。

786. 导致行动的思虑本身是一种经验或者活动吗？一般说来:思想是一种经验或者活动吗？——你要如何称呼它？（人们常常在小说中读到这样的说法:"突然他听到这样的话……"）

787. "我们愿望什么是发生在我们身上的事情,还是我们**做**的事情?"好的,这个问题有意义吗？如下问题自然是有意义的:"你是有意举起胳膊的吗？或者,它是自动地举起来的?"愿望是一种做还是一种经验这个问题或许可以意味着:愿望更像是胳膊的随意的举起,还是更像我的胳膊自己举起来了这种经验。（里希腾博格:"在思维。"[①]）

788. 如下追问也没有任何意义:"意欲真的是一种经验吗?"

---

① G. C. Lichtenberg(1742—1799),德国数学家、物理学家、天文学家、讽刺作家,以格言著称。

这个问题的独特的、坚硬的困难性已经表明,真正说来它绝不是问题。

789. "当意欲来到了时,它便来到了",这意味着,真正说来它必定是这样的某种东西,在它存在之前它便存在了。

790. 哲学问题看起来是无法解决的。直到人们看到存在着这样一种疾病,它坐落于表现形式之中。

791. 我的选择是自由的,这恰恰意味着:我有时做出选择。我有时做出选择这点确实是没有疑问的。人们称为"自由"的东西**仅仅**是这种选择本身。"我们只是相信我们做出选择"这种说法是胡说。我们称为"选择"的过程发生着,而不管这种选择的结果是否可以按照自然律加以预言。

792. 动机并不是一种"从内部来看的"原因!("内部的和外部的"这个比喻在此——正如在许多情况下一样——是完全误导人的。——它与关于脑袋中的心灵、一种生物的观念具有亲缘关系。但是,这个观念与其他不相容的观念混杂在一起了——正如"治愈所有伤口等等的岁月的侵蚀"这个命题中的隐喻那样。)人们假定,一个人知道他的行动的动机;——这告诉了我们有关"动机"这个词的意义的一些事情①。

---

① 异文:"这告诉了我们有关我们如何使用'动机'这个词的一些事情"。

793. 在问到一个假设的根据时,人们**想**起这些根据。在此所发生的事情同于如下场合所发生的事情吗:此时人们思考一个事件的原因可能是什么?

794. "你如何知道这真的就是你为什么相信这点的那个根据?",这就好像我问:"你如何知道**这**就是你所相信的东西。"因为,当他给出根据时,他便描述一种使用思想而进行的运算,后者导向所相信的东西(或许已经导向它了);即这样一种过程,按照其本性,它属于这个相信过程。

关于原因的问题和关于根据的问题之间的区别大概是这样两个问题之间的区别:"这个物体从 A 移动到 B 的原因是什么"和"它是从哪条道路上从 A 来到 B 的"。(在此人们看到,关于原因的说明如何也可以看成关于一条道路的说明。)

795. "人们只能猜测一个现象的原因"(而不能知道它);这点必定具有**语法的**意义。这并非意味着:我们无论如何也不可能知道这个原因。("在这个数列中,无论我们数到多远,我们也绝不能达到一个终点。"这也就是说:根本就不能谈论"这个数列的终点"。)

好的,如下说法是有意义的:"我只能猜测这种现象的原因";这也就是说,我还没有成功地"确定"(在通常的意义上)它。因此,与这样的情形形成对照:在其中我成功地做到了这点,在其中我知道这个原因。——但是,如果我将"我始终只能猜测这个原因"作为一个形而上学的命题说出，那么这意味着：在原因的情形中我将始终只是使用语词"猜测"而非语词"知道"，因此便区分开了诸不同的语法领域。（因此，这就像是我这样说一样：在等式中我将始终使用符号"＝"而非语词"是"。）在我们的第一个命题中误导人的东西是"只"这个语词；但是，这个语词自然恰恰完全属于包含在"能（够）"这个词的用法中的那个比喻。

796. 惧怕如何与令人惧怕的样子联系在一起？或者如何与令人惧怕的心象联系在一起？——我应当这样说吗："惧怕某种东西意味着知觉到它并且感到惧怕"？如果现在人们同时看到或听到了许多东西，这时人们便对如下之点怀有疑问了吗：哪个东西是引起惧怕的东西？——或者，人们或许恰恰是从以前的经验中知道这点的：人们惧怕的是所有这些东西中的哪一个？

我想说：惧怕某种东西就是关注于惧怕的对象。——惧怕并非**伴随着**这个样子。相反，令人惧怕的东西和惧怕具有脸部的结构。让我们设想，我们激动地用眼睛跟随着一张脸的特征；可以说哆哆嗦嗦地追踪着它们。

797. 我们要区分开惧怕的对象和惧怕的原因。

798. 因此，将惧怕或欣喜注入给我们的那张脸（惧怕、欣喜等等的对象）并不是其原因，而是——人们可以说——其方向。

799. "无疼的状态预设了感受到疼的能力",这绝不可能是生理学的能力。

当我说"我在胳膊里不具有疼"时,这样的说法的意思是这样的吗:我具有一种影子式的感受,它暗示了当这个疼来到时它会出现于其上的那个位置?

在什么程度上当下的无疼的状态包含着疼的可能性?

当一个人这样说时:"'疼'这个词为了具有意义,事情必须是这样的:当疼出现时,人们将疼认作疼"时,人们可以回答说:这并不比如下事情更为必要:人们认出疼的缺乏。

800. "疼"可以说意味着整把尺子,而非其诸刻度线中的一条。这种状态处于一条特定的刻度线之上,这点要经由一个**命题**来表达。

801. 绝对的安静可以混同于内在的耳聋(我指的是对声音概念的不熟悉)吗? 如果事情是这样的,那么人们就不能区分开声觉的缺失与另一种感觉的缺失了。

但是,这个问题难道不是恰恰同于这样的问题吗:现在在其周围没有看到任何红色的东西的人的情况与没有能力看到红色的人的情况是相同的吗?

看到红色的能力表现在哪里? 对声音概念的熟悉表现在哪里?

人们会说:他必定知道"声音"意味着什么。但是,知道这点意味着什么? ——我说:"我知道'红色'意味着什么。"——某个人问:"你确信吗?"——为了让我确信这点,我在此会做什么?

802. 当人们说出下面的话时,人们似乎就无疼的状态说出了什么:它必定包含着疼的可能性。但是,人们只是在谈论我们所运用的图像的系统。

803. 人们想说:"灰色必定被想象成已经处于更暗和更亮的空间之中,——如果我要谈论这点的话:它能够变得更暗或者更亮。"——这也就是说:如下之点**可能**属于这个命题的理解,即人们在面前看到某种(实际上)更亮和更暗的东西,而且人们这时或许说:"这种灰色可以变成**这样**,也可以变成**那样**",在此过程中人们指向样品。

804. 我能够设想我的指甲上的或者我的头发上的疼吗?——这些疼不是与下面这样的疼同样可以想象或者同样不可想象吗:它们存在于我的身体的某个这样的位置之上,在其上我(现在)恰好不具有疼,而且我也没有回忆起其上的任何疼?——关于可能性的这幅图像包含在思想之中,也即,包含在**语言**之中。

805. 这种感受是这样的:一个否定着的命题为了否定一个命题,似乎必须首先在某种意义上使其成为真的。(请比较期待和实现。)

"⊦~p"并没有包含着"⊦p"。

第二部分

一、哲学

（一）哲学的困难不是科学的理智上的困难，而是一种转变的困难。要克服的是意志的阻力

1. 正如我常常说的那样，哲学并没有引导我做出任何放弃，因为我并非是在放弃说出什么，而是在将某种语词结合当作没有意义的而弃置不用了。不过，在另一种意义上，哲学却需要一种放弃，不过是情感上的，而非理智上的。或许这就是让许多人感觉它如此困难的原因。不使用一种表达式，这可能是困难的，正如抑制住眼泪或者愤怒的爆发是困难的一样。

2.（托尔斯泰：一个对象的意义[重要性]包含在其普遍的可理解性之中。①——这既是真的又是假的。使得这个对象难于理解的东西——如果它是有意义的、重要的——并不是这点：为了理解它需要某种有关深奥的事物的特别的教导，而是这个对象的理解与大多数人**意欲**看到的东西之间的对立。正因如此，最容易理解

---

① 参见托尔斯泰的如下评论：
　　堕落的艺术对于人们来说可能是不可理解的，与此相反，好的艺术对于所有人来说任何时候都是可以理解的。
　　……
　　伟大的艺术作品之所以是伟大的，仅仅是因为所有人都能够接近它们，理解它们。（"Was ist Kunst?", in *Ästhetische Schriften*, *Gesammelte Werke*, hrsg. E. Dieckmann und G. Dudek, Bd. 14, Berlin, 1968, Kap. 10）

的事情可能会变成最难理解的事情。要克服的不是理智上的一种困难,而是意志上的一种困难。)

3. 哲学中的工作——正如在许多情况下建筑中的工作一样——真正说来更多地是在一个人自己身上做的一种工作。在自己的看法之上的工作。在人们看待事物的方式上的工作。(人们所要求于它们的东西。)

4. 大致说来,按照古老的观点——比如(伟大的)西方哲学家们的古老的观点——存在着两类科学意义上的问题:本质性的、伟大的、普遍的问题,和非本质性的、可以说偶然的问题。与此相反,我们的观点是:绝不存在任何科学意义上的**伟大的**、本质性的问题。

(二) 哲学指出我们的语言的使用中那些误导人的类比

5. 按照我使用语法这个词的方式,它仅仅是诸语言的实际的运用的描述吗?结果,人们真的可以像理解一门自然科学的命题那样来理解其命题吗?

人们可以称此为与关于思维的描述科学相对的关于言说的描述科学。

6. 的确,象棋的规则也可以被理解成取自于人类自然史的命题。(正如动物的游戏在自然史书籍中被描述一样。)

7. 当我纠正一个哲学错误并且这样说时:人们总是这样来想象这个事情,但是事情并非如此,我必定总是指向了一个人们据以思维的类比,不过,人们并没有将其认作类比①。

8. 一个被吸纳进语言之中的错误的类比的后果:它意谓一场持续的战斗和不安(好像是一种持续的刺激)。事情正如如下情况一样:一个东西从远处看似乎是一个人,因为这时我们没有知觉到某些东西,而从近处我们看到它是一个树桩。如果我们站得稍微远一点,那么这种解释便看不到了,出现在我们前面的似乎是一个形状;如果我们接着再近一点儿看,那么我们又看到另一个形状;如果现在我们站得远一点,等等,等等。

9.(语法不清的令人不安的特征。)

10. 做哲学就是:拒绝错误的论证。

11. 哲学家力图找到那个(句)打破僵局的词(话),即这样的语词(话),它最终允许我们把握直到现在为止不可捉摸地加重我们的意识的负担的东西。

(这就像是人们的舌头上有一根头发一样;人们感觉到了它,但是就是不能抓到它,因此不能将其弄掉。)

12. 哲学家为我们提供这样的语词,我②借助于它可以将事情表达出来并且使其不具有危害。

13.(我们的语词的选择之所以如此重要,这是因为我们应该精确地说中事情的貌相,因为只有那种精确地瞄准的思想才能够

---

① 异文:"我必定总是指向了一个人们据以行事的类比,而且这个类比是不正确的"。

② 异文:"人们"。

通向正确的轨道。车厢必须丝毫不差地放在铁轨上,以便其能够正确地连续滚动下去。)

14. 最为重要的任务之一是将所有错误的思路如此特性鲜明地表达出来,以至于读者说"是的,我恰恰是这样意指它的"。描绘每一种错误的貌相。

15. 的确,只有在如下情形中我们才能证明另一个人犯了一个错误,即:他承认,这个表达式(真的)是他的感受的正确的表达式。

16. 因为,只有在他承认它是这样的东西时,它才是那种正确的表达式。(心理分析。)

17. 另一个人所承认的东西是我作为他的思想的根源而向他提供的那种类比。

(三) 我们的语法研究的根本性的感受来自于何处?

18. (我们思考各种不同的问题,比如"这个物体的比重多大","今天天气仍然会很好吗","谁将接下来走进门来",等等。不过,在我们的问题中出现了这样一些特殊种类的问题。我们在此具有不同的体验。这些问题似乎比其它的问题更为根本。现在我说,当我们具有这种体验时,我们便到达了语言的界限。)

19. 这种考察从哪里获得其重要性,因为它可是似乎只是毁坏了一切令人感兴趣的东西,也即一切伟大的且重要的东西?(可以说所有大型的建筑物;在这个过程中它只留下了碎石和瓦砾。)

20. 如下考察从那里获得其重要性:它让我们注意到,人们能够以不止**一种**方式使用一张表格,人们能够将一张表格设想成一张表格的使用说明,人们也能够将一个箭头看成从尖部到尾部看的方向指针,我能够以多种方式将一个样品当样品用?

21. 我们将语词从其形而上学的运用中再次地引导回其正常的①运用中来。

(说人们不能两次踏进同一条河流的人说出了某种错误的东西;人们**能够**两次踏进同一条河流。)

一切哲学困难的解决办法看起来都是这样的。我们的答案必定是——如果它们是正确的话——日常的并且平凡的②。不过,人们必须以正确的精神来审视它们,于是这就没有什么关系了。

["单纯的胡话。"]

22. 旧的哲学问题是从哪里获得其重要意义的?

23. 比如,同一命题似乎具有根本的意义。但是,这个"命题"是一句胡话这个命题接管了这种意义。

24. 我可以问:为什么我觉得一个语法玩笑某种意义上说是深刻的?(这自然是那种哲学的深刻性。)

25. 为什么我们觉得语法研究是根本性的?

26. (在其到底还是具有一种意义的地方,"根本性的"这个语

---

① 异文:"正确的"。
② 异文:"平淡无奇的并且日常的"。

词也不能意谓任何元逻辑的或者哲学的事项。)

27. 在我们能够将语言称为根本性的——比如称为其自身的根基——的意义上，语法研究是根本性的。

28. 我们的语法研究可是不同于一个语文学家等等的语法研究：我们感兴趣于比如从一个语言到其它的、我们所发明的语言的翻译。一般说来，我们感兴趣于语文学家根本不考察的规则。因此，我们肯定可以强调这一区别。

29. 另一方面，如下说法是误导人的：我们处理的是语法的本质之处（他们处理的则是语法的偶然之处）。

30. "但是，这可仅仅是一种外在的区别。"我相信，不存在另一种区别。

31. 我们更可以说，我们称为语法的东西肯定不同于他们称为语法的东西。比如，我们恰恰区分开这样的词类，对于他们来说在那里不存在任何区别。

32. 语法的重要性就是语言的重要性。

33. 人们也可以说一个语词——比如"红色"——是重要的，因为与比如"烟斗盖"这个词形成对照的是，它经常地被使用并且被用来表示重要的东西。在这种情况下，"红色"这个词的语法是重要的，因为它描述了"红色"这个词的意义。

34.（哲学所能做的一切就在于摧毁神像。而这也就意味着不制造任何新的神像——比如在"一个神像缺席"的情况下。）

（四） 哲学的方法：语言的①事实的综览式表现
目标：论证的透明性。合理性

35. 一个人听说一条船的锚是由一台蒸汽机拖动的。他只是想到了那种驱动这条船的蒸汽机（正是据此它被称为蒸汽船），而不能解释他所听说的事情。（或许他只是后来才想到这个困难。）现在，我们向他说：不，它不是**这种**蒸汽机，相反，此外甲板上还有一系列其它的蒸汽机，而其中的一个提起船锚。——他的问题是一个哲学问题吗？如果他听说过船上还有其它的蒸汽机，而仅仅是现在必须让人提醒想起这点，那么它便成了一个哲学问题吗？——我相信，他之不清楚具有两个部分：就这个解释者作为事实而向他报告的东西来说，这个提问者本来很有可能将其作为一种可能情况而自己想出它，而且能够将他的问题以一种特定的形式，而非以一种对于这种不清楚的单纯的承认的形式，呈现出来。他本来可以自己消除这个怀疑的这个部分，与此相反，深思并不能教给他有关事实的东西。或者：对他的概念的任何排序均不能让他摆脱源自于他不知道真理这点的不安。

另一种不安和不清楚则是通过"在此我觉得有什么不对头"这些语词标示出来的，而解决办法则是经由（语词）"啊，原来是这样，你并非是指**这种**蒸汽机"标示出来的或者——对于另一种情形来说——是经由"啊，原来是这样，你用蒸汽机并非只是指活塞式蒸汽机"标示出来的。

---

① 异文："语法的"。

36. 哲学家的工作是为了一个特定的目的来收集纪念品。

37. 一个哲学问题就像是有关一个特定的社团的章程的问题一样。——事情好比是这样的：属于一个没有清楚地写下来的规则的社团的人们聚集到一起，但是他们具有对于这样的规则的需求；甚至于也具有这样一种本能，根据它在聚会时他们遵守某些规则；只是这点经由如下事实而变得困难了，即人们并没有就此做出任何清楚的宣布，并且没有做出任何使得这些规则清楚地显现出来的安排。因此，他们实际上将他们中的一个人看成主席，但是他并没有坐在摆好餐具的长桌上方，没有通过任何方式让人们认出他，这使得协商变得困难了。因此，我们来了，并且制定一种清楚的秩序：我们让主席坐在一个可以清楚地识别出来的位置，并且让他的秘书坐在他旁边的特别的小桌子旁，而其余的具有相同的权利的成员则分两列坐在这张桌子的两边，等等，等等。

38. 如果人们问哲学："什么是——比如——实体？"那么人们所要求的是一条规则。一条适用于"实体"这个词的普遍的规则，也即：我决定按照它来玩游戏。——我将说："什么是……"这个问题并非指涉一种特殊的——实际的——情形，相反，我们是从我们的书桌上来追问它的。为了看到如下事实，你只需要回忆一下同一律的情形：在解决一个哲学困难时，所涉及的并不是说出有关研究的对象（同一性）的新的真理。

困难现在仅仅在于理解一条规则的确立给我们提供了什么帮助。在我们被如此深地扰乱之后，它为什么让我们平静下来。让我们平静下来的东西显然是如下事实：我们看到了这样一个系统，它(系统地)排除了那些构成物——它们总是让我们不安,我们不知道用它们做些什么,但是我们却相信我们必须尊敬它们。这样一条语法规则的确立在这方面难道不是有如物理学中的一种解释的发现吗? 比如哥白尼的系统的发现? 一种相似性是存在的。——哲学的不安及其解决办法中的奇特之处看起来或许是这样的:它就像是这样的苦行僧的苦难一样,他边呻吟边阻挡着一个沉重的球,站在那里,一个人向他说:"让它滚下来吧",由此他便获得了解脱。人们自问道:如果这些你不知道用其做什么的命题让你不安,那么你为什么不早些放弃它们,什么阻止你这样做? 好的,我相信,他认为自己必须加以适应的东西是那个错误的系统,等等。

39. (如果我们能够将一种我们看作独一无二的情形与其它类似的情形加以比较,那么我们便会有一种独特的平静。当我们指出如下事实时,这种平静便总是出现在我们的研究之中:一个词不仅仅具有**一种**意义[或者不仅仅具有两种意义],而是以五种或六种不同的[意义]被使用的。)

40. 哲学问题可以与钱柜的锁加以比较:它们是通过一个特定的词或者一个特定的数的调准来打开的,结果,在恰恰这个词被猜中之前,任何强力都不能打开这扇门,而如果它被猜中了,那么为打开这扇门而做出的任何形式的努力都是不必要的[①]。

41. 综览式表现概念对于我们来说具有根本的意义。它标示

---

① 异文:"那么每个小孩都能打开它"。

了我们的表现形式,我们看待事物的那种方式。(一种看起来对于我们的时代来说具有典型意义的"世界观"。斯宾格勒。①)

42. 综览式表现促成了理解,后者恰恰在于:我们"看到诸关联"。由此便有了**中间环节**的找到的重要性。

43. 其语法得到了完全的澄清的命题便是从逻辑上说得到了完全的分析的命题。无论它是以什么样的表达方式写下或说出的。

44. 我们的语法首先就缺少**可综览性**。

45. 哲学不应当以任何方式损害语言的实际的用法②,因此,最后它只能描述它。

46. 因为它也不能为其提供基础。

47. 它不改动任何东西。

它也不改动数学,任何数学上的发现均不能使其有所前进。

对于我们来说,一个"数理逻辑的首要问题"(兰姆西)③就是一个数学问题,正如任何其它数理逻辑问题一样。

---

① 参见:O. Spengler, *Der Untergang des Abendlandes*; *Umrisse einer Morphologie der Weltgeschichte*, München: Verlag C. H. Beck, 1980, Band 1, Einleitung, §5; Band 2, Kap. III, §§15, 19.

② 异文:"实际上说出的东西"。

③ "数理逻辑的首要问题"(德文为"führendes Problem der mathematischen Logik";英文为"the leading problems of mathematical logic")一语源自于兰姆西。兰姆西所讨论的问题是所谓"判定问题":如何找到一个规则性的程序,以判定任何一个给定的公式是真的还是假的。(参见:F. P. Ramsey, *The Foundations of Mathematics and Other Logical Essays*, London: Routledge, 1931, p. 82)

48.（一个比喻属于我们的建筑物；但是，我们也不能从它那里抽引出任何结论；它不能将我们带到它自身之外，相反，它必定依然是一个比喻。我们不能从其中抽引出任何结论。当我们将一个命题与一幅图像加以比较时〔此时，我们如何理解"图像"这点必须事先已经在我们之内固定下来〕，或者当我将语言的应用与比如乘法演算的应用加以比较时，情况就是这样的。

哲学恰恰只是将一切摆放在那里，它不解释任何东西而且不推导出任何东西。）

49.因为一切均已经公开地摆放在那里了，也没有什么要解释的。因为或许被隐藏起来的东西引不起我们的兴趣。

对于有关否定的解释的问题的回答真正说来是这样的：你难道不理解它吗？好的，如果你理解了它，那么在此还有什么要解释的东西吗？一种解释在此还有什么要做的？

50.我们必须知道**解释**意味着什么。总是存在着这样的危险，即人们欲在逻辑中在取自于物理学的那种意义上来运用这个词。

51.（当方法论谈到测量时，它并不说，为了得到某某结果，我们用比如哪些材料制作尺子最为有利；尽管这的确也属于测量方法。毋宁说，这种研究仅仅感兴趣于在哪些情形下我们说一个长度，一种电流强度〔等等〕被测量了。它将列表给出我们已经运用的、我们已经熟悉的方法，以便由此来确定"长度"、"电流强度"等等语词的意义。）

52.如果人们想要在哲学中提出**论题**，那么人们绝不会就它们而进行辩论,因为所有人都会同意它们。

53. 哲学的学习**实际上**是一种回顾。我们记起,我们实际上是按照这样的方式使用这些词的。

54. 语言①的从哲学上来说最为重要的角度因为其简单性和平常性而被隐藏起来了。

(人们不能注意到它们,因为它们总是[公开地]出现在人们的眼前。)

55. 人们的研究的真正的基础根本引不起人们的注意。除非他们曾经注意到**这点**。(弗雷泽②等等,等等。)

而这也就意味着:最为引人注目的(最为强烈的)东西没有引起他们的注意。

56. (哲学的最大的障碍之一是对于新的、闻所未闻的③消息的期待。)

57. 人们也可以将这样的东西称为哲学:**在**所有新的发现和发明**之前**就已经是可能的东西④。

58. 这必定也涉及下面这点:我绝不能给出"命题"这个变项的

---

① 异文:"事情"。

② James Frazer(1854-1941),英国人类学家,著有《金枝》(*The Golden Bough*)。在上世纪三十年代初,维特根斯坦曾经对这本书中的观点进行过激烈的批评。相关评论1967年以"Bemerkungen über Frazers *The Golden Bough*"为名发表在 *Synthese* 17 之上。

③ 异文:"深刻的"。

④ 异文:"就已经存在的东西"。

解释。显然，这个逻辑概念，这个变项，必定属于"实在"或者"世界"这样的概念的层级。

59. 如果一个人相信自己发现了"人生问题"的解决办法，并且想要说，现在一切都变得十分轻松了，那么为了驳斥他自己他只需要回忆起如下事实：曾经有过这样一个时间，在其中这种"解决办法"还没有被找到；但是，即使**这时**人们也必须能够生活下去，考虑到这个时间，所发现的那种解决办法看起来不过是偶然事件。在逻辑中我们的情况是一样的。如果存在着对于逻辑的（哲学的）问题的一种"解决办法"，那么我们只需要将如下事实摆在自己面前：它们可是曾经没有解决办法的（而即使这时人们也必须能够生活和思考）。——

60. 所有的深思都能够以比我以前做出它们时更为平淡无奇的方式做出。正因如此，在哲学中也不需要应用任何新的语词，相反，语言的旧有的、日常的语词就足够用了。

61.（我们的任务仅仅在于公正行事。也即，我们只需指出并且解决哲学的不公正之处，而不是建立新的党派和信条。）

62.（在哲学中不夸大其词是困难的。）

63.（只要还未发现困惑的核心，一个哲学家就夸夸其谈，可以说软弱无力地喊叫。）

64. 哲学的问题是对于我们的概念中的无秩序状态的一种意识，而且要经由其排序而得到消除。

65. 一个哲学问题总是具有这样的形式："我简直找不到路了。"

66. 按照我做哲学的方式，其全部的任务就在于如此塑造表达式，以至于某些问题①消失了。((赫兹。②))

67. 如果我是对的，那么与其它所有问题不同，哲学问题真的可以完完全全地得到解决。

68. 当我这样说时：在此我们到达了语言的界限，这听起来好像总是这样的：在这里某种放弃是必要的；但是，相反，在此出现的是完完全全的满意，因为**没有任何**问题留下来了。

69. 诸问题在真正的意义上得到了消解——像一块糖溶化在水中一样。

70. 那些对于其论证的透明性没有任何需求的人相对于哲学来说是毫无希望的。

（五）哲学
语言惯用法的澄清。语言的陷阱

71. 事情如何成为这样的：哲学是一幢如此复杂的建筑物。如

---

① 异文："不安"。

② 我们知道，赫兹(Heinrich Hertz,1857-1894)对前期维特根斯坦产生过重要的影响。对后期维特根斯坦，赫兹的一些观点同样产生了重要的影响。按照赫兹的理解，在当时人们有关经典力学的一些基本概念的理解和解释方面存在着许多混乱和矛盾之处。正因如此，人们总是问比如"力的本质是什么？"这样的问题。赫兹断言，一旦相关的混乱和矛盾得到了澄清，相关的问题便得到了消解。这种思路显然深深地影响了后期维特根斯坦对于哲学的理解。（参见：Wittgenstein, *The Blue and Brown Books*, Oxford: Blackwell, 1958, pp. 26, 169; Hertz, *Die Prinzipien der Mechanik in neuem Zusammenhange dargestellt*, Leipzig: Barth, 1894, S. 8-9)

果它是那个最后的东西,独立于所有经验的东西——像你将其所冒充的那样,那么它肯定应当是完全简单的东西。——哲学解开我们的思维中的结;因此,其结果必定是简单的,但是其活动必定像它所解开的结那样复杂。

72. 利希腾博格:"我们的全部哲学就是语言惯用法的纠正,因此,也就是一种哲学的纠正,而且是最为一般的哲学的纠正。"①

73. (哲学的才能②包含在这样一种易感性之中,即从一个语法事实得到一种强烈的并且持久的印象。)

74. 为什么语法问题那么坚硬并且看起来是无法根除的——因为它们与古老的思维习惯,也即与在我们的语言本身中留下印痕的最古老的图像联系在一起。((利希腾博格。))

75. 哲学的教学与这样的地理学授课面对着同样巨大的困难,在其中学生们带有众多有关河道和河道与群山的关联的错误的并且错误地被简单化了的观念。

76. 人们被深深地埋入哲学的,也即语法的困惑之中。将他们从其中解救出来的前提条件是:人们将他们从他们落入于其中的那些极其多样的关联中拖出来。人们必须重组可以说其整个语言。——但是,这个语言之所以是这样形成的,是因为人们曾经倾向于——而且现在倾向于——**这样**思维。正因如此,这种拖出只

---

① 引自 G. C. Lichtenberg, Sudelbuch H 146, in *Schriften und Briefe*, hrsg. W. Promies, Bd. 2, München, 1971。

② 异文:"哲学的能力"。

有在这样的人那里才是可行的,即他们生活在一种对于这个语言的本能的不满①之中。相反,在这样的人那里这种拖出是不可行的,即他们按照他们的全部的本能生活在**这样的**人群之中,他们将这个语言作为他们的真实的表达而创造出来。

77. 语言为所有人都准备了相同的陷阱;那个由可以通行的②错路构成的巨大的网络。因此,我们看到一个人跟着另一个人走上相同的道路,而且已经知道他现在将在哪里拐弯,将在哪里继续一直往前走,而没有注意到岔路,等等,等等。因此,我应当在所有拐向错误的道路的地方立上牌子,它们帮助人们走过危险的地点。

78. 人们总是一再地听到这样的评论:哲学真正说来没有取得任何进步,我们还在研究希腊人就已经研究的那些同样的哲学问题。不过,这样说话的人并不了解之所以必然如此的根据。这个根据就是:我们的语言还是一仍其旧,它总是一再地诱导我们提出相同的问题。只要将来有这样一个动词"是",它看起来像"吃饭"和"喝水"那样起作用,只要有形容词"同一的"、"真的"、"假的"、"可能的",只要人们谈论时间的流动和空间的延伸,等等,等等,人们就会总是一再地遇到相同的谜一样的困难,人们就会总是盯着某种任何解释似乎都不能消除的东西。

顺便说一下,这满足了对于超验的东西③的渴求,因为在他们相信他们看见了"人类理智的界限"的过程中,他们自然相信他们

---

① 异文:"拒斥"。
② 异文:"维护得很好的"。
③ 异文:"超世俗的东西"。

能够看见它之外的东西。

79. 我读到如下段落:"……对于'实在'的意义,哲学家们并非具有比柏拉图更进一步的理解……"多么令人惊奇的事情。柏拉图竟然能够走那么远,这是多么不同寻常啊!或者,我们不能走得更远!这是因为柏拉图过于聪明了吗?

80. 我们在逻辑考察中总是一再地面临的那种冲突就像是这样的两个人之间的那种冲突,他们彼此订立了一份合同,其最后的表述却是以易于误解的词句记录下来的,与此相反,这些表述的说明则以不可误解的方式解释了一切。两个人中的一个现在记性很差,总是一再地忘记这些说明,误解这份合同的规定,因此不断地陷入困难之中。另一个人必须总是重新回忆起合同中的说明,消除困难。

81. 请你回忆一下,让小孩们相信(或者看到)下面这点是多么困难:一个语词实际上可能具有两种完全不同的意义。

82. 哲学的目标是在语言原本停下来的地方砌一堵墙。

83. 哲学的结果是某句单纯的胡话之发现和理智在冲撞语言的界限①时所得到的肿块。它们,这些肿块,让我们认识到了那种发现的价值。

84. 我们的研究是属于什么类型的研究?我是在研究我引以为例的诸情形的概率吗?或者其事实性?不是,我只是在引用可

---

① 异文:"终点"。

能的事情,因此我在给出合乎语法的例子。

85. 哲学并非是记录在诸命题之中,而是记录在一个语言之中。

86. 正如法律只有被触犯时①才让人感兴趣一样,某些语法规则只有哲学家们想要触犯它们时才让人感兴趣。

87. 野蛮人拥有这样的游戏(或者我们的确这样来称呼它们),他们并不拥有有关它们的任何成文的规则,任何规则清单。现在让我们设想这样一个研究者的活动,他游历到这些民族的地区并且为他们的游戏编制规则清单。这完全类似于一个哲学家所做的事情。(((但是,为什么我不这样说:"野蛮人拥有这样的语言[或者我们……]……没有有关它们的任何成文的语法……"?))

(六) 在实际生活中我们根本遇不上哲学问题(在此我们却有可能遇到自然理论的问题),相反,只有在如下情形下我们才会遇上它们:在构造我们的命题时,我们不是让实际的目的引导着,而是让语言中的某些相似性引导着

88. 语言不能表达属于世界的本质的东西。因此,它不能说一切皆流。语言只能言说我们也能够想象成其它样子的东西。

一切皆流这点必定包含在语言与实际的接触的本质之中。或者,这样说更好:一切皆流必定包含在语言的本质之中。而且,请

---

① 异文:"只有在存在着触犯它们的倾向时"。

第 二 部 分

回忆一下：在日常生活中这点引不起我们的注意——正如我们的视野的模糊的边缘引不起我们的注意一样（"因为我们是如此习惯于此"，一些人会说）。究竟是以什么方式、在什么场合下我们相信我们自己注意到了这点的？难道这不是发生在我们欲违反时间语法地构造命题的时候吗？

89. 当人们说"一切皆流"时，我们便感到，我们受到了阻碍，无法抓住那个真正的东西，那个真正的实在。屏幕上的过程之所以在我们这里溜走了，这恰恰是因为它是一个过程。但是，我们的确在描述某种东西；这是另一种过程吗？这种描述与屏幕上的图像显然恰恰联系在一起。我们的软弱无能的感受是以一幅错误的图像为基础的。因为我们能够描述我们能够意欲描述的东西。

90. 这幅错误的图像难道不就是有关这样一张图像胶片的图像吗：它如此迅速地在我们面前掠过，以至于我们没有任何时间把握一幅图像。

91. 因为在这种情形中我们会倾向于追踪这幅图像。但是，在一个过程的进行中肯定没有任何与此类似的东西。

92. 值得注意的是，在日常生活中我们从来没有觉察到现象从我们身边溜走了这样的感觉、现象的恒常的流动，而只是在我们做哲学时才觉察到这点。这点指向如下事实：在这里涉及一个因对我们的语言的错误的运用而在我们这里引起的思想。

93. 因为这种感觉是这样的：现在消失在过去之中，而我们却不能阻止这点。显而易见，在此我们的确使用了这样一条带子的图像,它不停地从我们旁边移动过去,而我们却不能阻止它。但是,当然恰恰同样明显的是,这幅图像被用错了。如果人们用"时间"来意指变化的可能性,那么人们便不能说"时间在流动"。

94. 当我们环顾四周,在空间中来回走动时,在我们触摸我们自己的身体时,等等,等等,没有任何东西引起我们的注意,这点表明,这些东西对于我们来说是多么自然。我们没有知觉到如下事实:我们是按照透视原理来察看空间的或者视觉图像在边缘处某种意义上说是模糊的。这点从来没有引起我们的注意,而且绝不能引起我们的注意,因为它就是**那种**知觉的方式。我们从来没有思考这点,而且也不可能思考它,这是因为根本不存在与我们的世界的形式相对的东西。

95. 我曾经想要说,令人惊奇的是,将实在性仅仅归属给事物而不将其归属给我们的心象的人在心象世界中活动起来是那么的心安理得,而从来没有渴望着走出其外。

这也就是说,所予是多么的无可置疑。如果所予是一张小小的、从一个歪斜角度摄取的照片,那就太奇怪了。

这个无可置疑的东西,**这种生命**,竟然是偶然的东西,附带的东西;与之相反,通常情况下我从来不会绞尽脑汁思考的东西却竟然是本真的东西!

这也就是说,人们不能从中走出的东西,也不愿从中走出的东西,并非是世界。

人们总是试图在语言中为这个世界划界并且强调它——但是,这是不行的。这个世界的无可置疑性恰恰表达在如下事实之中:语言只意谓它并且只能意谓它。

因为语言只是从其意义,从世界那里得到其意谓的方式的,因此,任何不表现这个世界的语言都是不可设想的。

96. 在哲学的理论和无休止的争论中,我们发现有这样的语词,从日常生活角度来说,其意义我们是非常熟悉的,但是它们却被在一种超级物理学的意义上加以应用了。

97. 当哲学家们使用一个语词并且探究其意义时,人们必须始终问自己:这个语词在这个语言(它就是为了它而被创造出来的[①])中什么时候事实上被这样使用过吗?

这时,大多数时候人们将发现,事实并非如此,这个语词被以违反其通常的语法的方式加以使用了。("知道","是","事物"。)

98.（哲学家的情况常常像幼童的情况一样,后者先是用他们的铅笔在纸上胡乱画出一些随便什么样的线条,接着问大人"这是什么?"——事情是这样发生的:大人常常给一个小孩画一些东西看并且说"这是一个人","这是一幢房子",等等。现在,这个小孩也画出一些线条并且问:那么,**这是什么**?）

（七）哲学中的方法
　　平静的进步的可能性

99. 真正的发现是这样的发现,即它使我能够停止做哲学——在我情愿这样做的任何时候。

---

① 异文:"它是由它创造出来的"。

这种发现让哲学平静下来,以便它不再受到这样的问题的鞭打,它们使**它自己**成为问题。

取而代之的是,现在在诸例子中一种方法将得到显示,而且人们能够中断这些例子的序列。

100.不过,更正确的说法是这样的:诸问题,而非**一个**问题,得到了解决(诸困难①得到了消除)。

101.哲学中的不安来源于如下事实:哲学家们错误地看待了哲学,看错了哲学,也即好像是将其分解成(无穷的)长条,而不是分解成(有穷的)横条。观点上的这种转变②造成了**巨大无比的**困难。他们因此似乎是想要把握那些无穷的长条,并且抱怨说这样一块一块地把握是不可能的。如果人们将一块理解成一个无穷的长条,那么这自然是不可能的。但是,如果人们将一横条看成完整的、确定的一块,那么这便很有可能了。——不过,这时我们的工作的确是从来不会有尽头的!肯定不会,因为它的确没有尽头。

102.(我们不想就语言事实做出激烈的猜想和解释,而是想得到有关语言事实的平静的确定。)

---

① 异文:"不安"。
② 在 MS 112:71v 相应处附有一条状方格图形:

103. 我们必须彻底犁耕整个语言。

104.（大多数想要开始从事哲学研究的人的做法都像是这样一个人，他极度紧张地在抽屉里寻找一个对象。他将文件从抽屉里扔出来——所寻找的东西或许就在其中——匆忙地、不甚仔细地翻查其它文件。他又将一些文件扔回抽屉中，将它们与其它的文件胡乱放在一起，等等。这时，人们只能向他说：请停下来，如果你这样寻找，那么我不能帮助你找。首先，你必须开始十分平静地、有条不紊地一页一页地找；然后我也愿意和你一起找，而且我也愿意根据这样的方法按照你的指导做。）

（八）我们的语言形式中的神话。（（保尔·恩斯特①））

105. 在古老的仪式中，我们看到人们使用着一种极其发达的手势语言。

在我读弗雷泽的书时，我处处都想要说：在我们的语词语言之中我们还面对着所有这些过程，这些意义的转换。如果说人们将隐藏在最后一捆谷子之下的东西称为"谷狼"，但也这样称呼这捆谷子本身，甚至于还这样称呼捆扎它的那个人，那么在此我们便认

---

① Paul Ernst(1866-1933)，德国作家、批评家、记者。在其为《格林童话》(*Kinder und Hausmärchen*，俗称 *Grimms Märchen*)(1910 年版)所写的后记中，恩斯特指出，其中的许多故事都企图解决因对某种语言形式或语言逻辑的误解而产生的问题。这点给维特根斯坦留下了深刻的印象。在一则笔记中他写道：
　　假定我的书有一天会出版，那么在其前言中我应当赞扬一下保尔·恩斯特为《格林童话》所写的前言，在《逻辑哲学论》中我就已经应当作为"语言逻辑的误解"这种说法的来源提到它了。(MS 110；184[20.6.31])

出了一种我们非常熟悉的语言过程。

106. 这头替罪羊①,即人们将他们的罪恶推到它的身上并且它因此被流放到荒野中,是一幅虚假的图像,正如那些引起哲学错误的图像一样。

107. 我想说:没有什么比如下事实更好地表明了我们与那些野蛮人的亲缘关系,即:为了描述这些人的观点,弗雷泽借助于一个他和我们都如此熟悉的语词,如"幽灵"或者"鬼魂"。

108. (这种情形当然不同于如下情形:假定他比如给出了这样的描述,即那些野蛮人想象,当他们杀死一个敌人时,他们自己的脑袋便掉下来了。在此**我们的描述**没有任何迷信或魔幻之处。)

109. 是的,这种独特性不仅仅涉及表达式"幽灵"、"鬼魂",人们太少注意到如下事实:我们将语词"心灵"、"精神"算作我们自己的有教养的词汇之中。与此相反,如下事实是琐屑不足道的:我们不相信我们的心灵吃饭、喝水。

110. 一个完整的神话记录在我们的语言之中。

111. 死人的驱逐或杀死;但是,另一方面,它又被表现为骨架,因此自身在某种意义上说是死的。"像死一样的死。""没有什么像死那样死;没有什么像美本身一样美!"人们在此借以设想实在的那幅图像是这样的:美、死等等是那种纯粹的(浓缩了的)物质,而在一个美的对象之中它们是作为混入物出现的。——在此难道我

---

① 指弗雷泽的《金枝》第六部分所讨论的"替罪羊"(the Scapegoat)。

不是认出了我自己有关"对象"和"复合物"的思考吗?(柏拉图。)

112. 我们的语言的原始形式:名词,形容词和动词,显示了这样一幅简单的图像,它试图将一切均归并到其形式之中。

113. 只要人们将心灵设想成存在于我们的脑袋中的一个**物件**,一个**物体**,那么这个假设就**没有**危险。这个危险并非包含在我们的模型的不完善性和粗糙性之中,而是包含在其不清楚性(不清晰性)之中。

当我们注意到,这个古老的模型不够用了,但是现在不是去改变它,而只是对其进行可以说崇高化的处理,这个危险便开始出现了。如果我说思想在我的脑袋之中,那么一切均是正常的;但是,如果我们说思想不在我的脑袋之中,而是在我的精神之中,那么事情便变得危险起来。

二、现象学

(一) 现象学是语法

114. 对于我们的语言的使用规则的研究、关于这些规则的认识和综览式的表现,其结果就是,也即所完成的东西就是,人们经常经由一种现象学语言的构造所要努力达到的东西。

每当我们认识到某某表现方式也可以经由另一种表现方式加以取代时,我们便向这个目标前进了一步。

115. "假定我的视象为蓝底上的两个同样大小的圆圈:在此什

么出现了两次，什么出现了一次？（这个问题究竟意味着什么？）——人们可能会说：在此我们有**一种**颜色，但是有两个位置。不过，人们也这样说过：红色和圆形是这样两个对象的性质，人们可以将其称作斑点，而且它们彼此处于某些空间关系之中。""在此有两个这样的对象——斑点——，它们……"这个解释听起来像是物理的解释。正如当一个人问"我在那里看到的红色圆圈是什么样的红色圆圈"，我回答说"这是两只红色的灯笼，等等"时一样。但是，在此人们并没有要求做出解释（想着通过一种解释来消除我们的不满是形而上学的错误）。让我们不安的东西是对于"我看到蓝底上的两个红色的圆圈"这个命题的语法的不清楚；尤其是对于它与像"在桌子上放着两个红色的球"和"我在这幅图像上看到两种颜色"这样的命题的语法的关系的不清楚。我自然可以不说第一个命题，而是这样说："我看到两个具有红色和圆形性质并且具有彼此邻近这样的空间关系的斑点"——而且我可以同样好地说："我看到红色处在两个彼此邻近的圆形的空间位置上"——如果我确定了下面这点：这些表达式应当与上面的命题意味着相同的东西。这时，"斑点"、"位置"、"颜色"等等语词的语法必定直接取决于第一个命题的诸语词的语法。在此混乱是由如下原因造成的：我们相信，我们必须就一个对象（物件）——这个斑点——的存在或不存在做出决定；正如当人们就这样的事情做出决定时一样，即我（在物理学意义上）看到的东西是一个红色的涂层还是一种反射。

116. 我们的物理表达方式在感觉材料上的错误的应用。"对象"，也即这间屋子里面的物件，物体——还有视野中的"对象"；一个物体投在墙上的影子被当作对象！如果有人问："当我没有看着这个箱子时，它还存在吗？"，那么正确的回答是："我不相信某个人那时会把它提走或者毁坏"。"我知觉到 X"这种语言形式最初指涉物理空间中的（在此我意指的是：日常说话方式的"空间"中的）一个现象（作为主目）。因此，我不能毫不迟疑地将这种形式应用到人们称为感觉材料的东西之上，比如将其应用到光学余象之上。（也请比较我们就物体的认同和另一方面我们就视野中的颜色斑点的认同所说的话。）我能够轻易地理解如下说法意味着什么：我，这个主体，站在作为客体的这张桌子对面；但是，在哪种意义上我站在我关于这张桌子的光学余象对面？

"尽管我不能看到这块薄玻璃板，但是我能够感觉到它。"人们能够这样说吗："尽管我不能**看到**这个余象，但是……"？

请比较：

"我清楚地看到这张桌子"；

"我清楚地看到这个余象"；

"我清楚地听到这首乐曲"；

"我清楚地听到耳鸣声。"

我没有清楚地看到这张桌子，这大概意味着：我没有看到这张桌子的全部细节；——但是如下说法意味着什么："我没有看到这个余象的全部细节"，或者："我没有听到这声耳鸣的全部细节"？

难道人们不是可以不说"看到一个余象"，而是很好地这样说吗："具有一个余象"？因为，"**看到**"一个余象？与什么相对？——

"当你敲我的头时，我看到了圆圈。"——"它们是精确的圆圈吗？你测量它们了吗？"（或者："它们肯定是圆圈吗，还是你的目测欺骗了你？"）——那么，当人们这样说时，这意味着什么："我永远不可能看到一个精确的圆圈"？这究竟是一个经验事实，还是有关一种逻辑不可能性的断定？——如果是后者，那么它就意味着谈论一个精确的圆圈的看到是没有任何意义的。现在，事情就取决于人们要如何使用这个语词。人们肯定可以谈论与这样一个视象相对的"精确的圆圈"：我们会将其称作一个很像圆圈的椭圆。于是，**这样一个视象便是一个精确的圆圈**，它显现给我们的样子真的——像我们会说的那样——是圆形的，而并非或许仅仅很像一个圆圈。另一方面，如果谈到一个测量的对象，那么就又存在着"精确的圆圈"这个表达式的不同的意义——依据我为对象的精确的圆形性所确定下来的经验标准而定。如果现在我们说："没有测量是绝对地精确的"，那么在此我们想起了有关测量结果的说明的语法的一个特征。因为，否则，一个人尽可以回答说："你是如何知道这点的，你研究了所有测量了吗？"——"人们永远不会看到一个精确的圆圈"可以是这样的**假设**：对一个看起来是圆形的对象的精确的测量将总是导致这样的结果，即这个对象偏离了圆形。——只有在如下情况下"人们不能区别开一个100角形与一个圆圈"这个命题才是有意义的：人们能够以**某种**方式将二者区分开来，并且要说人们不能从比如视觉上区分开它们。如果没有事先规定任何区分的方法，那么如下说法将没有任何意义：这两个图形（尽管）看起来是相等的，但是"事实上"是不同的。这时，那个命题便成了比如这样的定义：100角形＝圆圈。

如果在某种意义上视野中的一个精确圆圈是不可设想的，那么命题"在视野中永远不存在一个精确的圆圈"便必定与如下命题同属一类了:"在视野中永远不存在一个高音 C"①。

117. **大致说来**,颜色空间是由八面体来表现的,诸纯色位于诸角点上,而且这个表现是一个语法的而非心理学的表现。与此相反,如下说法则是心理学:在某些情况下——比如——一个红色的余象将是可见的(**这个**可以是实际情况,也可以不是实际情况,而另一个则是先天的;其中的一个可以经由实验来确定,而另一个则不可以这样来确定)。

118. 马赫所谓思想实验自然根本不是任何实验。其实它是一种语法考察。

119. 颜色八面体是语法,因为它说道:我们可以谈论略呈红色的蓝色,但是不能谈论略呈红色的绿色,等等。

120. 八面体表现是对于语法规则的一种**综览式**表现。

121. 当一个人想断定"视觉空间是有色的"时,我们便试图回答他说:"我们的确根本不能想象(设想)它是其它样子的"。或者:"如果它不是有色的,那么它在如下意义上不同于视觉空间:一个声音不同于一个颜色。"但是,人们可以更为正确地说:这时它根本就不是我们称为"视觉空间"的东西。在语法中语言的应用——人们想称为语言与实际的关联的东西——也得到了描述。但是,如果它没有得到描述,那么一方面,语法将是不完全的,另一方面,所描述的东西不能使其成为完全的。在我们不能设想它是其它样子

---

① 异文:"那么命题'我永远看不到视野中的一个精确的圆圈'便必定与如下命题同属一类了:'我永远看不到视野中的一个高音 C'。"

的这个意义上,"有色性"包含在"视觉空间"这个概念的定义之中了,也即包含在"视觉空间"这个词的语法之中了。

122. 如果有时人们说:人们不能看到明亮,除非人们看到黑暗,那么这绝不是物理学或心理学命题——因为在此它是不对的,我当然可能看到这样一个完全白色的平面,没有任何黑色的东西位于其旁边——相反,它必定意味着:在我们的语言中"明亮"是作为一个反义词对子即明亮-黑暗的一个部分被使用的。正如人们这样说时一样:在象棋中一些棋子的白色是用来区分其它棋子的黑色的。

123. 难道和声学不就是现象学进而就是语法吗!(至少部分说来如此。)

和声学并非个人爱好之事。

124. 理解一种教会调式并非意味着在如下意义上习惯于这个声音序列:我能够让自己习惯于一种气味,过一段时间不再感到它是不舒服的。相反,它意味着:听到某种新的东西,某种我以前还没有听到过的东西,比如以这样的方式——的确是以完全类似于这样的过程的方式:我突然能够将10个线条||||||||||看成一个独特的整体,而以前我只能将其看成2乘5个线条。或者:我一下子立体地看一个方块的图样,而以前我只能将其看成平面装饰物。

(二) 人们能够更为深入地探究视觉空间的性质吗?
比如通过实验?

125. 人们将一个物理的百角形看作圆圈,不能将其与一个物理的圆圈区别开来,这个事实根本没有就看到一个百角形的**可能性**说出任何东西。

我未能成功地找到这样一个物理的物体,它给出了一个百角形的视象,这点不具有逻辑的意义。问题是:谈论一个视觉-百角形有**意义**吗?或者:谈论**一同被看到的**并排在一起的30个线条有意义吗?我相信这没有意义。

这个过程根本不是这样的:人们首先看到一个三角形,然后看到一个四角形,五角形,等等,直到比如50角形,接着便出现了圆圈;相反,人们看到一个三角形,一个四角形,等等,或许直到八角形,然后,人们只是看到具有更长或更短的边的多角形。诸边变得更短,然后趋向圆圈的波动开始了,接着便出现了圆圈。

一条作为一个圆圈上的切线而画出的物理的直线给出了这样一条直线的视象,它与那条曲线交汇了一段,这个事实也没有证明我们的视觉空间不是欧几里德空间,因为事情很可能是这样的:另一个物理的构成物产生了一幅相应于欧几里德切线的图像。但是,事实上这样一幅图像是不可设想的。

126. 如果人们问,音阶是否内在地包含着无穷继续下去的可能性,那么回答并不是经由如下事实给出的:人们不再将超出某个频率的空气震动知觉为乐音,因为的确可能存在着这样的可能性:以其它方式引起更高的音感。

127. 关于我们的视觉空间的几何是给予我们的,也即为了发现它,不需要对直到现在还隐藏着的事实进行任何研究。这种研究绝非物理学研究或者心理学研究那种意义上的研究。但是,人们可以说，我们还不了解这种几何。这种几何是语法，这种研究是一种语法研究。

128. 人们可以说，这种几何公开地摆放在我们面前（正如所有逻辑的事项一样）——与有关物理空间的实用几何相反。

129. 没有人能够更进一步地了解视觉空间。不过，我们可以学习综览其语言表现。请区分这种几何研究与对于视觉空间中的过程的研究。

130. 人们几乎可以谈论外在的和内在的几何。在视觉空间中被排序的东西先天地——也即按照其逻辑的本性——处于这**种**次序之中，在此几何直接就是语法。物理学家在关于物理空间的几何中安排进彼此关系中的东西是仪表的读数，按照其**内在的**本性，这些读数并非有所不同——不管我们是生活于一个扁平的还是生活于一个球形的物理空间之中。这也就是说，并非是对于这些读数的逻辑性质的研究，而是所读出的事实引导物理学家做出有关物理空间的种类的假设。

131. 在这种意义上，物理学的几何与可能性无关，而与事实有关。它经由事实而得到确证；也即在一个假设的一**部分**得到确证那种意义上。

132. 请比较计算器上的工作过程与几何构成物的测量过程。在测量时我们在做一个实验吗，抑或事情是这样的，正如在计算器情况下一样：我们只是在确定内在的关系，我们的操作的物理学结果证明不了任何东西？

133. 在视觉空间中自然不存在任何几何实验。

134. 我相信,有关几何的先天性和后天性的误解的主要之点就在于此。

135. 每个假设均是一种启发性的方法。我相信,应用于物理学测量的空间之上的欧几里得几何或者另一种几何也处于这样的境地。就人们称为视觉空间的几何的东西来说,情况则完全不同。

(三) 视觉空间:与欧几里得空间相对照

136. 如果我们永远**看不到**一个精确的圆圈这个陈述应该意味着我们看不到任何比如这样的直线,它与该圆圈在一个点上接触(也即我们的视觉空间中的任何东西均不具有与一个圆圈接触的直线的多样性),那么便不可设想有与**这种**不精确性相匹配的任意高程度的精确性。

"相等性"这个词在应用于视觉空间中的线段之上时所具有的意义不同于其在应用于物理空间之上时所具有的意义。视觉空间中的相等性与物理空间中的相等性具有一种不同的多样性,**正因如此**,在视觉空间中

g_1 和 g_2 可以是直线(视觉直线)并且线段 $a_1 = a_2$, $a_2 = a_3$ 等等,但是**并非** $a_1 = a_5$。同样,视觉空间中的圆圈和直线与物理空间中的圆圈和直线也具有一种不同的多样性,因为一个被看到的圆圈上的

一小段可以是直的;"圆圈"和"直线"恰恰被在视觉几何的意义上加以应用了。

通常的语言在此求助于"scheint"(看起来)或者"erscheint"(显得)。它说:a_1 & a_2 scheinen gleich zu sein(a_1和a_2看起来是相等的),而在a_1和a_5之间则已经不再有这种Schein(显象)了。但是,它是歧义地利用"scheint"这个词的。因为它的意义取决于现在什么作为Sein(存在)而与这种Schein(显象)相对立。在一种情形中它是一种测量的结果,而在另一种情形中它则是一个进一步的Erscheinung(显象)。因此,在这些情形中"scheinen"(看起来)的意义是不同的。

137. 如果我说"上面的线段的长度与下面的线段的长度是相同的,"

并且用这个命题来意指通常由"上面的线段的长度对我来说显得与下面的线段的长度是相同的"这个命题所说出的东西,那么在这个命题中语词"相同的"所具有的意义完全不同于其在这样的发音相同的命题中所具有的意义,对于它来说证实就是借助于分线规对长度进行转置。正因如此,在比如第二种情形中我能够谈论比较方法的改进,而在第一种情形中则不能谈论这点。同一个词"相同的"被在完全不同的意义上加以使用,这种做法是非常混乱的。它构成了这样的典型的情形:本来指涉物理的表达方式中的"物件","空间中的物体"的语词和固定词组被应用到我们的视野的诸部分之上,在此期间它们必定完全变换了它们的意义,此前具有一种意义的陈述丧失了其意义，而在第一种表达方式中本来没有意义的其它陈述则获得了一种意义。——即使仍然存在着某种相似性——恰恰是这样的相似性，即那种诱导我们使用相同的表达方式的相似性。

138. 视觉直线与视觉圆圈并非是在**一个**点上接触，而是在一条视觉线段上接触。——当我查看一个圆圈的图样和一条切线的图样时，令人惊奇之点并非是我或许从来没有看到一个完美的圆圈和一条完美的直线彼此接触；只有当我看到它们时事情才变得令人感兴趣，而且接着这条切线和这个圆圈交汇了一段。

139. 我们的感觉印象的这种模糊性，不确定性，并不是某种可以纠正的东西，并不是一种对应于（或者对照于）完全的清晰性的模糊性。更准确地说，这种普遍的不确定性，不可捉摸性，感觉印象的这种模糊不明，就是人们用"一切皆流"这句话所表示的东西。我们说"人们永远看不到一个精确的圆圈"，而且想这样说：即使我们没有看到对圆形的偏离，这也没有给予我们任何精确的圆圈。（这就像是我们想这样说一样：我们永远不能精确地引导这个工具，因为我们仅仅握着把手，而这个工具松散地放在把手上。）但是，这时我们是如何理解**概念**"精确的圆圈"的？我们究竟是如何获得这个概念的？好的，我们想到的比如是一个测量精确的圆盘，它是由非常坚硬的钢制成的。啊哈——因此我们用概念"精确的圆圈"暗指的就是这个。自然，在视象中我们找不到任何这样的东西。我们恰恰是选择了这样的表现形式，它将钢制圆盘说成比木制圆盘更为精确，而又将木制圆盘说成比纸制圆盘更为精确。我们经由一个序列规定了概念"精确的",而且将感觉印象说成是物理对象的图像,而且是其不精确的图像。

140.有什么东西迫使我采用这样的释义吗:我透过我的窗子所看到的那棵树要比那个窗子更大一些?这取决于我如何使用语词"更大"和"更小"。——请想一下这样的日常的视觉经验:我们要看到处于不同的位置的棍子,它们经由刻度线而划分成相同的(从视觉上看)部分。在此不是可能引入了对于语词"更长"和"更短"的一种双重的用法吗?因为,我们有时会将那根被划分成更多的部分的棍子称为更长的棍子;等等。

141.通过放置一把视觉尺子的方式——也即这样一根棍子,它被刻度线划分成相同的部分——来测量视觉空间的一个长度。在此有这样一种测量程序:尺子被放置在两条线段之上。而且,2把尺子中的每一把可能分别被放在一个长度之上,而测量单位的相同性的标准则在于这些单位看起来长度相同。但是,事情也可能是这样:一把尺子被从一条线段移置到另一条线段上,而单位的恒定性的标准就在于我们没有注意到任何变化。而被测量的长度本身没有发生变化的标准或许在于如下事实:我们没有知觉到最外端的点上的任何移动。我可以就下面这点做出无数不同的规定:什么应当是视野中长度相同性的标准,据此便又产生了测量数据的不同的意义。

142.可划分性。无穷的可划分性。

一条欧几里得线段的无穷可分性在于这样一条规则(规定):谈论每个部分的第n个部分是有意义的。但是,如果人们谈论视觉空间中的一个长度的可划分性并且问这样一个长度是否还可以划分,或者是否是无穷可分的,那么在此我们就是在寻找这样一条规则,它符合于某一实在(但是它**如何**符合于它?)。我看到我面前的墙上有个黑色的条状物,——它的宽度是可以划分的吗?相关的标准是什么?此时此地存在着无数这样的标准,我们会承认,它们都是视野中的可划分性标准,而且它们一步一步地彼此转换。首先,"可划分性"的意义可以这样来规定,以至于一个试验证明了它。这时,它就不是划分的"逻辑可能性",而是物理的可能性。这里谈论的逻辑可能性是在对这个划分试验所做的描述中给出的——而不管这个试验结果会是什么样的。

那么,我们会将什么称为一个"划分试验"?——比如这样的试验,在第一个线条边上画上这样一个线条,它看起来与第一个线条宽度相同并且由绿色的和红色的长条构成,在此记忆构成了如下事情的标准:这个黑色的条状物的宽度与我们提出这个问题时它所具有的宽度是相同的。(也即,我们将作为相同的宽度而回忆起来的东西**称作**现在和以前这个黑色的条状物的相同的宽度。)另一方面,我可以这样来规定这个黑色的条状物的可划分性的标准:在看到它的同时,人们还看到了一个与它看起来具有相同的宽度并且划分了的条状物。这时,我会将如下程序看作这种可能的划分的完成:用一个被划分了的条状物替换那个未被划分的条状物,在此过程中首先被看到的未被划分的条状物保持不变。

因此，我会说"a 是可以划分的"——因为我看到其边上有 b，而且会说"a 被划分了"——如果我接着看到有两个形如 b 的条状物。因此，在"a 被划分了"这个陈述中，"a"表示一个**位置**；也即这样的位置，无论 a 是否被划分了，它都**保持不变**。此时此地又存在着我们称为"视野中的位置"和"视野中的位置的确定"的不同的东西。——但是，只有在如下情况下我们才会将一个条状物说成是可以划分的：它以相同的（看到的）宽度在一个被划分了的条状物中延伸下去，或者还有，我们成功地将一个划分了的条状物暂时放在它的旁边（在视野中），等等，等等。

——但是，这时便存在着有关划分的可想象性标准。我们说："哦，是的，我还是能够很容易地设想（或者'想象'）这个条状物被划分了。""如果这个条状物 a 能够被划分成不相同的部分，那么它**就更**能被划分成相同的部分。"在此我们便又有了关于可划分成相同的部分这件事的一种新的标准的规定。

而且在此人们说：在这种情形中我肯定能够设想这个条状物被对半平分了。但是，这种设想能力在于什么？当我试图这样做时，我能够这样做吗？假定我没有成功，如何？至于在此"我能够设想……"究竟意指什么，人们可以通过提出如下问题来获知："现在你是如何能够设想对半平分的？"对此的回答是："我只要将这个条状物的黑色部分设想得宽一点儿就行了；而且，显然在此人们假定了下面这点：设想这点没有进一步的困难。但是，实际上在此涉及的并不是将一幅图像召唤到内在之眼前面的困难,并不是我能够试图做而没有成功做到的东西;而是对于一条有关表达方式的规则的承认。这条规则的确能够建立在想象某种东西的能力之上;也即,在这种情形中想象是作为样品,进而作为符号,而起作用的,而且自然也可以经由一个画出的样品来取代。因为如果我问:"如何理解一个条状物的宽度的增长",那么人们将这样的某种东西作为解释向我加以展示——人们给我这样一个样品,我将它或它的回忆并入比如我的语言之中。因此,如果我问一个人"为何因为 b 是可以划分的,宽条状物 a 就是可以划分的",那么他可能这样来回答我:

将 b 加宽并且向我演示如何可以将 b 变成一个具有 a 的宽度的划分了的条状物。不过,这个回答现在只能到此为止了。为了给出解释他做了什么?他将我的符号系统中的一个符号,一个样品给了我;这就是全部。

那么,存在着视觉空间中的条状物的可划分性的界限吗?好的——我可以依我的意愿就此做出规定。——这也就是说:我可以引入一个带有有限的可划分性的符号系统,或者引入一个带有无限的可划分性的符号系统——只不过我自然不能对事实发号施令,于是必须用我所规定的符号系统对其进行相应的描述。因此,如果我关于一个划分了的条状物的心象或者视象构成了我的符号系统的一个部分,那么我的符号系统的这个部分便在这样的地方结束了,在其上出于某些原因,我没有能力导致一种进一步的缩

小。不过,这时我可以做出这样的决定:或者说不再存在任何进一步的划分了,也即谈论这样的东西没有意义——在这种情形中我就被迫以不同的方式描述可能出现的这样一种现象,我很想将其称为一种进一步的划分;——或者也可以让这种可划分性在符号系统中继续下去,不过,借此并没有改变任何东西,因为也属于语言的我的样品的序列肯定是有尽头的。只要这个样品序列是一个符号的序列,那么经由每个新的样品一个**新的**符号便进入语言之中了。这种考察大多数时候不重要;不过,有时它不无重要性。如果人们提出如下问题,那么我们便有了一个与可划分性问题相似的情形:是否有可能将每一任意数目的 3 的倍数那么多的线条 ||| ||||||||| 一眼就把握成三个一组的线条的组合,或者将每一这样的线条的任意长的序列看成一幅对于其数目来说具有刻画特征意义的图像,正如我们对 ||| ||| |||| 所能做的那样? 即使在这里我们也能够运用一个有穷的或者无穷的数系统来描述我们的经验,——因为可以综览的组合的样品的序列是有一个尽头的,而这样的序列恰恰与所运用的数系统一样决定了我们的命题的意义。

因此,当我这样说时:"我们在寻找这样一条规则,它符合于某一实在",这种**符合**就在于表现的简单性及易理解性。这条规则只是在如下范围内通过事实而得到了辩护:一个坐标系统的选择通过其在这样一条曲线上的应用而得到了辩护,它在这个系统中可以得到特别简单的表现。

143. 如下事情是可能的:在视野中看到这样两个相同长度的(也即被看到具有相同的长度的)线段,它们中的每一个均经由颜色界线而划分成许多部分，许多相同的部分，而在计数这些部分时人们却发现它们的数目是不同的。现在，下面这样的问题的情况怎么样："假定我能够综览作为数的 30 和 31 个部分，那么这时如下事情也是可能的吗：将具有 30 和 31 个视觉上相同的部分的线段看成相同长度的线段？"——那么，如何决断这个问题？首先：当人们综览作为数的 30 个部分时情况是什么样的？人们能够将什么作为对此的解释而提供出来？我们自然不能指给任何人看一个半人半马的动物，因为根本没有这样的动物。不过，对于"半人半马的动物"这个语词的意义来说具有本质意义的是下面这点：我们能够画出一个半人半马动物，或者为其制作一个模型。——但是，因此下面这点对于命题"我能够综览作为数的 30 个部分"的意义来说也具有本质的意义：我能够指向**什么东西**——作为这种综览的例子，而且我不能指向任何对于作为样品的 30 个线条的综览的情形。在此人们可以说：我不能想象对于作为数图像的 30 个线条的综览，我不知道这是什么样的情形，而且对于我来说问题"当……时，情况是什么样的？"根本没有任何意义，因为人们根本没有向我提供任何决断标准。

144. 如果我们混淆了视觉空间中的表达式"相同长度"和其它表达式的意义与这些语词在欧几里德空间中的意义，那么我们就遇到了矛盾并且问："这样一种经验如何是可能的？！如下事情如何是可能的：24 条相同长度的线段合在一起与 25 条相同长度的线段合在一起得到了相同的长度？我真的具有这样一种经验吗？"

145. "一个棋盘的一个格子比整个棋盘更为简单吗？"这取决于你如何使用语词"更为简单"。如果你借此意指"是由更少数目的部分构成的",那么我说:如果这些部分是比如棋盘的原子,那么格子就比棋盘更为简单。不过,如果你谈论的是我们在棋盘上所**看到**的东西①,那么诸格子肯定并非是由部分构成的,除非它们又是由较小的斑点构成的,而且如果你这时将包含着更少的斑点的斑点称为更为简单的斑点,那么格子将再一次比棋盘更为简单。"但是,均匀地着色的平面是简单的吗?"——如果"简单"意味着:并非是由具有许多颜色的斑点复合而成的,——那么,是的!

但是,难道我们不是能够这样说吗:不**可**划分的东西就是简单的?——如何**可以**划分?使用刀子?用什么刀子?请首先给我描述你徒劳地应用过的划分的方法,然后我便会知道你将什么称作"不可划分的"。但是,你或许会说:我不将人们徒劳地试图划分的东西称为"不可划分的",而是将这样的东西称为"不可划分的",关于它说它是由诸部分构成的没有意义(是不允许的)。——这时,"不可划分的"便是一个语法规定。因此,它是一个你自己能够做出的规定,而且经由这个规定,你便将其它语词的意义、用法确定下来了。当我比如这样说时:一个单色的斑点是不可划分的(简单的),因为当我比如经由一个线条划分它时,它便不再是单色的了,——我借此便确定了我要在哪种意义上使用语词"划分"。如果现在人们问:"视象是由最小的可见的部分构成的吗",那么我便反问:你如何使用语词"是由……构成的"? 如果是在一个棋盘是由黑色和白色的格子构成的这样的意义上使用它的,——那么回答是:不!——因为你肯定不会否认下面这点:我们看到单色的斑点(我指的是这样的斑点,其**显象**是单色的)。但是,如果你比如想

---

① 异文:"谈论的是视觉棋盘"。

说一个**物理的**斑点（物理空间中的一个**可以测量的**斑点）能够被缩小,直到我们从某个特定的远处不再看到它,然后,在其消失过程中它能够被加以测量,而且就这样的大小来说它可以被称为最小的可见的斑点,那么我们便表示支持。

146. 如果我们在几何中说正六角形是由六个等边三角形构成的,那么这意味着谈论这样一个正六角形是有意义的,它是由六个等边三角形构成的。如果人们接着问"因此六角形是简单的还是复合而成的",那么我必须回答说:请你自己决定你要如何使用语词"简单的"和"复合而成的"吧。

147. 看起来,除非将一个单色的斑点想象成非单色的,否则,人们不能将其看成复合而成的。关于一条分界线的想象使这个斑点成为多色的①,因为这条分界线必定具有一种与其余的斑点不同的颜色。

148. 这会意味着,视野的简单的构成部分是单色的斑点。

但是,这时连续的颜色过渡的情况如何!

149. 人们能够说较小的斑点比较大的斑点更为简单吗?

假定它们是单色的圆圈,那么较小的圆圈的较大的简单性当在于什么?

人们会说,尽管较大的圆圈可以是由较小的圆圈和另外的一个部分构成的,但是反过来并不成立。但是,为什么我们不应当将较小的圆圈表现为较大的圆圈和那个环的差?

---

① 在 TS 213:456 中"多色的"为"单色的"。据 MS 105:9、MS 111:31、TS 212:1248 等改正。

因此,我觉得:较小的斑点并不比较大的斑点更为简单。①

150. "一个红色的平面的这个部分(它没有经由任何可见的界线划定范围)是红色的"这种说法是否具有意义,这取决于是否存在着一个绝对位置。因为,如果能够谈论视觉空间中的一个绝对位置,那么我也能够将一种颜色归属给这个绝对位置——即使其环境是单色的。

151. 我们可以在绝对的意义上谈论视野中的一个位置。请设想,视野中的一个红色的斑点消失了,又在一个全新的环境中浮现出来,因此如下说法便有意义了:它又在同一个位置或一个不同的位置浮现出来。(这样一个空间可以与这样一个平面加以比较吗:它从一个点到另一个点具有一种不同的曲度,因此我们可以将该平面上的任何一个位置作为绝对的标志而给出来?)

152. 视觉空间是一个有指向的空间,在其中有上下、左右。这些规定与重力的方向或左右手的方向无关。即使我们一生都通过望远镜来看星星,它们也保持着它们的意义。——这时,我们的视野就是一个由黑色围绕起来的明亮的圆圈,诸光点处于这个圆圈之中。假定我们从来没有看到过我们的身体,而是始终只是看到这幅图像,因此我们不能将一颗星的位置与我们的脑袋或者我们的脚部的位置加以比较;这时什么东西向我表明我的空间具有上下等等,或者简而言之:它是有指向的?如下说法是有意义的:整个星座呈圆形**旋转**,尽管它与视觉空间中的任何东西的相对位置

---

① 在§147后标有如下字样:"省略1"。§148和§149依 TS 208:1r—2 补入。

并没有因此而发生变化。或者更为正确的说法是：即使在视觉空间中没有发生任何相对的位置变化时，我也谈论其中的某种旋转。

这个情况或许不是经由这样的方式解释清楚的：人们说，视网膜恰恰具有上下等等，因此易于理解的是，在视野中具有类似的东西。毋宁说，这恰恰仅仅是通过视网膜上的情况这个弯路而对这个情况所做的一种**表现**。

153. 人们可能认为：在视野中情况总是这样的，即我们好像连同所有其它东西一起看到了一个有指向的坐标十字，我们可以根据它来确定一切方向。——不过，即使这也绝不是正确的表现；因为如果我们真的看到了这样一个十字（它或许带有箭头），那么我们便不仅能够确定对象与之相对的相对方向，而且还能够确定这个十字本身在这个空间中的位置——比如说相对于一个未看到的本质上包含着这个空间的坐标系统。

154. 即使没有将图形 V 与我的身体一起看待，我也能够将其看作字母，看作"较小"或者"较大"的符号。或许人们将说，我感受到了我的身体的位置，而没有看到它。确实如此，我说的恰恰是："感受到的位置"不是"看到的位置"；正因如此，它们也不能彼此比较，不过，倒是能够彼此配合在一起。

"上"、"下"、"左"、"右"这些词在视觉空间中的意义不同于其在感受空间中的意义。不过，"感受空间"这个词也是多义的。（一方面，经由字母"V"的尖部、符号"kleiner"[较小]和"größer"[较大]①的

---

① 在 TS 213:458 和手稿来源 MS 112:123r 中也如此。在 TS 212:1251 中，在 "kleiner"和"größer"上面分别手写插入有"<"和">"。

尖部对语词"上"、"下"等等所做的定义；另一方面，经由头疼和脚疼，或者经由平衡感，对其所做的定义。）

155."距离已经包含在视觉空间的结构之中了吗，抑或事情之所以看起来是这样的，仅仅是因为我们将视象中的某些显象与触觉的某些经验联想在一起，而只是后者才涉及距离？"我们是从哪里获得这种猜测的？我们似乎在什么地方遇到过诸如此类的东西。难道我们不是在思考如下情形吗？——如果我不是首次在这些令人不快的情形中听到这首曲子的话，那么它不会让我反感。不过，在此存在着两种可能性：或者这首曲子像其它这样的曲子令我反感一样，对于其令人反感之处，我不会给出上述原因。这只是一种猜测：我的反感的原因在于那种以前的体验。或者情况可以是这样：无论何时我听到这首曲子，我便想到那种体验，而且一听到它我便感到不快；这时，我的断言绝不是有关我的反感的原因的假设，而是这种反感本身的一种描述。——因此，如果人们问："事情只是在我们看来是这样的吗：视觉空间中的一条线段本身比另一条线段更长，这个'更长'并非仅仅指涉我们与所看到的东西联想在一起的一种触觉经验？"——那么回答是：你知道有关这种联想的一些东西吗？你在用它**描述**你的体验，抑或你仅仅是将其作为你的体验的原因猜测到它？——如果情况是后者，那么我们能够谈论视觉空间中的距离而无需考虑到我们的经验的可能的原因。在此人们一定要回想一下如下事实：有关距离的断言（这条线段与那条线段同样长，或者比那条更长等等）指涉视觉空间时所具有的意义不同于其指涉欧几里得空间时所具有的意义，等等。

156. 如下说法听起来是荒谬的,而且事实上就是荒谬的:点 B 并非处于 A 和 C 之间(线段 a 并不比 c 更短);相反,对于我们来说事情之所以显得像是如此,这仅仅是因为某些联想。

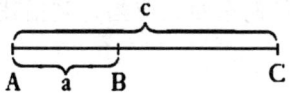

因为,在我们的陈述中我们恰恰根本就不关心这种显象的可能的原因,而只是在与其它显象相对照地描述这种显象。

如果你说点 B 只是对于你来说**显得像**是处于 A 和 C 之间,那么我回答说:**这的确就是我所说的东西**,只不过我**为**此使用表达式"它处于 A 和 C 之间"。

如果你问"事情难道不是仅仅看起来如此吗",那么我回答说:为了找到对于你的问题的答案,你究竟会应用哪一种方法?因为这时我将会理解你的疑虑真正说来所涉及的东西。如果你说:在这张桌子上难道不是可能放着某种我没有看到的东西吗,那么我回答说:我们究竟如何找到相关的东西?请尝试给我描述这样一种经验,它会促使你说:"肯定还有某种东西在那里。"请给我描述这样的经验,它会让你深信 B 肯定并非处于 A 和 C 之间,我将了解与表面上看起来的情况相对的实际的情况是什么样的。不过,有一点是清楚的:教给你这点的那种经验不可能改变我用"B 处于 A 和 C 之间"这样的话所描述的那种经验。

但是,这一反驳是以对于逻辑分析的一种错误的理解为基础的。我们感觉到缺失的东西并非是一种更为仔细的查看(比如对于 A,B 和 C 的查看)以及处于表面上观察到的东西**之后**的过程的发现(这是对于物理学现象或心理学现象的研究),而是有关旧有现象的描述的语法中的清晰。因为,假定我们更为仔细地加以查看,那么我们所看到的东西恰恰会是不同的东西,而相对于我们的问题,我们没有得到任何东西。应当得到描述的是**这个**现象,而非另一个现象。

157. 视野拥有一个中心点吗?——如下做法是有意义的:在一幅图像中安插上一个小十字并且说:请看看这个十字。这时,你也将会看到其它的东西。不过,这时这个十字处于视野的中心点之上。

158. 在视觉空间中存在着绝对的位置。当我通过一只眼睛观看时,我看到了我的鼻尖。如果后者被切下并且被取走,然后又放在我的手中,那么在不求助于镜子的情况下,我仅仅通过监视看的过程便能够将它又放回它原来的位置;即使在此期间我的视象中的一切均发生了变化,事情也是如此。命题"我在镜子中看到了那只正在看东西的眼睛"只是表面上看具有命题"我在镜子中看到了另一个人的眼睛"的形式,因为如下说法没有任何意义:"我看到了那只正在看东西的眼睛。"如果我将比如另外一个人的眼睛提供给我的那幅图像称为"视觉眼睛",那么我便可以说语词"那只正在看东西的眼睛"并非对应于一只视觉眼睛。

159. 在视觉空间中存在着绝对的位置,进而也存在着绝对的运动。请设想这样一幅漆黑之夜两颗星星的图像:在这样的夜晚,除了这两颗星星外,我不能看到任何其它东西,而且它们围绕着彼此做圆周运动。

160. 我的视野并没有展示这样的不完全性，它能够促使我转身看放在我后面的东西。在视觉空间中绝不存在"在我后面"；当我转身时，我的视象肯定仅仅是**发生了变化**，但是并非因此而变得完全了。（"围绕着我的空间"是视觉空间和肌肉感觉空间的结合。）谈论视觉空间中一个对象的这样的运动没有任何意义，它在后面围绕着那只正在看的眼睛进行着。

161. 物理空间和视觉空间之间的关系。请想一想闭着眼睛时的看（余象等等）和梦中的图像。

（四）看主体和视觉空间

162. 说"我看到了视觉空间的这个对象"没有任何意义。与什么相对？如下情形可以设想吗：我听到它，或者另一个人看到它？

163. 正因如此，我也不能说我的视觉空间中的这个对象是我看到它的原因。

（因此，如下说法也是胡话：从原始星云中，太阳、行星，最简单的生物发育出来，乃至最后发育出这样一种存在物，它如此组织起来，以致它能够看到所有这些事物并且能够对它们进行思考。除非人们将这些思考理解成行为主义意义上的［纯粹］物理的表露。在这种意义上，人们也能够针对摄影机说它知觉到了某种东西。）

164. 如果有人问：声音和颜色之间的区别是什么，并且回答是："我们听到声音，相反，我们看到颜色"，那么这仅仅是一个通过经验得到辩护的假设——如果这样说究竟还有什么意义的话。在这种意义上，如下事情是可以设想的：我有一天会用眼睛来知觉声音(进而看到声音),并且听到颜色。声音和颜色的本质之处显然显示在有关声音和颜色的语词的语法之中。

165. 当我们谈论视觉空间时,我们容易被诱导接受这样的观念:它好像是一种西洋镜,每个人无论走到哪里都将其带在身前。这也就是说,这时我们运用"空间"这个词的方式类似于我们将一个房间称为空间一样。但是,实际上,语词"视觉空间"仅仅指涉一种几何——我的意思是,指涉我们的语言的语法的一节。

在这种意义上,根本不存在这样的"诸视觉空间",它们每一个或许都拥有其所有者。(而且或许还有这样的东游西逛的视觉空间吗,它们恰恰不属于任何人?)

166. "但是,难道我不能在我的视觉空间中看到一处风景,你不能在你的视觉空间中看到一间屋子吗?"——不能,——"我在我的视觉空间中看到"是胡话。人们必须这样说:"我看到一处风景并且你等等。"——这点没人置疑。这里误导我们的恰恰是西洋镜的比喻,或者比如有关这样一个白色的圆盘的比喻,我们将它可以说当作投影屏幕随身带着,它构成了这样的空间,每个人的视象均出现于其中。不过,这种比喻中的错误在于:它视觉地想象一幅视觉图像本身出现的场合——可能性;因为白色的屏幕本身可是一幅图像。

167. 现在,重要之点是这样的:命题"我不能直接地看到我借以看东西的眼睛"或者是一个乔装打扮的语法命题,或者是胡话。因为表达式"靠近(或者远离)正在看东西的眼睛"的语法不同于表达式"靠近我看着的那个蓝色的对象"的语法。相应于描述"A 戴着眼镜"的视觉显象根本不同于我用下面的话所描述的视觉显象:"我戴着眼镜。"现在,我可以说:"我的视觉空间与一个圆锥体相似",但是这时人们必须了解下面这点:在此我将这个圆锥体看作空间,看作一种几何的代表,而非是将其看作一个空间(房间)的一个部分。(因此,如下说法与这种想法是不相容的:一个人通过这个圆锥体顶部上的小孔向该锥体内部看去。)

(五) 视觉空间:与一幅图像(平面图像)相比

168. 如果谁被要求画出视象并且他认真地做了尝试,那么他就会立即看到这是不可能的。

169. 语词"模糊"、"不清晰"的不同的意义。

170. 模糊、不清晰、不清楚。

"这个图样的线条不清楚","我关于这个图样的记忆是不清晰的,模糊的","我模模糊糊地看到处于我的视野边缘的对象"。——当人们谈论处于视野边缘的图像的模糊性时,浮现在人们眼前的常常是一幅类似于比如马赫所勾画的视野图像的视野图像。① 但是,

---

① 参见 Ernst Mach, *Die Analyse der Empfindungen*, Jena, 1922, S. 15。该页上画有如下图像:

一片纸上的一幅图像的边缘的模糊性与人们断言给视野边缘的那种模糊性具有完全不同的本性。二者是如此不同,就有如关于一个图样的记忆的变淡与一个图样(本身)的变淡不同一样。当人们要在电影中表现一个记忆或者一场梦时,人们便让图像呈现一种淡蓝的色调。不过,梦中图像或记忆图像自然绝没有淡蓝的色调——正如我们的视象没有模糊的边缘一样;因此,屏幕上的淡蓝的图像并不直接是梦的直观的图像,而是另外一种意义上的"图像"。——在日常生活中,当我们不间断地审视着什么时,我们注意到了视野的边缘的模糊性了吗?是的,真正说来它对应于哪种经验?因为通常在人们看到什么时它并没有出现!好的,即使没有扭头,通过眼珠的转动我们还是能够看到某种东西。这时,我们看到的或许是一个人,但是不能认出他的脸,而是以某种方式模模糊糊地看到它。这种经验与看到这样一个盘子没有任何相似之处,在其上画有图像,在其中间图像具有清楚的轮廓,而靠近边缘则变得越来越模糊,或许以一种让人觉察不到的方式过渡到普通的灰色。当我们比如提出如下问题时,我们想到的便是这样一个盘子:难道人们不是能够设想这样一个视野吗,其轮廓前后一贯地清晰,等等?不存在任何这样的经验,它在视野中对应于在如下情形中人们所具有的经验:人们让目光顺着这样一幅图像滑动,它从清楚的图形过渡到越来越模糊的图形。

171. 比如下面这点是重要的:在命题"一个红色的斑点处在靠近视野的边界处"中,"靠近"的意义不同于其在"这个红色的斑点处在靠近这个棕色的斑点的地方"这样一个命题中的意义。进而,

"边界"这个词在前一个命题中的意义也不同于其在命题"在视野中红色和蓝色的边界是一个圆圈"中的意义——进而在两者中它属于不同的词类。

172. 如下说法有什么意义:我们的视象在边缘处要比靠近中心处更不清楚? 也即,如果在此我们谈论的并非是这点:我们更清楚地看到位于视野中心的物理对象。

对物理学语言和现象学语言的混淆的最为明显的例子之一是马赫所勾画的那幅有关其视野的图像,在其上处于视野边缘上的诸构成物的所谓的模糊性是通过图样的一种(完全不同意义上的)模糊性复制出来的。不,人们不能制作出一幅有关视象的可见图像。

因此,我可以这样说吗:诸颜色斑点在视野边缘附近不再有清楚的轮廓了:在那里轮廓竟然是**可以设想的**吗? 我相信下面这点是清楚的:那种不清晰性是视觉空间的一种内在的性质。比如,当其指涉边缘附近的构成物时,语词"颜色"便具有一种不同的意义吗?

如果没有那种"模糊性",视觉空间的无界性便是不可设想的。

173. 现在,人们常常太高估了包含在如下做法中的危险:意欲将事情看得比其实际的情况更为简单。不过,这种危险事实上以最高程度存在于关于感觉印象的现象学研究之中。人们总是将它们看得比其事实上的情况简单得**多**。

174. 如下事实是奇特的,即我曾经写道[①]:视觉空间不具有这

---

① 参见《逻辑哲学论》,5.6331。

样的形式

而不是这样写：它不具有这样的形式

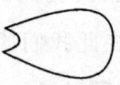

我写出前者这点是很有特点的。

175. 人们根本没有考虑到如下事情：三维的看是如何的令人惊奇。比如，如果我们能够将一幅图像、一张照片看成灰色的、白色的和黑色的斑点在一个平面上的分布，那么它们看起来会多么奇特。我们所看到的东西这时会显得毫无意义。情况正如当我们能够用一只眼平面地看东西一样。比如，下面这点完全是不清楚的：当我们用两只眼比用一只眼**更为立体地**看对象时发生的是什么情况。因为即使当人们用一只眼看它们时，它们就已经显得是立体的了。而且，浮雕和独立式雕塑之间的区别也绝不是正确的类比。

（六）最小的可见的部分

176. 有色平面上的单色的斑点并非是由较小的部分复合而成的，除非是以这样的方式，即有如十是由好比说一千个百分之一构成的一样。

177. 最小的可见的部分是物理平面的一块，而非视野的一块。确定最小的可见的部分的实验确立了**两种**现象之间的一种关系。

178. 这种实验所研究的并不是视觉空间,人们不能研究视觉空间。不能更深入地钻研它。

179.（如果说人们想要描述显而易见的东西,那么人们不能"想要研究显而易见的东西"。）

180. 人们会认为,视野是由最小的可见部分复合而成的,比如,纯粹由这样的小方格构成,人们将其看作不可分的斑点。胡话。

如果我们没有看到复合,那么视野便不是复合而成的。因为在使用"复合"这个词时,我们当然想到了较小的斑点之复合成为一个较大的斑点。

谈论视野的最小的可见部分是误导人的；难道也存在着我们不再看到的视野的部分？如果我们这样来称呼比如一个恒星的视象①,那么这只能意味着在此谈论"更小的"没有任何意义,而并非意味着在视野中事实上不存在任何更小的斑点了。因此,最高级形式"那个最小的……"被错误地应用了。

181. 最小的可见的区别是这样一种区别,它**在自身之内**便携带着最小的区别的标准。

因为在处于 B 和 C 之间的斑点 A 的情况中我们恰恰区分开了一些位置而**并没有**区分开其它的位置。

B ╱ A C ╱

不过,我们所需要的东西可以说是一种无穷小的区别,进而是

---

① 异文:"图像"。

这样一种区别,它在自身之内携带着这点:是最小的区别。

182. 视觉空间显然**并不是**由离散的部分构成的。

因为,否则,人们必定能够立即说出它是由哪些离散的部分构成的。

或者,它只是在如下范围内才是由诸部分构成的,即人们能够给出这些部分。

183. 存在着一种最小的可见的颜色区别吗?——人们在此所意指的是哪些颜色?假定我们将诸颜料的混合的结果称为颜色:这时,我便可以做这样的实验,比如给一定量的红颜料混合上少量的黄颜料,测验一下我是否**看到了**一种颜色区别;如果情况如此,那么我便重复这个实验,再添加少许黄颜料,总是这样继续下去,直到这样的添加不再产生任何可见的区别为止;我将还产生一种可见的区别的那个最小的量称为最小的可见的区别——容许某种不准确的因素。在此,**本质之点是**:这种区别还在那里,进而还是被断定了,尽管没有进一步的区别会被**看到**。我以这样的方式断定的东西是颜料中的最小的可见的区别。类似地,我能够谈论一种存在于有色光之间的最小的可见的区别——只要我拥有视觉以外的另一种区分手段。——如果人们提出这样的问题,情况就不同了:"在所看到的诸颜色之间存在着一种最小的可见的区别吗?"这种区别必定在如下意义上是最小的:零是最小的基数。因此,它并不是这样一种区别,人们之所以不能再对其加以划分,是因为对它所做的划分试验总是不成功;相反,这种划分的不可能性是一种逻辑的不可能性,这就意味着谈论划分在此没有任何意义。因此,这种意义上的最小的可见的区别是一种不同种类的颜色区别。

184. 如果人们让白底上的一个黑色条状物变得越来越细，那么人们最后便到达到了这样的东西，我想将其称作一个视觉线条（与作为两种颜色的界线的视觉线条相对）。这个线条绝不是条状物，它没有任何宽度；也即，如果它与另一个线条交叉，那么我们看不到这样的4个角点，两个条状物的界线在其上相交。

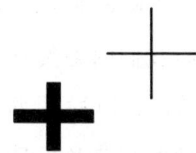

谈论一个线条的光学划分没有任何意义。与这个线条相应的是一个恒星的这样的显象，它与作为两个颜色界线的交叉点的视觉点的关系恰如这个线条与颜色界线之间的关系。因此，人们可以将光学恒星称为一个最小的可见的部分。但是，现在人们不能说比如视野是由这样的部分构成的！只有当我们看到它们时，它才是由它们构成的。如果我们能够区分开它们，那么望远镜中的星云的视觉图像就是由它们构成的。因为这两个表达式恰恰意味着相同的东西。

185. 如果人们问："我们的视野是连续的还是不连续的"，那么人们必须首先知道，人们在谈论哪种连续性。如果我们在一个颜色过渡中没有看到任何不连续性，那么我们便称它为连续的。

（七）颜色与颜色混合

186. 这种颜色现在处于一个位置之上，这种说法意味着**完全**

地描述了这个位置。——两个颜色、两个汽压、两个速度、两个电压在同一时间并非在同一点上具有相同的位子。——在此相会的是一个令人惊奇的社团。我所谈到的"位子"也具有不同的意义。

因此，如果"f(x)"说的是：x 现在在某个位置，那么"f(a) & f(b)"便是一个矛盾式。但是，我为什么将"f(a) & f(b)"称为一个矛盾式；因为矛盾式的形式可是这样的：p & ～p？这直接就意味下面这点吗：符号"fa & fb"不是任何命题，正如比如"ffaa"一样？我们的困难仅仅是这样的：我们的确具有这样的感受，即在此有一个意义，尽管是一个退化的意义（兰姆西①）。——当我将"并且"放到两个陈述之间时，出现的东西必定是一个有生命的存在物，而非某种死的东西（比如当我写下比如"a & f"时）。这是一种很令人惊奇的并且很深入的感受。人们必须弄清楚下面这点："在此有一个意义"这样的话意欲说出什么。

人们可以这样来决定"fa & fb"是否像"a & f"一样是胡话：是 p & ～(fa & fb)＝p，还是这个等式的左侧（进而这个等式）是胡话？——难道我不是可以如我所愿的那样来做出决定吗？

我能将作为这一切的基础的那条规则写成这样吗：fa＝(fa & ～(fb))？也即：～fb 得自于 fa。

---

① 参见：F. P. Ramsey, "The Foundations of Mathematics"[1925]and"Facts and Propositions"[1927], in *The Foundations of Mathematics and Other Logical Essays*, ed. R. B. Braithwaite, London: Routledge and Kegan Paul, 1931, pp. 9-10, 151. 兰姆西认为，维特根斯坦所谓同语反复式不是有意义的命题，而是在如下意义上构成了命题的一种退化情形：在数学中，两条直线或者两个点构成了一条退化二次曲线（degenerate conic）。二次曲线又称圆锥曲线或圆锥截线。当截面通过锥面的顶点时，曲线退化成一个点、一条直线或二条相交直线。

当我写作《逻辑哲学论》时（甚至于还有稍后的时间），我相信：只有当 fa 是另外某个命题与～ fb 的逻辑积（进而 fa＝p &～ fb）时，fa＝fa &～ fb 才是可能的，并且我认为：fa（比如一个颜色陈述）可以分解成这样一个积。与此同时，对于我是如何思考这样一种分解的发现过程的，我并没有任何清晰的观念。或者，更准确地说：我想到的可能是这样一个符号的构造，经由其独特的性质，它便表达出了在任何关联中的正确的语法的运用（也即，它非常简单地构述了其规则，并且某种意义上已经将它们携带在身上了，正如每种可以综览的记号系统一样）；不过，我所忽略的事实是：如果命题 f(a) 的这种变形在于用一个逻辑积来替换它，那么这个积的诸因子必须具有一个独立的并且已经被我们知道的意义。

当我那时要完成对一个颜色陈述的这样一种分析时，我在这种分析名下所想象的东西到底是什么这点便变得清楚起来了。我那时相信，一个颜色陈述可以被看成这样一个逻辑积：r & s & t ……，其单个的因子给出了这种颜色（是颜色，而非颜料）借以构成的诸成分（当有许多成分时）。这时，人们自然也必须说明，这些是全部的成分，而这个结束评论 S 具有这样的效果：r & s & t & S 与 r & s & t & u & S 处于矛盾之中。于是，这个颜色陈述便意味着："现在这些颜色（或者这个颜色）处在这个位置之上，**而且此外没有其它颜色了**。"这也就是说：在我们的通常的表达方式中形如"这个（或者：这里）是红色的"的颜色陈述现在将必须表述成这样："这里是红色的并且此外没有其它颜色了"；而陈述"这里是红色的并且是蓝色的"则应当意味着：这个位置的颜色是红色和蓝色的混合色。在此，诸命题拥有如下形式："在这种颜色中包含着红色"，

"在这种颜色中只包含着红色","在这种颜色中只包含着红色和蓝色",等等。——但是,这并没有给出适当的语法:存在一种微红并且不存在任何不同的微红必定意味着这个位置具有纯红的色调;这在我们看来是没有任何意义的,而这种错误是**以这样的方式**得到澄清的:在这种微红的本质中(语法中)必定包含着这样一点,即它之更多或更少是可能的;一个略呈红色的蓝色可以更近于并且更小程度上近于纯红,因此在这种意义上可以包含着更多或者更少的红色。因此,做出如下说明的命题必定以某种方式给出了红色的量:红色作为一种颜色的成分出现在这里;但是,这时这个命题必定在这个逻辑积之外也有意义,进而,如下说法也必定具有意义:这个位置被染成了纯红色并且包含着某某量的红色;而这没有任何意义。那么,将不同的量或者程度的红色归属给一个位置的诸单个的命题的情况如何?让我们列举出两个这样的命题 $q_1 r$ 和 $q_2 r$:这两个命题应当是彼此矛盾的吗?假定 q_2 比 q_1 大,那么,尽管我们可以规定 $q_2 r$ & $q_1 r$ 不应当是矛盾式(正如如下命题一样:"在这个篮子中有 4 个苹果"和"在这个篮子中有 3 个苹果"——如果没有"只"的话),但是这时 $q_2 r$ 与 $\sim q_1 r$ 必定彼此矛盾;因此,按照我以前的理解,$q_2 r$ 必定是 $q_1 r$ 和另外一个命题的积。这另一个命题必须给出从 q_1 到 q_2 之间所缺失的量,因此,对于它来说又存在着相同的困难。——成分图式不适合于颜色混合的情形(如果人们不将"颜色"理解成颜料的话)。而且,即使在这个图式中有关所使用的一个成分的不同的量的陈述也是彼此矛盾的陈述;或者,如果我规定,p(= 我用了 3 公斤盐)与 q(= 我用了 5 公斤盐)彼此不矛盾,那么 q 与 $\sim p$ 肯定彼此矛盾。一切均归结为如下这点:"我用了 2 公斤盐"并非意味着"我用了 1 公斤盐并且我用了 1 公斤盐",因此 f(1+1)并非同于 f(1) & f(1)。

187. 我们的认识恰恰是这样的:我们所处理的是尺子而非可以说孤立的刻度线。

188. 命题"在一个位置上同一个时间只有**一种**颜色有位子"自然是一个乔装打扮的语法命题。其否定绝非矛盾式,不过,**与我们所采用的语法的一条规则相矛盾**。

189. 我以前借助于 W-F-记号系统加以表现的关于"并且"、"或者"、"并非"等等的诸规则是有关这些语词的语法的**一个部分**,而并非其**全部**。

190. 当我说比如一个斑点同时是浅红色的和深红色的时,在此我想到的是其中的一个色调覆盖了另一个色调。

但是,这时如下说法还有意义吗:这个斑点具有这个不可见的、被覆盖了的色调?

如下说法竟然还具有意义吗:一个完全黑色的平面是白色的,人们之所以没有看到白色,这仅仅是因为它被黑色覆盖了?为什么黑色覆盖了白色而非白色覆盖了黑色?

如果一个斑点具有一个可见的颜色和一个不可见的颜色,那么无论如何它是在完全不同的意义上具有这两种颜色的。

191. "红色和绿色同一时间并不出现在相同的位置之上"并非意味着:它们事实上从来没有聚集在一起,而是意味着:说它们同时出现在同一个位置之上,这是胡话;进而,说它们从来没有同时出现在同一个位置之上也是胡话。

192.蓝色和红色的一种混合色,或者更好地,一种中间色,是经由一种与蓝色和红色的结构的内在关系而成为这样的。更为正确的说法是:我们称为"蓝色和红色的一种中间色"(或者"蓝红")的东西之所以被如此称呼,是因为有关语词"蓝色"、"红色"和"蓝红"的诸语法规定显示出了一种亲缘关系。(那个谈论诸结构之间的一种内在关系的命题已经是源起于一种不正确的观念了,源起于**这样的观念**:它在"红色"、"蓝色"等等概念之中看到了复杂的建筑物,而其内在的构造则要由分析显示出来。)但是,纯色与其中间色之间的亲缘关系是**一种基本类型的**亲缘关系,也即,它并非在于:那个将蓝红归属给一个对象的命题是由将颜色红和蓝归属给它的诸命题构成的。因此,比如一种略呈红色的蓝色的不同的程度之间的亲缘关系也是一种基本的亲缘关系。

193.就一种色彩说它不是纯红的,而是包含着一种微黄,或者一种微蓝、微白或者微黑,这是有意义的;而且,说它没有包含着任何这样的微色,而是纯红的,这也是有意义的。在这种意义上,人们可以谈论纯蓝、纯黄、纯绿、纯白、纯黑,但是不能谈论纯橙色、纯灰色或者纯泛红的蓝色。(顺便说一下,如果人们用"纯灰"意指的是一种非绿、非黄[等等]的白-黑,那么人们肯定也可以谈论"纯灰色"。同样的话也适用于"纯橙色"等等。)这也就是说,色圈具有四个卓越的点。因为说"这种橙色比那种橙色更靠近(不是在色圈的平面上,而是在**颜色空间**中)红色"有意义;但是为了表达相同的东西,我们不能说"这种橙色比那种橙色更靠近蓝红"或者"这种橙色比那种橙色更靠近蓝色"。

194.颜色陀螺产生了我这里所谈论的颜色混合,但是如果我看到它仅仅是静止地待在那里,接着快速地旋转,那么它也不能产生这种混合。因为的确可以设想,处于静止状态的陀螺一半是红色的,一半是黄色的,而在快速地旋转时则显现为绿色(无论这出于什么原因)。更准确地说,颜色陀螺只有在如下范围内才产生这种混合,即我们视觉上说能够控制它①。也即:当它渐渐地越来越快地旋转时并且我们**看到**红色和黄色如何变成橙色。不过,在此我们并非是在听任颜色陀螺的摆布;相反,如果因为某种未知的影响,在陀螺越来越快地旋转过程中,其转盘的颜色过渡到了泛白,那么我们现在不会说,红色和黄色的中间色是一种泛白的橙色。正如如果出现如下情况,我们不会说3+4等于6一样:我们将3个苹果和4个苹果堆在一起,一个苹果以某种未知的方式消失了,只有6个苹果出现在我们面前。在此我并非是在用颜色陀螺做实验,而是在用其做计算。

195.当我们看到一种颜色的小斑点与另一种颜色的小斑点彼此混合时,我们所面对的,除了色圈上的那种从一种颜色到另一种颜色的过渡之外,似乎还有另一种特定的过渡。在此我意指的自然是一种**看到的**过渡。

这种过渡方式给予语词"混合"一种新的意义,它与颜色圈上的中间关系并不重合。

---

① 异文:"我们从视觉上说能够将它知觉成这种混合"。

人们可以这样来描述它：我能够设想一个橙色的斑点是通过将小红斑点和小黄斑点彼此混合而生产出来的；与此相反，我不能设想一个红色的斑点是通过将紫色的斑点和橙色的斑点彼此混合而生产出来的。——在这种意义上，灰色是黑色和白色的混合，粉红色是红色和白色的混合，但是白色并不是粉红色和泛白的绿色的混合。

不过，我的意思并不是：某些颜色以这样的方式从其它颜色中产生出来这点是通过混合实验得到确定的。我可以比如借助于一个转动的颜色圆盘做这个实验。于是，它可能成功，或者不成功，但是这只是表明了，相关的视觉过程是以这样的物理的方式引起的，或者不是以这样的方式引起的；不过，这并没有表明它是否是可能的。正如一个平面的物理的划分不能证明或否证视觉的可划分性一样。因为假定我不再将一个物理划分看作视觉划分，但是在醉酒状态下将未划分的平面看成划分了的，这时视觉平面不就是可划分的了吗？

196. 人们可以说，在混合时紫色和橙色部分说来彼此擦掉了，但是红色和黄色则不是这样。

197. 无论如何，在一种意义上，橙色是红色和黄色的混合物，而在这种意义上黄色则绝不是红色和绿色的混合物，尽管在颜色圈上黄色的确处于红色和绿色之间。

如果这显然是胡话，那么问题是：在什么地方它开始变得有意义了；也即，当我现在在颜色圈上从红色和绿色出发向着黄色移动并且将黄色称为相关的两种颜色的混合物时。

198. 因为我尽管在黄色中认出了与红色和绿色的亲缘关系，即变成泛红的黄色和泛绿的黄色的可能性——但是与此同时我可是并没有在这样的意义上将绿色和红色认作黄色的成分，在其上我将红色和黄色认作橙色的成分。

我要说，红色仅仅是在白色处于粉红色和泛绿的白色之间这样的意义上处于紫色和橙色之间。但是，在这样的意义上，难道不是每种颜色都处于其它两种颜色之间吗？或者肯定处于这样两种颜色之间，人们能够以独立的道路从第三种颜色达到它们？

在这种意义上，人们能这样说吗：一种颜色只是在一个给定的连续的过渡上才处于另外两种颜色之间？因此，比如蓝色处于红色和黑色之间。

199. 如果人们向我说，一个斑点的颜色处于紫色和红色之间，那么我理解这点并且我能够设想一种比给定的紫色更红的紫色。现在，如果人们向我说，这种颜色处于这种紫色和一种橙色之间——与此同时并没有任何确定的连续的过渡以一个画出的颜色圈的形状出现在我面前，那么我至多能够设想，在此人们所意指的也是一种更红的紫色，不过，也可能是一种更红的橙色。因为并不存在这样一种颜色，在不考虑一个给定的颜色圈的情况下它处于这两种颜色**中间**。恰恰出于同样的理由，我也不能说出，在哪个位置上，构成了界线之一的橙色太过接近于黄色了，以至于不能与紫色混合在一起；我恰恰不能认出，在一个颜色圈上，哪种橙色处在距离紫色45度的地方。这种混合色之处于……之间在此恰恰只不过是红色之处于蓝色和黄色之间。

200. 当我在通常的意义上说红色和黄色给出了橙色时,在此并没有谈到诸构成成分的**量**。因此,如果给出了一种橙色,那么我不能说,**多一点儿**红色会使它变成一种更红的橙色(我可不是在谈论颜料),尽管谈论一种更红的橙色自然是有意义的。但是,比如如下说法没有任何意义:这种橙色和这种紫色包含着同样多的红色。**红色**包含着多少红色?

人们倾向于错误地做出的比较是颜色序列与一个由一条测量棒上的 2 个秤砣构成的系统的比较。经由秤砣的增加或者推移我可以随意地推移该系统的重心。

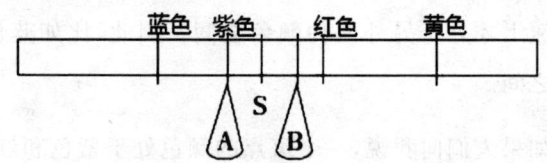

现在,如下信念是胡话:当我将秤盘 A 拿到紫色上并且将秤盘 B 移入红色与黄色之间的区域上时,S 将移向红色。①

我放在秤盘上的秤砣的情况如何:"具有**更多这种红色**"这种说法竟然意味着某种东西吗?——如果我不是在谈论颜料的话。只有在如下情况下这才意味着某种东西:我将纯红理解成一定数目的先行假定了的单位。但是,这时这些单位的总数恰恰意味着:秤盘放在**红色**之上。因此,随着比例数给出的再一次仅仅是秤盘的位置而非这样一个位置和一个秤砣。

201. 现在,只要我带着我的两个边界颜色站在颜色圈中——

---

① "S"代表系统的重心(Schwerpunkt des Systems)。

比如蓝色-红色的区域——并且将更红的颜色移向红色,那么我便可以说结果颜色也将移向红色。但是,如果我带着一种边界颜色跨越了红色并且移向黄色,那么结果颜色现在将不会变得更红!与纯红和紫色的混合相比,一种泛黄的红色与一种紫色的混合并非使得紫色变得更红。红色之一现在变得更黄,这点的确从红色那里拿走了一些东西并且并没有另外给出红色。

202. 人们也可以这样来描述这点:如果我有一个装有紫色颜料的颜色罐子和一个装有橙色的颜色罐子,并且现在我增加附加给它们的混合物的橙色的量,那么尽管混合出的颜色逐渐地从紫色过渡到橙色,但是这种过渡并不经过纯红。

203. 我可以针对橙色的两种不同的色调说:我没有任何根据针对其一说,与黄色相比它更靠近红色。——在此没有"居中"。——与此相反,我不可能看到两种不同的红色并且对如下事情拿不定主意:它们之一是否是纯红,哪一个是?纯红恰恰是一个点,而黄色和红色的中间区域则不是一个点。

204. 下面这点自然是真的:人们可以针对一种橙色说,它几乎是黄色,因此"与红色相比,它更靠近黄色",而且针对一种几乎是红色的橙色,人们也可以这样说。但是,由此并非有如下结论:现在必定也存在着一个红色和黄色的中间点。这里的情况恰如与欧氏几何相比较的视觉空间几何的情况。在此出现的量从种类上说不同于那些经由我们的有理数来表现的量。在此根本不能使用更近和更远这些概念,或者它们是误导人的——当我们应用这些词时。

205. 人们也可以这样说:针对一种颜色说它处于红色和蓝色

之间,这并没有清楚地(单义地)确定它。但是,通过如下断言我必定**单义地**确定了纯色:它们处于某些混合色之间。因此,在此"处于……之间"所意谓的东西**不同于**其在第一种情形中所意谓的东西。这也就是说:如果表达式"处于……之间"一次表示两种单纯的颜色的混合,另一次表示两种混合色的共同的单纯的构成成分,那么它在每种情形中的应用的多样性是不同的。这**绝不是**程度上的区别,而是如下事实的表达:所处理的是 2 种完全不同的范畴。

206. 我们说:一种颜色不能在这样的意义上处于绿黄和蓝红之间,即在它处于红色和黄色之间这种意义上。不过,我们之所以能够说它处于红色和黄色之间,仅仅是因为在这种情形中我们能够区分出 45 度的角;因为我们看到了黄色、红色**诸点**。而在另一种情形中(在此混合色被当成原初的)恰恰没有这样的区分。因此,在这里我们可以说绝不能确定这种混合是否还是可能的。我自然可以选出随便什么混合色并且规定它包含着一个 45 度的角,但是这是全然任意的;与此相反,当我们说绝不存在第一种意义上的蓝红和绿黄的混合色时,这并不是任意的。

因此,在其中一种情形中语法给出了"45 度的角",现在人们错误地认为,人们只需要对其进行对分并且对下一个部分进行进一步的对分,以便得到另一个 45 度的部分。但是,在这里角的比喻恰恰坍塌了。

207. 人们自然可以将所有色调都排列到一条直线上,比如带有黑色和白色的边界的直线——正如事实上所发生的那样,但是这时人们恰恰必须通过规则排除某些过渡,最后,这幅图像在这条直线上所获得的拓扑关联必须同于其在八面体上所获得的拓扑关联。这完全类似于通常的语言与一种"逻辑上澄清了的"表达方式之间的关系。两者彼此是完全等价的，只不过，其中之一通过外部现象便已经表达出了语法规则。

208. 如果人们给予我比如 2 个彼此靠近的泛红的色调，那么下面这点也就无法怀疑了：两者是否处于红色和蓝色之间，两者是否处于红色和黄色之间，或者是否其中之一处于红色和蓝色之间，而另一个则处于红色和黄色之间。有了这个决定，我们也就决定了如下问题：两者是否是与蓝色，与黄色，混合在一起的，或者是否其中之一是与蓝色混合在一起的，而另一个则是与黄色混合在一起的。而且，无论人们让诸色调靠得如何近，只要我们能够按照颜色来区分颜料，那么这就是有效的。

三、唯心主义，等等

（一）对直接知觉到的东西的表现

209. 我们觉得，与对现在的东西的经验相比，记忆就像是一种有些派生性的经验。我们说："我们只能回忆起这件事了。"好像记忆在一种原初的意义上是一幅有关我们原本十分清晰地面对着的东西的有些模糊的且不可靠的图像。

在物理学语言的意义上这是对的：我说"我**只能不清晰地**回忆起这幢房子"。

210. 我们为何不就此结束？因为这种表达方式可是说出了一切我们所欲说出的东西以及可以说出的东西！但是，我们要说，它还是可以**依其它的方式**说出；而这是重要的。

在这种不同的表达方式中，强调之点可以说被放在某种其它的东西之上。因为"看起来"、"错误"等等语词具有某种情感强调，而这种情感强调对于这个现象来说并非是本质性的。它以某种方式与意志有关，而并非仅仅与认识有关。

我们谈论比如光学错觉，并且将有关一种错误的观念与这个表达式联系在一起，尽管本质上说来可是并没有出现一个错误；而且，如果在生活中外观通常比测量的结果更为重要，那么语言也会对这些现象显示出一种不同的态度。

与我以前的信念相反，并不存在一种与我们的通常的、"派生的"语言相对的原初的语言。不过，在如下范围内人们可以谈论一种与我们的语言相对的原初的语言，即在其中没有表达出对于某些现象而非另一些现象的偏爱；它可以说必须是绝对**客观**的。

211. 现在（终于）到了要对"感觉材料"这个语词进行批评的时候了。感觉材料是这棵树的显象，而不管现在"一棵树实际上出现在那里了"抑或一个假象，一个镜中像，一个幻觉等等出现在那里。感觉材料是那棵树的显象，而我们要说的是，这个语言表现仅仅是**一个描述**，但是不是**那个**本质的描述。恰如人们可以针对"**我的视象**"说：它仅仅是**一种**形式的**描述**，而大概不是那个唯一可能的、正确的描述。因为"这棵树的显象"这个表达形式包含着这样一种观点，即在我们称为这个显象的东西与"一棵树的存在"之间存在着一种必然的关联,而且这种关联或者是由于一个真的认识或者是由于一个错误而出现的。这也就是说,当我们谈论"一棵树的显象"时,我们或者将的确是一棵树的东西当作树了,或者将并非是一棵树的东西当作树了。但是,这样的关联并不存在。

唯心论者想指责语言,说它将派生的东西表现为原初的,而将原初的东西表现为派生的。但是,仅仅是在这些非本质性的且与认识不相关的评价中这才是实际情况(这"仅仅"是显象)。如果不考虑这点,那么通常的语言并没有包含有关原初的东西和派生的东西的任何决定。我们无法看出,在什么范围内相对于表达式"树"来说,表达式"一棵树的显象"表现了某种派生的东西。"仅仅是一幅图像"这种说法源出于这样的观念:我们不能吃掉苹果的图像。

212. 有关感觉材料的存在的问题。人们说,如果某种东西看起来是红色的,那么必定有**某种东西**已经**是**红色的了;如果某种东西**看起来**延续了一小会儿,那么必定有**某种东西**已经延续了一小会儿;等等。因为人们会问道:如果某种东西看起来是红色的,那么我们究竟是从哪里知道这点的:它看起来恰恰是**红色的**?在此处理的是这个显象与这个实际的一种经验上的配合吗?如果某种东西"看起来具有性质φ,那么我们是从哪里知道下面这点的:它看起来具有**这个**性质——。在"它看起来是这样的"(es scheint so)与"它是这样的"(es ist so)之间存在着哪一种关系?①

---

① "es scheint so"也可译作:"它显得是这样的"。这里所说的"显象"(Schein)与"实际"(Wirklichkeit)的区别就是前文所提到的"显象"与"存在"的区别。请参见前文(本部分)§136。

首先，这个显象可能是对的或者是不对的。——在一种意义上，它也与实际**从经验上说**联系在一起。人们说："这看起来像是伤寒"，而这意味着这些症状从经验上说与那些显象联系在一起。当我说"这看起来是红色的"并且接着说"是的，它实际上是红色的"时，我对第二个决定应用了这样一种检验，它独立于第一个显象。

213. 这个假设可以这样来理解：它没有超出经验，也即它并非是对将来的经验的期待的表达。因此，命题"看起来在我前面的桌子上放着一盏灯"可能仅仅是做了如下事情：描述我的经验((或者像人们说的那样，直接的经验))。

214. 这个描述的准确性如何？这样说正确吗：我的视象是如此复杂，以至于不可能完全地描述它？这是一个非常根本的问题。

215. 因为这似乎是说，人们可以针对某种东西说，它不能被描述，或者不能借助于现有的手段来描述，或者人们（至少）不知道如何描述它。（数学中的疑问，问题。）

我不知道如何进行描述的那个它（das Es）究竟是如何给出的？——我的视象当然不是任何画出来的图像，或者我所看到的自然的这样一个片断，我可以更近地研究它。——这个它已经是分节的了，困难仅仅在于用语词将其表现出来吗？抑或，它还要等待它的分节？

216. "这朵花具有一种略显红色的黄色，但是我不能更为精确地（或者不能更为精确地用语词）描述它。"这意味着什么？

217. "我在我面前看到了它，我能够画出它。"

当人们说人们不能用语词更为精确地描述这种颜色时，人们（总是）想到了这样一种描述的一种可能性（自然如此，因为，否则，"精确的描述"这个表达式便没有任何意义了），而且在此有关这样一种测量的情形浮现在一个人的眼前：由于没有足够的手段，人们没有做出这种测量。

218. 没有任何具有这种或者一种相似的颜色的东西在我手边。

219. 当人们说人们不能完全地描述一个视象时，人们意指的是：人们不能给出任何这样的描述，按照它人们可以精确地复制这个视象。

220. 但是，在此什么叫作"精确的复制"？这个说法本身又是以一幅错误的图像为基础的。

221. 什么是精确的复制的标准？

222. 针对视象，我们不能说出比我们的语言现在所抵达的范围**更进一步的东西**。而且也不能**意指**（思维）比我们的语言所抵达的范围更进一步的东西。（不能意指比我们所能说出的东西更多的东西。）

223. 最为危险的比较之一是视野与一个画出的平面的比较（或者，导致相同的结果的比较：与一个有色的空间模型的比较）。

224. 下面这点与此联系在一起：我竟然能够再次认出"带有全部细节的"视觉图像吗？或者更准确地说，这个问题竟然具有意义吗？

225. 因为我们觉得，对于视象的最没有疑义的表现仍然还是一幅画出的图像或者一个模型。不过,如下事实已经表明图像和模型是多么不适当:追问"再次认出全部细节"是没有意义的。

226.现象学语言:对于直接的感官知觉的描述,没有任何假设的附属物。如果什么东西可以是这样一种对于直接经验的描述,那么经由一幅绘制的图像或类似的东西所进行的描画必定是这样的描述。因此,当我们比如向一副望远镜里面看并且将所看到的星座记下或画下来时,情况就是这样的。让我们甚至于设想经由如下方式将我们的感官知觉复制下来:在对其进行描述时人们制造了一个模特,从一个特定的点看它时,它便给出这些知觉。可以由一个曲柄装置来操纵这个模特,使其进入适当的运动之中。我们可以通过曲柄的转动照本宣科地读出这个描述。(电影中的表现与此接近。)

如果**这**不是对于直接的东西的表现——那么什么东西可以是这样的一种表现?想着成为更为直接的东西的事项必须放弃这点:是一个描述。这时,所出现的不是一个描述,而是那个音节不清的声音,而一些作者却非常想以此来作为哲学的开始。("我对我的知识有所知道地意识到了某种东西"[Ich habe, um mein Wissen wissend, bewußt etwas]。[德里希①语])

---

① Hans Driesch(1867-1941),德国生物学家和哲学家,以坚持新隐德来希活力论(neo-vitalist of entelechy)著称。维特根斯坦所引命题出自于:*Ordnungslehre: Ein System des nicht-metaphysischen Teiles der Philosophie*, 2. Aufl., Jena: Eugen Diederichs, S. 19(在原书中此命题为重读)。德里希称这个命题为"我们的第一个哲学命题,哲学的原初命题(der philosophische Ursatz)",并声称"它指向了一切哲学的诞生地,即'体验'"。

227."我们认为存在于物理空间中的东西并不是原初的东西——我们只能或多或少地承认的东西;相反,我们能够认出的物理空间的部分向我们表明了原初的东西抵达多远以及我们应该如何释义物理空间。"

228.如下问题似乎构成了对于直接经验到的东西的描述的一种反对意见:"我在向谁描述它?"但是,如果我将它描画出来,如何?这种描述必定始终是一种临摹。

只要理解之事涉及一个人,那么我这个人和另一个人便处于相同的位置。在此事情恰如牙疼的情况。描写就是复制,而我不必是在为某个人进行复制。

229.当我通过语言让另一个人理解我的意思时,在此所涉及的必定是一种行为主义意义上的理解。他理解了我,这是一个假定,正如我理解了他一样。

230."我会向谁描述我的直接的经验?不是向我自己,因为我可是拥有它;而且也不是在向另外某个人,因为他绝对不能从这种描述得知它?"——他能够像他从一幅画出的图像中得知它那样多和那样少地从这种描述中得知它。关于语言的约定肯定是借助于画出的图像(或者与此等同的东西)而做出的。而且,按照我们的通常的表达方式,他的确从一幅画出的图像中得知了某种东西。

(二)"现在这一时刻的经验,真正的实在。"

231.因为我们要放弃这样的看法:为了谈论直接的东西,我们必须谈论某个时刻内的状态。这种看法表达在人们的如下说法中:"现在这一时刻给予我们的一切就是视象以及其它的感觉的材料,还有回忆。"这是胡话;因为人们用"现在这一时刻"来意指什么? 其实,一幅物理的图像已然构成了这种观念的根据,即有关这样的体验之流的图像,我现在在一个位置上将其横着切开。在此,出现了这样一种趋向和错误,它类似于在唯心主义(或者唯我论)那里所出现的趋向和错误。

232. 这样的时刻,我说它就是包含了给予我的一切的现在,其自身便属于物理的时间。

233. 因为这样一个时刻如何得到确定? 或许经由时钟的敲击? 我现在竟然真的能够描述与这种敲击同时发生的全部的经验吗? 当人们考虑着试图这样做时,人们立即意识到,我们所谈论的是一种虚构。

234. 我们像想象电影胶片那样想象体验,以至于人们会这样说:这幅图像,而非其它的图像,这一刻出现在透镜前面。

235. 不过,只有在胶片中人们才能够谈论一幅此刻在场的图像;当人们从物理的空间及其时间中出来并转入视觉空间及其时间时,人们不能谈论它。

236. 如下说法恰恰是误导人的:"记忆告诉我,这是同一种颜色,等等。"在它向我说出了什么东西的范围内,它也可能欺骗我(也即,说出某种假的东西)。

如果我描述直接给定的过去,那么我便描述我的记忆,而非这种记忆所表明的东西。(这种记忆好像是构成了这种东西的一种征候。)

237. 在此"记忆"表示的也并非是一种心理的能力——正如此前在"视觉"和"听觉"那里一样,而是我们的世界的逻辑结构的一个特定的部分。

238. 我们可以称为现象中的时间(似是而非的现在)的东西并非存在于历史的时间(过去、现在、将来)中,并非这种时间中的任何一段。而我们在"语言"名下所理解的东西①则在均质的历史时间中流逝。(想一想那个用来描述直接的知觉的机制。)

239. (这种对于**现在的**现象的描述究竟能够具有什么样的重要性?对于我们来说它好像可以成为难以摆脱的想法。我们忍受着这样的折磨:这个描述不能描述读到它时所发生的事项。事情看起来是这样:从事这些问题的研究简直就是幼稚,而且我们陷入了一个死胡同之中。不过,它确是一个非常有意义的死胡同,因为所有人都被吸引走进它之中,似乎哲学问题的最终的解决办法得在那里寻找一样。好像人们跟随着对于现在的现象的表现走进了一个中了魔法的沼泽,在那里所有可以把捉的东西都悉数消失了。)

另一方面,我们需要这样一种表达方式,它以一种独立于其它种类的经验的方式来表现视觉空间的现象。

240. (我们和我们的语言[作为物理现象]可以说并非处于投射在屏幕上的图像的领域,而是处于正在通过放映灯的胶片的领

---

① 异文:"'语言'过程"。

域。如果我要给屏幕上的影片过程配上音乐,那么引起它的那个东西又必须在胶片的范围内活动。在有声电影中伴随着屏幕上的过程所说出的语词并非是与声带相同的东西,而是和这些过程一样,也是转瞬即逝的。声带并非伴随着屏幕上的活动。)

241. 一个有关直接的实在可以经由语言来表现的想法:

"生活之流,或者世界之流,向前流逝着,而我们的命题可以说只是在此刻得到了证实。我们的命题只是由现在证实了。因此,它们必须是这样做成的,即它们能够经由它来证实。为了能够经由它来证实,它们必须拥有这种能力。于是,它们因此便以某种方式与现在具有了可通约性,而且事实并非是:**尽管**它们具有空间-时间的性质,它们还是能够具有这种可通约性,而是:这种空间-时间的性质与这种可通约性的关系必定有如一把尺子的形体性质与其延展性——它就是借此而进行测量的——之间的关系。在尺子的情况下人们也不能说:'是的,尽管这把尺子具有形体性质,但是它还是在测量长度;自然,一把仅仅具有长度的尺子将是理想的尺子,可以说将是那把**纯粹的**尺子。'非也,如果一个有形体的东西具有长度,那么在没有一个形体的情况下,就不可能有长度。——即使我明白,在某种意义上,只是这把尺子的长度在测量,那么我插入兜里的东西仍然是这把尺子,——这个有形体的东西,而并非是那个长度。"

242. "只有现在这一时刻的经验才具有实在性。"——这应当意味着今天早上我没有起床吗?但是我们的意思并非如此。或者,这当意味着一个我在此刻不能回忆起来的事件便没有发生吗？——在此"现在的经验"应当是与将来的和过去的经验相对照的吗？抑或，它是一个修饰语，像"有理数"中的"有理"这个词一样，结果人们也可以用**一个**词来替换这两个词，而这个修饰语则指向了一种语法的独特性。在这种情形中当我们将实在性归属给主项时，我们针对主项断言了什么？在此难道我们不是在强调一种语法的独特性吗？——正如在人们这样说时一样："只有基数才是真正的数。"（据说克罗内克①说过，只有基数是上帝创造的，而所有其它的数都是人的作品。）——如果"现在的经验"意味着与将来的经验和过去的经验相对照，那么人们用这些经验所意指的或许是物理的过程；如果我使用的是幻灯机的图像并且在将时间关系转换成空间关系，那么物理学意义上的现在的经验是电影胶片上的这样的图像，它处在投影灯的物镜前面。（我不能说："它**现在**处在投影灯的物镜前面。"）在这幅图像的一侧之上出现的是过去的图像，在其另一侧出现的则是将来的图像（两侧的特征均经由这个装置的独特特征得到刻画）。屏幕上的那幅图像不属于电影胶片的时间；人们不能针对它在上面所描述的那种意义上说它是现在的。（与什么相对照？——如果人们在此使用"现在的"这个词，那么它并非是在表示一个空间的这样一个部分，它与其它部分相对照；相反，它刻画了一个空间。）在此，只有现在的经验才具有实在性这个命题现在是这样一个命题：只有处在物镜前面的那幅图像

---

① Leopold Kronecker(1823-1891)，德国数学家，有穷论的拥护者。文中所提到的名言来自于如下文章的转述：H. Weber, "Leopold Kronecker", in *Jahresbericht der Deutschen Mathematiker-Vereinigung* 2(1893), S. 19. 原来的形式如下："亲爱的上帝创造了整数，所有其它的数均是人的作品。"

才相应于屏幕上的那幅图像。这的确可以是一个经验命题,而且除非我们这样来确定胶片和屏幕之间的对应关系(投影方式),以至于由此对应于屏幕上的图像的胶片上的图像结果就是投影灯的物镜前面的图像,否则,这个比喻在此就会让我们身处困境之中。

(三) 唯心主义

243.((我模模糊糊地看到,在唯我论或者唯心论的问题与一个命题的表示方式的问题之间存在着一种联系。这些情形中的那个我或许被命题取代了,而那个我与实际的关系则经由命题与实际的关系取代了吗?))

244.对于说"但是在这里当然真的放着一把椅子"这句话的人,人们必须回答说:"当然一把真正的椅子放在这里,——与一把伪造的椅子相对照。"

但是,如果现在他进而说:心象只是物的图像,那么我必须反对(他),并且说,将心象与一幅物体的图像进行比较是完全误导人的,因为对于一幅图像来说具有本质意义之点是:它可以与它的对象加以比较。

245.但是,如果一个人说"心象是唯一真实的东西",那么我必须说,在此我不理解"真实的"这个词,不知道真正说来人们借此将一种什么样的性质归属给了心象并且——或许——否认物体具有这种性质。我甚至不能理解,人们如何能够有意义地——不管是以真的方式还是以假的方式——将一种性质归属给心象和物理的物体。

246.（这样一个人，他向镜子里看，以便看到自己眨眼；以及他现在实际上看到的东西。不适当的物理学理论。）

247.（一个音调的持续时间和一次声音震动的持续时间。）

248.真正说来，唯心主义中的真理在于这点：命题的意义完全来源于其证实。

249.如果唯心论说树只是我的心象，那么我们可以这样来批评它："这棵树"这个表达式与"我关于这棵树的心象"并非具有相同的意义。如果唯心论说只有我的心象存在（具有实在性），而树并不存在（不具有实在性），那么他误用了语词"存在"或"具有实在性"。

（1）在此你的确似乎说，心象具有一种不为树所具有的性质。但是，你是如何知道这点的？你为此而研究了所有心象和树了吗？或者，如果这是一个先天的命题，那么它应当表述成这样一条语法规则，它断言，人们可以有意义地将某种确定的东西表述给心象，但是不能将其表述给树。（2）但是，将实在性表述给一个心象，这究竟具有什么意义？按照语言惯用法，这只是意味着，有这个心象。不过，当然，在另一种意义上，我们也针对一棵树说，它存在（具有实在性）——这与比如这样的情形相反：它已经被砍倒了。最后，我们只能说：在人们能够说"这棵树被砍倒并被烧掉了"这样的意义上"树"这个词与出现于比如"我关于这棵树的心象变得愈来愈模糊了"这样的命题中的表达式"我关于这棵树的心象"属于不同的语法范畴。但是，如果实在论说心象当然"只是事物的主观的映象"，那么我们要说，这种说法是以一个物的心象和这个物的图像之间的一种错误的比较为基础的。而且,之所以如此,仅仅是因为我们可以看到一个物**和**它的图像(比如并列地),但是不能看到一个物和其心象。

所处理的是与"物"的语法相对的"心象"这个词的语法。

250.(从如下事实人们会得出一个奇特的类比:即使巨型望远镜的目镜也不比我们的眼睛大。)

251.想否认"只有现在的经验才是真实的"这个命题的人(这和断言它一样是错误的)或许会这样问:一个形如"凯撒走过了阿尔卑斯山"的命题竟然只是在描述那个关注着这个事情的人的现在的精神状况吗?回答自然是这样的:不!它描述的是一个发生于大约2000年前的事件(像我们所相信的那样)。——也即,在"描述"这个词像在命题"'我在描述'这个命题描述的是我现在所做的事情"中那样被理解的话。凯撒这个名字表示一个人。——但是,这一切说出了什么?我似乎是想要逃避真正的哲学问题!——但是,讨论个别人的命题,也即包含着人名的命题,恰恰能够以非常不同的方式得到证实。——请自问一下,我们为何相信这个命题。——比如,可以设想,还可能发现凯撒的尸体,这点与有关凯撒的命题的意义直接联系在一起。不过,这点也与其直接相关:人们可能发现了这样一种文字,从它那里人们得知,这样一个人从来没有存在过,人们是为了特定的目的捏造其存在的。(但是,)对如下命题没有这样的可能性:"我看到一个红色的斑点在一个绿色的斑点上缓缓地向前移动。"这就是当我们说出下面这样的话时我们所意指的东西:这个命题以一种比有关凯撒的命题更为直接的方式具有意义。

(四)"具有疼。"

252. 为了解释命题"他具有牙疼",人们或许说:"很简单,我知道**我**具有牙疼意味着什么,因此,当我说他具有牙疼时,我所意指的是:他现在具有我那时所具有的东西。"但是,"他"意谓什么并且"**具有**牙疼"意谓什么?后者是这样一种关系吗:牙疼那时与我具有它,而现在则与他具有它。于是,我因此现在也意识到这些牙疼,并且意识到如下事实:他现在具有它们,正如我现在能够看到他手上的这样一个钱袋一样,以前我看到它在我的手上。

如下说法有意义吗:"我具有疼,但是我没有注意到它"?因为这样的话我便的确可以将这个命题中的"我具有"替换成"他具有"。反之,如果命题"他具有疼"和"我具有疼"处于同等的逻辑地位上,那么我便必然能够将命题"他具有我没有感受到的疼"中的"他具有"替换成"我具有"。——我也可以这样说:只有在我能够具有我没有感受到的疼这样的范围之内,他才能够具有我没有感受到的疼。在这种情况下,尽管事实可能还是始终如此:我实际上始终感受到了我具有的疼,但是否认这点必定是有意义的。

253. 作为一种感受材料的牙疼的概念的确可以应用于另一个人的牙之上,正如可以应用于我的牙之上一样,但是只是在下述意义上,即我完全可能在另一个人的嘴中的牙里感觉到疼。不过,相应于现在的表达方式,人们将不通过"我感受到他的牙疼"这句话来表达这个事实,而是经由"我在他的牙里具有疼"来表达它。——现在人们可能说：你当然不具有他的牙疼，因为这时他也很有可能说"我在这个牙里没有感受到任何东西"。在这种情况下，我应该说"你在撒谎，我感受到了你的牙在疼"吗？

254. 如果我同情某个具有牙疼的人，那么我在思想中将我自己放在他的位置上。不过，我是将我**自**己放在他的位置。

255. 问题是，如下说法是否具有意义："只有 A 能，而我不能，证实命题'A 具有牙疼'。"但是，如果这个命题是假的，因而如果**我**能够证实这个命题，那么情况会怎样？除了意味着如下事情之外，这点还能够意味着什么：如果这样的话，我必定感受到疼！但是，这是一个证实吗？我们不要忘记：说**我**必定感受到**我的**或**他的**疼，这种说法是胡话。

人们也可以这样来问：我的经验中的什么东西为"我感受到**我的**疼"中的"我的"提供了根据？为这个词提供根据的那种感受的多样性何在？而且，只有在另一个词能够占有它的位置的时候，它才是有根据的。

256. 我所使用的命题"我具有牙疼"与从另一个人的嘴里说出的这个命题对于我来说是完全不同种类的符号；而且这是因为，只要我不知道是哪张嘴说出它的，那么对于我来说，从另一个人的嘴里说出的它就是没有意义的。在后一种情形中这个命题符号并非在于单单这个声音，而是在于如下事实：这张嘴发出了这个声音。而在我说出或者思维它的情形中，这个符号就是单单这个声音。

257. 假定我在右膝上具有刺痛，而且每刺痛一下我的右腿便抽动一下。与此同时，我看到另一个人的腿以同样的方式抽动了一下并且他诉说他忍受着刺痛;同时,我的左腿也开始以同样的方式抽动了一下,尽管我在左膝没有感受到任何疼痛。现在我说:我对面的人显然在其膝盖上具有与我在我的右膝上相同的疼痛。但是,我左膝的情况如何?难道它与另一个人的膝盖不是处于恰恰相同的情况之中吗?

258. 当我说"A 具有牙疼"时,我是以与当我谈论电流的流动时使用比如流动这个概念的方式相同的方式来使用疼痛感受的观念的。

259. 可以说,我收集有关牙疼的有意义的命题,这是一种语法研究的刻画性的过程。我不收集真的命题,而是收集有意义的命题,正因如此,这种考察绝不是心理学的考察。(人们经常想称其为元心理学研究。)

260. 人们可以说:哲学不断地收集命题材料,而不关心其真性或者假性;只有在逻辑和数学的情况下它才仅仅与"真的"命题有关。

261. 牙疼感受这种经验并非是这样的经验:一个人,我,具有某种东西。

262. 在疼中我区分出一个强度,一个位置,等等,但是并不区分出任何所有者。

比如刚好没有任何人**具有**的疼的情况如何?刚好不属于任何人的疼的情况如何?

263. 疼被表现为人们能够知觉到的东西——在人们知觉到一

个火柴盒的意义上。——于是,令人不舒服的东西自然不是疼,而只是疼的知觉。

264. 如果我怜悯另一个人(因为他具有疼),那么我或许想象疼,但是我想象这点:**我**具有疼。

265. 我也应当能够设想一颗放在桌子上的牙齿的疼或一个茶壶的疼吗？人们或许应当这样说吗:茶壶具有疼这点只是不是真的,但是我能够设想它?!

266. 就这样两个假设来说:其一为其他人具有疼;其二为他们根本不具有疼,而只是其行为像我具有疼时的行为,如果确证了其中的一个假设的所有**可能的**经验也确证了其中的另一个假设(因此,如果经由经验在它们之间做出任何抉择这点是不可设想的话),那么按照它们的意义,它们必定是相同的假设。

267. 但是,其他人绝不具有疼这种说法预设了下面这点:说他们具有疼是有意义的。

我相信这点是清楚的:当人们说其他人具有疼时,他们是在他们说一把椅子绝不具有疼这样的意义上这样说的。

268. 假定我具有两个身体,也即我的身体是由两个分开来的肉体构成的,情况如何？

我相信,在此人们再次看到了如下事实:那个我是如何与其他人并非处于相同的地位上,因为如果其他人每个人均具有两个身体,那么我不能认出这点。

我竟然能够设想具有两个肉体的经验吗？我肯定不能设想视

觉经验。

269. 我所知道的一颗牙中的疼的感受这种现象在通常的语言的表达方式中是通过"**我**在某某颗牙上**具有疼**"来表现的。它并非是通过"一种疼的感受出现在这个地方"这样一种表达式来表现的。在这个语言中这种经验的**整个**领域都是经由形如"我具有……"这样的表达式来描述的。形如"N 具有牙疼"的命题则留给了一个完全不同的领域。因此，如果在命题"N 具有牙疼"中我们没有发现任何以那样的方式与经验关联在一起的东西，那么我们不可能会因此而吃惊。

270. 当人们这样说时：感觉材料是"私人性的"，其他任何人都不能看到、听到、感受到我的感觉材料，并且借此所意指的并非是我们的经验的一个事实，那么这必定是一个哲学命题；所意指的东西表达在了如下事实之中：一个人出现在感觉材料的描述之中。

271. 因为，如果另一个人不**能**具有我的牙疼，那么在同样的意义上，**我**也不能具有它们。

272. 在另一个人具有这些疼这种说法是不允许的这样的意义上，说我具有它们也是不允许的。

273. 本质上是私人性的东西或者看起来是私人性的东西没有任何所有者。

274. 他具有**这些**疼这样的说法除了意味着他具有**这样的**疼即如此强度、如此种类等等的疼而外还应当意味着什么？不过，只是在这样的意义上我也能够具有"这些疼"。

275.这就意味着:主体－客体形式不可应用于此。

主体-客体形式涉及这个肉体及其周围的、作用于其之上的事物。

276.那个我不出现在对于所看到、听到的东西——这些词在此表示语法形式——的非假设性的描述之中。在此没有谈到主体和客体。

277.唯我论可以经由这样的事实加以反驳:在语法中"我"这个词并不具有一种中心的地位,而是一个和所有其它的语词同样的语词。

278.正如在视觉空间中一样,在语言中也没有形而上主体。

279.有关无主体的视觉空间和有关**"我的和他的牙疼"**的言说给我们制造的困难是这样的困难:让语言复位,以至于它正确地坐落于事实之中。

280.行为主义。"我觉得我悲伤,我这样耷拉着脑袋。"

当一扇门没有上油,在开和关时发出叫声时,人们为什么没有表现出同情?对于另一个像我们具有疼时那样行动的人我却具有同情——这是以这样的哲学斟酌为基础的吗:它们导致他和我们一样在忍受着疼痛这样的结论? 以同样的方式,物理学家们可以通过如下方式来引起我们的恐惧:他们让我们确信,地面并非像其看起来那样坚实,相反,它是由不规则地到处乱飞的松散的粒子构成的。"但是,当我们知道另一个人仅仅是一个木偶或者其疼仅仅是装出来的时,我们对他可是没有同情。"当然,——不过,我们对于如下事项也拥有一个完全确定的标准：某物是一个木偶，或者一个人在装疼，而且这些标准与我们称为如下事项的标准的那些标准恰恰相反：某物不是一个木偶（相反，或许是一个人），而且他的疼不是装出来的（而是真的具有疼）。

281. 说两个人具有同一个身体，这有意义吗？哪些是我们用这个命题来加以描述的经验？如下事情自然是可以设想的：我发现，我称为我的手的东西，我所活动的东西，坐落在另一个人的身体上，因为现在在我写字时我并没有看到我的手与我的其余的身体的联系。我也肯定可能发现如下事情：以前的那种联系丧失了，进而我的手现在坐落在另一个人的胳膊上。

282. 在感觉材料这个词的下述意义上：不可设想另一个人具有它们，恰恰出于同样的原因，人们也不能针对它们说：另一个人不具有它们。而且，恰恰出于同样的原因，说**我**，而非另一个人，**具有**它们，也就没有意义了。——当人们说"我不**能**感受到他的牙疼"时，借此人们意指的是下面这点吗：人们事实上直到现在为止从来没有感受到另一个人的牙疼？**他的**牙疼如何区别于我的牙疼？如果"疼"这个词在"我具有疼"和"他具有疼"中具有同一个意义，——么如下说法还有什么意义：他不能和我具有同一些疼？不同的疼究竟能够如何彼此区别开来？经由强度，经由疼的特征（针刺样的、钻心似的等等）并且经由身体上的位置的确定。但是，如果现在这些特征在两者那里均是相同的呢？——但是，假定人们反对说，这些疼的区别恰恰在于，在一种情形下**我**具有它们，在另一种情形下**他**具有它们！——因此，这时拥有它们的那个人便是疼本身的一个特征。但是,这时通过命题"我具有疼"或者"他具有疼"人们断言了什么?——如果"疼"这个词在两种情形中具有相同的意义,那么人们必定能够将两者的疼彼此加以比较,而且如果它们在强度等等方面彼此一致,那么它们便是相同的疼;正如就两套衣服来说,如果它们在亮度、饱和度等等方面彼此一致,那么它们便具有**相同的**颜色。

如果人们问"一个人感受到另一个人的疼,这是可以设想的吗?"那么在此浮现在人们心中的好比说是作为另一个人嘴里的一个物体、一个体积的另一个人的疼(比如牙疼)。这个问题似乎是在追问:我们是否能够分享这个疼体积。或许是经由如下方式:我们的两腮彼此穿透。但是,这时即使这样似乎也不够,我们必须与他完全叠合在一起。

283.(1)"我具有疼。"

"N 具有疼。"

与此相反,

(2)"我具有银发。"

"N 具有银发。"

与第一个例子联系在一起的各种各样的哲学困难和困惑很大程度上均可归因于情形(1)和(2)的语法的混淆。

如下说法有意义:"我看到了他的头发,但是没有看到我的头发",或者"我天天看到我的手,但是没有看到他的手",而且这个命题类似于如下命题:"我天天看到我的住处,但是没有看到他的住处"。——与此相反,如下说法是胡话:"我感受到了我的疼,但是没有感受到他的疼"。

情形(1)和(2)中的我们的语言表达方式自然不是"假的",但是它是误导人的。"一个无主的住处","无主的牙疼"。有这样的人,他们就如下事项进行研究:"是否存在着没有看到的视觉图像",而且他们相信这是一种(有关这些现象的)科学的研究。

"一个命题如何得到证实,——这就是它所说出东西":现在,请你就这点来看一下如下命题:"我具有疼","N 具有疼"。

如果现在我是那个 N 如何?——这时,尽管如此,这两个命题还是具有不同的意义。

"事情的确很简单:我自然感觉不到他的疼,但是**他恰恰感觉到了它们**(因此,一切关系毕竟均是对称的)。"不过,这个命题恰恰是胡话。——现在,为了清楚地表达出涉及我和其他人的经验的不对称性,我可以建议使用如下不对称的表达方式:

旧的表达方式:	新的表达方式:
维特根斯坦具有疼。	存在着疼。
维特根斯坦左手上具有疼。	疼处在维特根斯坦左手上。
N 具有疼。	N 的行为像当存在着疼时维特根斯坦的行为。
N 假装手疼。	N 假装当疼处在其手上时维特根斯坦的行为。
我怜悯 N,因为他具有疼。	我怜悯 N,因为他的行为像……

既然对于旧表达方式中的每个有意义的表达式我们都给其设置了新表达方式中的一个表达式,而且对于**不同的**旧的表达式都

给其设置了**不同的**新的表达式,那么就单义性和可理解性来说,新的表达方式与旧的表达方式就是等价的。——但是,对于"我具有银发"、"N具有银发"这类表达式来说,人们难道不是可以同样好地给其设计出这样一种不对称的表达方式吗? 不能。因为人们必须理解下面这点:右边的命题中的名字"维特根斯坦"必定可以有意义地被其它的名字所取代。如果这不是实际情况,那么无论是"维特根斯坦"还是另一个名字均不需要出现在这些命题之中了。因为如果人们用另一个人的名字来取代"维特根斯坦",那么所说出的东西或许是这样的:我在另一个人的身体的手上而非我的身体的手上感觉到疼。比如,如下事情是可以设想的:我与另一个人交换了身体;比如,醒来后看到我以前的身体坐在我对面的一把椅子上,照了一下镜子,发现我具有了我朋友的面孔和身体。现在,我将人的名字看成身体的名字。现在如下说法便有意义了:"我在N的身体上(或者在身体N上)具有牙疼"(用不对称的表达方式来说:"疼处在N的一颗牙上");但是,如下说法没有任何意义:"我在N的脑袋上具有银发",除非这应当意味着:"N具有银发"。

不过,上面建议的那种不对称的表达方式(竟然)是正确的吗? 我为什么说"N的行为像当其……时维特根斯坦的行为"? 维特根斯坦究竟经由什么来刻画? 肯定是经由他的身体的形状等等并且经由其在空间中的连续的存在。但是,这些事项对于疼的经验来说是本质性的吗? 难道我不是能够设想如下经验吗:我带着左手上的疼醒来,发现左手的形状发生了改变,现在它看起来像是我的朋友的手,而他则获得了我的手。我在空间中的存在的连续性在于什么? 如果某个可靠的人告诉我,在我睡觉时他坐在我身旁,我的身体突然消失了并且又突然出现了——相信这点是不可能的吗？——我的记忆的连续性在于什么？在哪种时间中它是连续的？或者，这种连续性在于下面这点吗：在记忆中没有任何空隙？正如在视野中没有任何空隙一样。（因为只需要思考一下我们是如何注意到盲点的！）这种连续性与对于维特根斯坦这个人名的使用来说具有本质意义的连续性有什么关系？可以设想，疼的经验发生在这样的环境之中，它完全不同于我们所习惯了的环境。（要思考一下如下事情：人们事实上能够在手中具有疼，尽管手在物理学的意义上根本不再存在了，因为它被从一个人那里截掉了。）在这种意义上，人们能够没有牙而具有牙疼，没有头而具有头疼等等。在此我们恰恰直接做出了这样一种区别，它类似于视觉空间与物理空间的区别，或者记忆时间与物理时间的区别。——据此，现在引入如下表达方式是不正确的："N 的行为像当……时维特根斯坦的行为。"人们或许可以这样说："N 的行为像这样的人的行为，疼处在其手上。"但是，人们为什么竟然要援引疼的经验来描述意识到的行为？——我们的确想直接分开两个不同的经验领域；正如当我们分开一个身体之上的触觉经验与视觉经验时一样。没有什么比如下两种经验更为不同的了：疼的经验与看到一个人的身体的扭动，听到声音的发出等等的经验。而且，在此在我的身体与另一个人的身体之间并不存在任何区别，因为也存在着这样的经验：看到自己的身体的活动并且听到发自于它的声音。

请设想我们的身体被从我们的视野中移出去，比如经由如下方式：人们让它变成完全透明的。不过，它还保留着这样的能力：以我们所习惯的方式出现在适当的镜子中，以致本质上说来我们像知觉到某个他人的身体的表露那样知觉到比如我们的牙疼的可见的表露。这也导致了正在看的眼睛与视觉空间具有了这样一种配合关系,它完全不同于那种在我们看来理所当然的、日常的配合关系。(请想一想如下事情:在镜子中画带有对角线的四角形。)但是,如果我们能够以这样的方式设想这种可能性,以至于仅仅在我们的可见的身体作为镜子中的图像而出现时我们才知道它,那么现在如下情形便也是可以设想的了:这面镜子没有了,我们并非以不同于我们看随便一个不同的人的身体的方式看它。——但是,这时它通过什么被刻画为**我的**身体?好的,只是通过如下事实:我比如会感受到有东西接触到这个身体,但是不会感受到有东西接触到一个不同的身体,等等。因此,下面这点也不再具有本质意义了:正在看的眼睛下面的那张嘴在说出**我的**话。(这点非常重要。)即使我像我现在看**我的**身体那样看**我的**身体,即从它的眼睛看,我们也可以设想:我与另一个人交换了身体。这种经验不过就是人们会描述为我的身体及其环境的骤然的变化的东西。

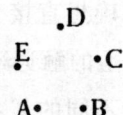

事情会是这样的:我一会儿从身体 E 来看身体 A,B,C,D,并且从 E 这个身体的眼睛来看 E,突然地我又从比如身体 B 来看身体 C,D,E,A 并且从 B 这个身体的眼睛来看 B,等等。不过,在如下情形中事情将变得更为简单:我根本不是从眼睛来看任何身体(我的,还有他人的)的,因此,就其视觉显象来说,它们都具有相同的地位。这时,下面这点便清楚了:我能够在另一个人的牙上具有疼意味着什么；——假定这时我最终还是想保留这样的叫法的话：它将一个身体叫作"我的"，因此将另一个身体叫作"另一个人的"。因为现在如下做法或许更为实际：仅仅用专名来称呼身体。——因此，现在存在着这样的经验：在现存的人的身体之一的一颗牙上疼的经验。这种经验不是我在通常的表达方式中用"A 具有牙疼"这样的话所描述的经验，而是我用"我在 A 的一颗牙上具有疼"这样的话所描述的经验。而且，存在着另一种经验：看到一个身体（无论是我的还是另一个人的）在扭动。因为，我们不要忘记：疼尽管在空间中具有一个位置——在人们比如能够这样说这个范围内：它们在漫游，或者它们同时处在两个位置上，等等，但是它们的空间不是视觉的空间或者物理的空间。现在，尽管我们具有了一种新的表达方式，但是它不再是不对称的了。它并非给予**一个**身体、**一个**人以优先的地位，而让另一个身体、另一个人处于不利的地位，因此它**不**是唯我论的。——以这样的方式，一切经验均是在没有考虑到个人的情况下而得到分配的。**相反，我们以不同的方式进行划分**。在我们的考察方式中，诸事项被以不同的方式联合在一起。正如人们的如下做法一样：有时将时间算在空间之上，有时并不这样做，或者也像人们的如下做法一样：将树林看成带有空隙的成片树木。或者还有如这样的做法：有时将围绕着太阳的月球轨道看成正在移动的围绕着地球的圆形轨道，——有时又将其看成围绕着太阳运行的波状线。（如果地球比如是不可见的，那么如下做法可能构成了一种令人惊奇的新的考察方式：将围绕着太阳的月球的波形运动看成围绕着一个旋转着的中心的圆形轨道。）以这样的方式，人们能够摧毁某些建立在我们所熟悉的独特的考察方式之上的偏见。——如果人们思考一下因为记忆时间概念的引入而引起的类似的界线上的变化,这种不同的考察方式的特征将会变得清晰起来。这完全类似于对于月球的运动的变换的考察。在图样中一条以前与其它的界线汇合在一起的界线突然被浓重地描绘出来并得到了强调。——

(五) 记忆时间

284."如果没有声音体验,那么视觉空间的体验在其中进行的那种时间还可以设想吗?似乎可以。然而,这多么奇特:某种东西竟然能够具有这样一种形式,它即使没有恰恰**这个**内容也是可以设想的。或者,被给予了听觉的人因此也就了解了一种新的时间吗?"

这些传统的问题并不适合于这些现象的逻辑研究。这些现象产生出它们自己的问题,或者更准确地说,给出了它们自己的回答。

时间肯定不是一种时空,而是一种秩序。

285. 因为当我们将记忆看作时间的来源时和当我们将其看作过去的事件的保存下来的图像时,"时间"将具有一种不同的意义。

当我们将记忆看作一幅图像时,它是一幅关于某个物理事件的图像。这幅图像褪色了,而且当我将其与关于过去事件的其它的证物加以比较时我便注意到其褪色现象。在此,记忆不是时间的来源,而是"实际上"已经发生的事情的或大或小程度上好的保存者;这个发生的事情恰恰是这样的事情,关于它,我们也能够具有其它的知识，它是一个物理事件。——现在，当我们将记忆看作时间的来源时，情况便完全不一样了。在此它不是任何图像，在如下意义上也不能褪色：一幅图像褪色了，结果它在愈来愈小的程度上忠实地表现它的对象。这两种表达方式都没有问题，而且有同样的权利，但是不能彼此混淆在一起。显然，正如将心象称为"对象在我们的精神中的图像"（或诸如此类的东西）这种表达方式仅仅是一幅图像一样，将记忆当作一幅图像这种表达方式也仅仅是一幅图像而已。我们知道图像是什么，但是心象当然根本不是任何图像。因为，否则，我便能够看到这幅图像和它所描画的那个对象，但是这里的情况显然完全不同。我们恰恰使用了一个比喻，现在这个比喻却对我们施以暴政。在这个比喻的语言中我不能在这个比喻之外活动。如果人们要使用这个比喻的语言来谈论作为我们的认识的来源、作为我们的命题的证实的记忆，那么结果必然是胡话。在物理世界中人们可以谈论现在、过去和将来的事件，但是如果人们没有再一次地将一种物理对象（比如此刻的一幅物理图像而非物体）而是恰恰将现在的东西称为心象，那么人们不能谈论现在、过去和将来的心象。因此，人们不能将时间概念，也即适用于物理学名词的句法规则，应用于心象的世界，也即，不能将其应用在这样的地方，在那里人们使用着一种完全不同的表达方式。

286. 我可以这样说吗：这出戏剧有它自己的时间，后者并非构成了历史的时间的一个部分？这也就是说，我尽管能够在它之中谈论较早和较后，但是如下问题**没有任何意义**：诸事件是在比如凯撒死了以前还是以后发生的？

287.时间流逝的比喻自然是误导人的,如果我们把住它不放,那么我们必定陷入尴尬的境地。

288.爱丁顿就"时间的方向"和熵定律所说的话[①]最后归结为下面这点:如果人们有一天开始向后走的话,那么时间便会翻转其方向。如果我们愿意,那么我们自然可以这样来说这个事情,但是这时我们一定要清楚下面这点:我们借此只是说出了人们已经改变了其行走的方向这个事实。

289.时间的本质似乎给我们带来的大多数谜均可以通过对这样一种类比的考察来加以理解,它以一种或者另一种形式构成了不同的错误的看法的基础:一方面,它是电影胶片所经过的投影设备里的过程;另一方面,它是屏幕上的过程。

当人们说将来已经预先形成了时,这显然意味着:相应于屏幕上的将来的过程的电影胶片的图像已经存在了。但是,相对于我一小时后将要做的事情,肯定不存在任何这样的图像,而且当存在着这样的图像时,我们也不应当将电影胶片的将来的部分上的图像与屏幕上的将来的事件混淆起来。只有针对于前者我们才能够说它们预先形成了,也即,现在已经存在了。考虑如下事实:屏幕上的事件与胶片图像所显示的东西之间的联系是一种经验上的联系;我们不能从它们预告屏幕上的任何一个事件,而只能假设地预言它们。我们也不能说(误解的另一个来源存在于这里):"现在情况是这样的:这个事件一小时后将出现"或者"5点时情况是这样:

---

① 参见:A. S. Eddington, *The Nature of the Physical World* [Gifford Lectures 1927], The Macmillan Company, 1928, pp. 78—79.

7点时我将去散步"。

290. "如果回忆绝不是向过去看去,那么我们究竟如何知道下面这点:它要联系着过去加以释义?这时,我们可能回忆起一个事件并且对下面这点持有怀疑:我们在我们的记忆图像中拥有的是一幅有关过去的图像还是有关将来的图像。

"我自然可以说:我并非是看到过去,而仅仅是看到过去的一幅图像。不过,我从哪里**知道**它是一幅有关**过去**的图像——如果这点没有包含在记忆图像的本质之中?我们或许是通过经验了解到下面这点的吗:这幅图像要释作有关过去的图像?但是,在此究竟什么叫作'过去'?"

我们的记忆的材料是有秩序的,我们将这样的秩序称为记忆时间。记忆时间与物理时间相对,后者是物理世界中的事件的秩序。我们的感受正当地抗拒"向过去看去"这个表达式,因为它引起这样的图像:一个人看到物理世界中的一个过程,现在它根本就没有发生,而是早已成为过去了。我们称为"物理世界中的过程"的那些过程和我们称为"我们的回忆中的过程"的那些过程事实上仅仅是彼此配合在一起。因为,我们谈论错误的回忆,而记忆仅仅是有关如下事项的诸标准**之一**:某个事项在物理世界中发生了。

291. 记忆时间与物理时间经由许多特征区别开来,其中之一是:记忆时间是半条射线,其起点为现在。记忆时间与物理时间的区别自然是一种逻辑的区别。这也就是说:人们肯定可以用完全不同的名称来称呼这两种秩序,而人们之所以将它们两个都称为"时间",仅仅是因为在它们之间存在着某种语法的亲缘关系,正如在如下事项之间存在着这样的亲缘关系一样：基数和有理数；视觉空间、触觉空间和物理空间；色调和音色，等等，等等。

292.记忆时间。它（像视觉空间一样）并非是一个更大的时间的一个部分，而是回忆中的事件或者情形的特异的秩序。在这种时间中比如没有将来。视觉空间和物理空间，记忆时间和物理时间：它们彼此之间的关系并非类似于一段基数序列与这个序列的规律（"整个数列"）之间的关系，而是类似于基数系统与有理数系统之间的关系。这种关系也解释了如下意见的意义：一种空间围住了、包含了另一种空间。

293.空间和空间对象的测量。空的空间和空的时间中的奇特之处。时间（和空间）：一种以太状的物质。受到名词的误导，我们假定有一种实体。是的，如果任由语言而非生活自由驰骋，那么哲学问题便出现了。

"什么是时间？"——在这个问题中就已经包含着错误：这个问题好像是这样的问题：时间是从什么东西，由什么物质做成的。正如人们或许说这件精美的衣服是用什么做成的一样。

294.语言的让一切均整齐划一的强力最为明显地表现在词典之中，它使得如下事实成为可能：**时间**能够被拟人化；这一点儿也不比如下事情更少令人惊奇：我们设置了逻辑常项的诸神。

（六）"这里"和"现在"

295.在某种意义上，语词"这里"、"现在"（等等）的意义是唯一我不能事先加以确定的意义。但是，这种表达方式自然是误导人的:这种意义应该得到确定,而且它得到了确定——如果关于这些词的规则得到了确定。在这些词在一种特定的情形中得到应用之前,这就可以发生。因为,否则,为何还在不同的情形中使用**同一个语词**。

296. 语词"这里"、"现在"等等表示的是一个坐标系统的原点,正如字母"O"一样,但是,它们所代表的并非是对于点 O 相对于空间对象的位置的描述。它们并非代表对于一种空间情形的描述。

297. 传说和童话的区别。童话(以及其它的文学作品)被切断了与现在和这里的联系。

298. 但是,有关语词"这里"的语法中的一个重要的命题是这样的:在应该写上一个位置说明的地方写上"这里",这没有任何意义;因此,我绝不应该在一个对象上固定上这样一个小牌子,其上有这样的字样:"这个对象只能始终在这里使用"。

299. 针对语词"现在"和"这里"等等,我自然只能做我通常所做的事情,即描述其用法。但是,这种描述必须是一般性的,也即必须是事先给出的,**先于**每一种使用。

300. 这里和现在是几何学概念,正如比如我的视野的中点一样。

301. 这里和现在并没有比它们似乎具有的多样性更大的多样性。假定它们具有更大的多样性,这构成了巨大的危险。无论你想用哪种表达式取代它们,它依然还仅仅是**一个**语词——进而是一个与其它语词几乎一样的语词。

302. "特殊的"东西是发生的事情。通过"今天下雨了"这样的话所描述的发生的事情在接下来一天要通过"昨天下雨了"来描述。

303. 究竟什么是"现在的情形"？好的,它是:某某事情是实际情况。**不是**:"某某事情**现在**是实际情况。"

304. "现在"是一个语词。我为什么使用这个语词？"现在"——与什么相对？——与"一小时后"、"5分钟前"等等,等等相对。

"现在"并没有表示任何系统,而是属于一个系统。它并非魔术般地起作用,正如通常任何语词均并非这样起作用一样。

305. 如果语言可以与货币加以比较(后者就其自身来说并不意味着什么,而仅仅是间接地获得其意义,因为人们用它来购买对我们来说有意义的东西),那么人们或许想说,在此在使用语词"我"、"这里"、"现在"等等时,易货交易出现在了货币交易之中。

306. 如果我说"我现在向那里走",那么在这个记号中出现了这样一些东西,它们并没有包含在这个记号本身之中。如果这个命题是一个陌生人写出的,我在某个地方发现了它,那么它没有说出任何东西;语词"我"、语词"现在"和"向那里"孤立地看,在没有讲话的人、现在的情形和在空间中有所指向的方向在场时,没有任何意义。

307. "现在"、"早前"、"这里"、"那里"、"我"、"你"、"这个"是用以与实际进行接触的语词。

"但是，以这样的方式属于记号的那个实际落在了语法的统治范围之内。"

308. 现在，人们可能会问：罗经刻度盘还属于地图吗？或者，更为准确地说，应用罗经刻度盘时所要遵守的规则还属于地图吗？显然，我可以用这样一条不同的确定方向的规则来取代这条规则，在其中没有提到罗经刻度盘，而是提到了比如地图上的一条路以及地面上对应于其的东西。

309. 如果（在一个命题"我要让你向那里走"中）讲话者、听话者和指示方向的箭头属于符号系统，那么它们在它之中所起的作用无论如何完全不同于这些语词所起的作用。

310. 但是，如果语法应当包括整个符号系统，那么在其中语词"我"、"你"、"这个"等等要由实在中的对象来补充这种需要如何显示自身？

311. 因为，如果没有这样的一种补充，那个命题便什么也没有说出，这点必须由**语法**说出来。——如果它应当是语言的完全的交易账簿的话（像我认为的那样）。

312. 我总是想表明，所有构成逻辑中的"业务"的东西都必须在语法中说出来。

这就像是比如如下事实一样：一个交易的进展情况必须能够完全地从账簿中解读出来。结果，当指向账簿时，人们必须能够说：请看这里！一切必定均已经显示在这里了；而这里没有显示出来的东西，是不算数的。因为，最后一切本质性的事情都必须在这里进行。

这也就是说，一切真正的交易之事均必须在语法之中进行。

313. 语法如何解释语词"现在"？当然是通过它为其使用所提供的那些规则。同样的话也适用于语词"我"。

314. 我能够设想如下事情：为了解释"现在"这个词，一个人指向一块表的当前的指针位置。正如为了解释表达式"五分钟之后"，他可能指向这块表的这样的数字，五分钟之后指针将处于的位置。

显然，通过这样的方式，我们只是将这块表拉进了我们的符号语言之中。

315. 语词"现在"可以说是作为一个计时器的一击而起作用的。经由一声鸣响，它给出了一个时间。人们肯定也真的可以用一个不同的时间符号来取代它。比如，当人们这样说时：当我拍手时，请做这个。拍手这时就是一个时间符号，正如当我说"向那里→走"时，箭头构成了一个方向符号一样。

316. 当人们向我传达另一个人昨天说过的比如这样的话时："某某事情今天发生了"，那么我一定要明白：这个命题，在我听到它时，不能以它最初被说出时它要得到证实的方式来得到证实。语法告诉我：当我昨天说"它今天发生了"时，这恰恰意味着当我今天说"它昨天发生了"时所要表达的意思。

317. 如果现在人们说"这个人叫 N"，那么语法必须告诉我们：就这个词列来说，如果没有一个指示对其加以补充的话，那么它没有任何意义。

（七）作为形式概念的颜色、经验等等

318. 请思考：如果一种新的现象没有嵌入我们的迄今为止的颜色图式之中，那么人们有什么根据将其称为**颜色**。

319. 经验并不是这样的某种东西，人们可以通过一些规定而将它与另外某种东西，即某种不是经验的东西的界线划出来；相反，它是一种逻辑形式。

320. （对于我们来说）经验（经验概念）的界线似乎是由漆黑划定的。

但是，即使黑色也是一种颜色，当一种颜色被与黑色划界时，这种划界也是经由一个颜色界线（它与其它颜色界线是一样的）来划定的。

321. 直接的经验（感觉材料）或者是一个有着不太重要的边界的概念，或者是一种形式。

图书在版编目(CIP)数据

哲学语法/(奥)维特根斯坦著;韩林合译.—北京:商务印书馆,2018(2025.12重印)
(汉译世界学术名著丛书)
ISBN 978-7-100-16409-2

Ⅰ.①哲… Ⅱ.①维…②韩… Ⅲ.①语言哲学—研究 Ⅳ.①H0-05

中国版本图书馆 CIP 数据核字(2018)第 167477 号

权利保留,侵权必究。

汉译世界学术名著丛书
哲学语法
〔奥〕维特根斯坦 著
韩林合 译

商 务 印 书 馆 出 版
(北京王府井大街36号 邮政编码100710)
商 务 印 书 馆 发 行
北京盛通印刷股份有限公司印刷
ISBN 978-7-100-16409-2

2018 年 12 月第 1 版　　开本 850×1168 1/32
2025 年 12 月北京第 3 次印刷　印张 12¼
定价:58.00 元